인생을 기적처럼 변화시키는 8가지 습관

인생을 기적처럼 변화시키는 8가지 습관

초판 1쇄 2022년 01월 26일

지은이 윤선영 | **펴낸이** 송영화 | **펴낸곳** 굿위즈덤 | **총괄** 임종익

등록 제 2020-000123호 | **주소** 서울시 마포구 양화로 133 서교타워 711호

전화 02) 322-7803 | **팩스** 02) 6007-1845 | **이메일** gwbooks@hanmail.net

© 윤선영, 굿위즈덤 2022, *Printed in Korea*.

ISBN 979-11-91447-99-6 03190 | 값 15,000원

내가 원하는 나를 만드는
가장 확실한 방법

인생을 기적처럼

변화시키는 8가지 습관

윤선영 지음

굿위즈덤

습관은 자기 돌봄이다

습관에 대해 생각하며 지내고 글을 쓰면서 다시 생각해보기를 2년. 그 시간들이 습관을 바라보는 나만의 시각을 만들어주었다. 습관은 자기 돌봄이다. 나를 사랑한다면 스스로 잘 돌보아야 한다. 인생의 기적과 성공은 '내가 원하는 나로 살기 위해 매일 성실히 습관을 돌보는 여정의 선물'이라 할 수 있다. 따라서 내 인생에 기적 같은 변화를 원한다면 지금, 조금 더 건강한 습관을 선택하고 매일 실천하며 돌보아야 할 것이다. 버스한 정거장 걷기나 물 한잔 마시기와 같이 건강한 습관이 몸에 익숙해지면 원래 해왔던 것처럼 습관은 내 일상이 된다. 자신을 진정으로 사랑한다면, 이 책과 함께 건강한 습관을 선택하는 셀프 코치가 되어보자.

이 책의 구성

이 책은 5개 장에 걸쳐 일상의 건강한 변화를 습관으로 만들 수 있도록 구성하였다.

1장: 습관이 나의 가치를 결정한다

2장: 내가 원하는 행동을 습관으로 만들기 어려운 이유

3장: 습관을 대체하라, 독이 되는 습관을 약이 되는 습관으로

4장: 인생을 기적처럼 변화시키는 8가지 습관

5장: 오늘 할 일을 내일로 미루지 말라

부록에는 습관을 만들고 점검할 수 있는 체크리스트 2종과 습관일지 샘플을 제공했다.

체크리스트 1은 〈기적의 인생습관 만들기 체크리스트〉이다. 이 체크리스트는 각자 습관으로 만들고 싶은 미션 행동이 있을 때, 그 행동이 필요한 이유와 보상과 같은 구성 요소, 자발성과 환경 시스템 같은 영향 요인을 점검하도록 10문항으로 구성하였다.

체크리스트 2는 〈오늘 나의 인생습관 체크리스트〉이다. 이 체크리스트는 건강과 관계, 돈과 물건, 시간, 실행력과 관련된 나의 습관을 점검하고 종합평가해볼 수 있도록 10문항으로 구성하였다.

아울러 〈미루지 않는 나를 위한 즐거운 습관일지〉 4종을 소개했다. 즐거운 습관일지는 돌봄, 감사, 작은 성공, 기쁨에 대한 간단한 일지이다. 각각의 샘플을 제공해 독자들이 쉽게 이해하고 직접 실천할 수 있도록 도왔다.

다른 책과의 차별성

그동안 출판된 습관 관련 책들은 습관의 원리와 방법, 환경 시스템 등을 다루고 있다. 하지만 드라마틱한 성공 사례 이야기 중심이어서 보통 사람들의 일상에 적용하기 쉽지 않다.

이 책의 사례들은 독자들의 일상과 비슷한 상황에서 일어나는 소소한 이야기들이다. 익숙한 일상 이야기로 들어가 자연스럽게 녹아 있는 습관의 요소들을 생각해볼 기회를 제공한다. 습관을 만드는 요소들은 본문 소제목에 따른 사례 이야기로 이해하고 결론에서 요점을 정리하는 방식으로 제시하였다.

특히 부록에는 기적의 인생습관 만들기 도구를 제공했다. 이 도구는 본문 사례들 중 저자와 가족의 사례 일부를 추출하여 습관을 이루는 구성 요소, 영향 요인, 습관화의 7단계를 도출하고, 셀프 체크리스트 2종으로 정리한 것이다. 독자들이 자신의 습관을 점검하고 새로운 습관을 만드는 데 쉽게 적용할 수 있는 도구가 되기를 바란다.

이 책의 본문을 이해하고 체크리스트를 사용하는 데 불편함이나 의견이 있다면 언제든 저자 이메일로 알려주기 바란다. 독자들의 소중한 의견은 더 좋은 습관책 출간에 큰 도움이 될 것이며 습관 셀프 코치의 길을 가는 데 원동력이 될 것이다.

감사의 글

오늘 이 책이 세상에 나올 수 있었던 것은 소중한 나를 포함한 가족과 지인들 덕분이었다. 사랑하는 남편과 부모님, 형제자매를 포함하여 '습관적 행동' 조사연구에 참여해준 30인의 지인들 그리고 습관 커뮤니티 멤버들의 격려와 응원 덕분이었다. 이들의 에너지 덕분에 지치지 않고 습관에 대해 지속적인 관심을 가질 수 있었다.

특히 좋은 제목과 목차를 위해 수고해주신 〈한책협〉 김태광 대표님, 더 좋은 책으로 거듭날 수 있도록 자문해주신 중앙대 조형숙 교수님 그리고 나의 습관 파트너인 커뮤니티 멤버들에게 감사드린다. 이 책이 독자들을 만날 수 있도록 출간을 허락해주신 굿위즈덤 출판사 모든 분께도 감사드린다.

마지막으로 나의 귀여운 가족 300마리 물고기 구피들에게도 감사한다. 그들 덕분에 나의 새벽 기상과 구피 체조, 스쿼트 운동이 매일 즐거울 수 있었다. 이 책을 손에 든 순간 당신도 건강한 습관을 선택한 것이다. 습관 셀프 코치의 길에 들어선 독자 여러분, 환영합니다. 건강한 습관 셀프 코치가 되시기를 열렬히 응원합니다!

습관 셀프 코치,
윤선영 드림

  아침에 일어나자마자 이불을 바르게 정리하고 침대에 앉은 자세로 간단히 스트레칭을 했다. 침대 밖으로 나와 문 밖에 놓아둔 신문을 가져와 기사 제목들을 훑어보면서 자세히 읽고 싶은 기사를 가위로 오려 비닐 파일에 넣어두었다. 그러고는 오늘 할 일을 시간대별로 커다란 포스트잇에 적었다. 업무 관련 일정에 따라 시간대가 달라지기는 하지만 매일 1시간 산책하기와 같은 일정 외에 친구와의 나들이 등이 있으면 마음이 편안해지면서 오늘 하루 생활에 대한 기대감이 느껴진다.

  나의 하루 생활 중 습관처럼 늘 반복해오는 일상을 적어보니 내 심신의 건강을 지켜준 것이 소소한 습관임을 깨닫게 된다. 내가 전공하고 있는 유아교육에서는 유아기의 일상생활습관 형성의 중요성을 인식하고 생활습관교육을 강조한다. 잘 자리 잡은 생활습관이 아이의 일상을 예측 가능하게 하고 행복한 삶의 기반이 된다는 유아교육 관련 연구결과들이 교육의 필요성을 제시하고 있기 때문이다. 한번 자리 잡으면 쉽게 변하기 어려운 것이 습관이기에 좋은 습관의 기초를 유아기부터 가르쳐야 한다고 보는 것이다.

유아교육을 전공한 저자 역시 이런 점에서 습관에 관한 저술의 필요성을 누구보다 강하게 인식하였으리라 생각한다. 성인을 대상으로, 습관이 한 사람의 일상생활과 미래에 주는 의미를 짚어보고 습관을 관리하는 방법을 구체적으로 제시하고 있는 윤선영 저자의 이야기에 귀 기울여보자. 독자 여러분도 좋은 습관을 바탕으로 삶의 질을 개선해나가는 길을 걷게 될 것이라 기대한다.

중앙대 유아교육과 교수 **조형숙**

| 목차 |

Miracle 8 Habits

STEP
1

습관이 나의 가치를
결정한다

01

왜 습관이 중요한가?

"습관은 최고의 하인이거나 최악의 주인이다."
– 나다니엘 에몬스

습관의 중요성은 의식적으로 들여다보고 되새겨보아야 알 수 있다. 왜냐하면, 습관은 대부분 오랜 시간에 걸쳐 무의식적으로 반복해온 자동 행동이기 때문이다. 매일의 식사, 운동, 휴식, 수면이 각종 질병의 원인을 제공할 수 있음을 깨닫게 된다면 일상적 습관의 중요성을 다시 한번 생각해보게 된다. 그동안 성인병이라 부르던 질병들도 이제는 잘못된 습관 관련 질병임을 강조하는 생활 습관병이라 명칭을 바꾸어 부르고 있다. 현대인들의 불규칙하고 불균형한 생활 습관들이 다양한 질병을 초래하는 요인이 되기 때문이다.

새벽 5시 45분, 이 시간은 6개월 전부터 내게 특별한 시간이 되었다. 나의 새벽 기상 습관을 만드는 중이다. 새벽 기상을 원하는 지인들이 많다. 나도 하루를 조금 더 일찍 시작하여 오전 시간을 충분히 활용하고 싶었다. 왜 하필 어정쩡한 5시 45분에 일어나는지 궁금할 수도 있겠다. 새벽 기상을 습관으로 만들고 싶어 한 달 전 어느 날, 눈을 뜨자마자 스마트폰 화면을 터치해보니 오전 5시 45분이었다. 다음 날부터 새벽 5시 45분 알람이 울리면 바로 일어나 인증샷을 찍고 커뮤니티에 공유하기로 했다. 초기엔 기상 후 복식 호흡과 스트레칭을 간단히 하고 나서 인증샷을 찍었다. 습관 커뮤니티에 기상 인증샷을 올리는 것은 멤버들에게 건강한 자극이 되고 미션 실천을 서로 응원하려는 것이다. 밤사이 뒤척이며 잠을 설친 날은 너무 피곤해서 7시 넘어서 인증샷을 올리기도 했다. 리더로서 부끄러운 마음도 있었지만 나도 그럴 수 있음을 받아들이기로 했다.

　　5시 45분 기상 미션을 실천하며 들쑥날쑥한 기상 시간을 일정하게 유지하고 싶었다. 일단 내가 정한 시간에 알람이 울리면 바로 일어나기로 했다. 침실에서의 스트레칭은 명상 후에 하기로 한 것이다. 기상 후 1분 안에 침실에서 내가 연구실로 쓰는 큰방으로 바로 이동 후 세팅된 책상을 인증샷으로 찍는다. 이후 잠이 부족한 상태에서 하루를 시작하는 나의 심신에 명상으로 휴식을 제공한다. 명상은 큰방에 편안히 누워 온몸이 이완된 상태에서 1시간 정도 진행한다. 명상 시간에 자연의 소리와 명상 음악으로 몸과 마음을 돌보며 하루를 시작하는 것이다. 이렇게 하면 잠이 부족한 날도 편안해진 심신 덕분에 할 일에 집중하며 하루를 보낼 수 있다. 다음 페이지의 그래프에서 볼 수 있듯, 새벽 기상 습관화를 위한 개인 미션은 21일경부터 점차 안정되기 시작했다. 이후 한두 차례 새벽 기상이 어려웠던 고비도 있었다. 하지만 미션 시작 후 한 달이 지나면서 새벽 기상 시간은 안정적으로 습관화되어갔다.

　31일부터 60일까지 30일간의 기상 시간은 평균 1분 더 단축됨으로써 점차 발전해가는 모습도 나타났다. 기상 시간을 좀 더 앞당기게 된 계기는 인증샷을 찍어 올리는 데 시간이 걸려서였다. 기상 후 스트레칭과 함께, 더 보기 좋은 사진을 찍으려는 욕구 때문인 것 같았다. 기상 인증샷 공유하기와 이후 일정의 순서를 바꾸었다. 인증샷을 올리고 나서 명상과 스트레칭을 하기로 했다. 하지만 여전히 더 나은 사진을 찍느라 1분 후로 인증샷 시간이 나오는 게 못마땅했다. 알람을 3분 전, 5시 42분으로 설정했다. 자연스럽게 인증샷을 더 이른 시간에 찍게 되고 기상 시간도 평균 1분 더 빨라졌다. 물론 기상 시간이 습관화되었다고 해서 그래프가 말해주는 것처럼 기계적으로 일어나는 건 아니다. 즉시 기상을 할 때가 많지만 짧은 순간 갈등하거나, 아무 생각 없이 알람을 끄고 잠들 때도 있다. 하지만 두 달 이상 지속하는 동안 기상 습관이 몸에 익숙해져 특별히 기상 미션을 생각하지 않아도 알람 후 벌떡 일어나게 되었다.

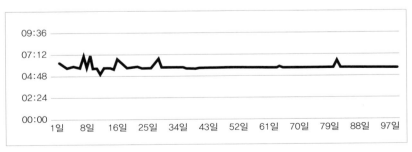

그림 1. 새벽 기상 습관화

새벽 기상 미션을 지속적으로 실천할 수 있었던 원동력은 2가지였다. 외적으로 매일 새벽 인증샷 사진을 습관 커뮤니티에 올리면, 멤버들이 숙제 검사하듯 확인하고 응원해준 덕분이다. 목표가 같은 파트너의 힘이다. 내적으로는 기상 후 세수와 물 한 컵 마시기처럼 취침에서 기상 모드로 바뀔 수 있도록 몸을 움직여 자발적으로 행동하기가 도움이 되었다. 그동안 새벽 기상은 필요에 따라 20대부터 실천해오고 있었다. 하지만 규칙적으로 매일 새벽 기상을 하지는 않았다. 습관 커뮤니티를 운영하며 이번 기회에 나도 멤버들과 함께 새벽 기상을 실천해서 하루를 일찍 시작하는 나로 거듭나고 싶었다. 아울러 새벽 기상을 원하는 멤버들의 지속적인 실천을 위해 응원 파트너가 되어주고 좋은 행동의 모델이 되는 것도 의미 있다는 생각이 들었다. 그동안 원하던 기상 습관을 파트너인 멤버들과 함께하는 커뮤니티 덕분에 잘 유지할 수 있을 거라 기대한다. 매일 새벽 기상을 유지하다 보니 즐겁고 뿌듯하다. 다른 습관 미션도 시도할 수 있겠다는 근거 있는 자신감이 싹 트는 순간이다.

이렇게 습관은 한정된 시간을 어떻게 사용할 것인지, 반복되는 하루를 얼마나 감사하며 기쁘게 지낼 수 있는지에 영향을 준다. 아울러 습관은 우리의 선택에 따라 건강한 삶과 불편한 삶도 가져올 수 있다. 작년 봄부터 계속하고 있는 남편과의 주말 일과인 S 대공원 산책하기에 2개월 전부터 즐거운 코스가 추가되었다. 그동안 지나치던 P 카페에서 팥빙수를 먹기 시작한 것이다. 지난 6월 초, 초여름의 후텁지근한 날씨가 계속되었다. 주말 성당 미사를 마치고 나오는 차 안에서 남편에게 "산책가자!"

하니 남편은 "비 오는데?" 하였다. 지난 가을, 비 오는 날씨에 공원 호숫가를 산책하며 상쾌했던 기억을 이야기했더니 그제야 남편은 살짝 미소 지었다.

어느새 남편과 나는 보슬비 내리는 S 대공원 호수 둘레길을 걷고 있었다. P 카페는 평소와 달리 촉촉이 내리는 비 때문인지 공원 전체가 그렇듯 한산했다. 남편은 "비 오는데 무슨 팥빙수?" 하며 카페로 이끄는 나에게 물었다. "그럼 오늘은 팥죽을 먹으면 되지!" 하니 남편은 다시 "팥죽은 겨울에만 해!" 했다. 다시 난 "에이~그럼 찹쌀떡과 커피 마시면 되지." 하며 뻣뻣하게 서 있는 남편을 이끌고 카페로 들어섰다. 남편은 언제 그랬냐는 듯 자동으로 카페 카운터로 가며 팥죽을 먹고 있는 다른 일행을 보고는 빙그레 멋쩍은 미소를 지었다. 남편과 나는 팥죽 한 그릇과 아이스커피 한잔을 나눠 먹으며 다른 손님들을 둘러보았다. 눈이 밝은 남편에게 멀리 탁자에 앉아 무언가를 먹고 있는 30대 초반쯤 되는 여자 손님이 보였다. 남편은 "혼자 팥죽 2그릇?" 하며 큰 눈을 더 크게 떴다. 아마도 식사 때가 지나 팥죽 2그릇으로 점심을 드시나보다 하는 생각이 들었다. 여자 손님은 빠르게 팥죽 2그릇과 아이스커피까지 비웠다. 팥죽 1그릇과 아이스커피 1잔을 남편과 내가 나눠 먹는 것보다 훨씬 빠른 속도였다.

우리가 매일 식사하는 것 역시 습관으로 형성된 것이다. 하루 세끼에 무엇을 얼마나 먹을지뿐만 아니라 이제는 하루에 몇 번 식사할 것인지도 개인마다 다르게 식습관으로 자리 잡고 있다. 앞의 사례 속 젊은 여성이 팥죽 2그릇을 한 번에 먹는 것을 보며 한 끼 식사에도 개인의 건강 습관이 관련되어 있다는 생각이 들었다. 이 여성이 한 번, 두 번 선택한 식습관은 그녀의 체중과 신체 건강, 심리적 상태, 대인관계 등 다양한 요소에 영향을 줄 것이다. 어느 날 이 여성이 자기 식습관의 영향력을 알아차리고 더 건강한 선택을 한다면 어떨까? 식습관 관련된 다른 요소들도 더불어 건강해져 종합적인 삶의 질을 높일 수 있을 것이다.

왜 습관이 중요할까? 나의 하루 습관은 온전히 나의 삶을 구성한다. 내가 의식하든 의식하지 못하든 말이다. 나의 하루를 내 부모와 가족, 친구나 선생님으로부터 모방한 습관들로 채우고 싶은가, 아니면 내가 원하는 나의 모습을 현실에서 만날 수 있도록 이끄는 건강한 습관으로 채울 것인가. 선택은 당신의 손에 달려 있다.

습관은 내가 원하는 어떤 삶도 가능하게 한다. 건강하고 적극적인 삶을 원하는가, 아니면 병약하고 위축된 삶을 살 것인가. 부지런하게 시간을 관리하며 여유 있게 살고 싶은가, 아니면 게으름으로 할 일을 미루며 시간에 쫓기는 삶을 계속할 것인가. 오늘 하루 내 습관의 플러스와 마이너스 요인을 점검해보자.

02

습관이란?

습관은 행동이다. 매일 아침, 몇 시에 일어날지, 일어나면 먼저 물을 마실지 샤워할지, 아침 식사는 할지, 하지 않을지, 아침 식사를 한다면 무엇으로 먹을지와 같은 행동이 습관인 것이다. 나의 행동 습관이 사회적으로 받아들여지는 것이라면 내가 속한 사회에 잘 적응하며 사는 데 도움이 될 것이다. 반대로 그 행동 습관이 사회적으로 받아들여지지 않는 것은 적응에 부정적 영향을 줄 것이다. 예를 들어, 등교와 출근 시간 지키기, 마감 시간 안에 과제와 할 일 마치기처럼 내가 속한 사회에서 요구하는 행동을 습관화한다면 그 사회에 받아들여지고 원하는 결과도 얻게 될 것이다. 따라서 습관은 나의 건강한 삶과 내가 속한 사회의 지속 가능한 성장에 중요한 도구가 된다.

습관은 사전적 의미로 '어려서부터 축적된 생활 경험이나 반복적 학습으로 형성된 무의식적 자동 행동과 반응'이다. 습관은 보통 행동을 말하지만, 습관적 사고방식과 태도를 포함한다. 가족이나 권위 있는 사람을 동일시하는 모방 행동과 개인적인 성공 경험도 습관에 영향을 준다.(『교육학용어사전』, 하우동설 刊)

습관은 매일 조금씩 달라지는 내 모습에 감동의 물결이 일게 한다. 나를 감동하게 하는 작은 행동의 물결은 점점 커져 기적과도 같은 큰 파도를 만들어낸다. 습관은 내 안의 평화로운 혁명이요, 기적인 것이다. 삶의 기적을 원한다면 습관에 투자하자. 습관은 내가 원하는 삶을 가져오기 때문이다. 아울러 습관은 건강한 몸과 마음, 관계를 가능하게 한다. 건강한 습관을 통해 나와 타인이 원하는 것을 이루도록 돕는다면 부와 성공의 열매는 자연스럽게 따라올 것이다. 그렇다면 나와 타인에게 플러스가 되는 건강한 습관은 무엇일까?

나: (출근 시간에 여전히 침대에 누워 있는 남편에게 작은 목소리로) "오빠~ 오늘 출근할 거야?"
남편: (두 손으로 눈을 비비며) "으응~ 해야지!"

우리 집의 평일 아침 풍경이다. "아휴~안 일어나? 지금 몇 시야! 도대체 몇 번이나 말해야 돼? 한 번이라도 일찍 일어나서 출근해봐!"라는 말보다 남편의 자발적인 출근 의지를 격려하고 싶었다. 어느 날 아침부터 출근 시간에 큰 소리로 남편 깨우기 대신 작은 속삭임과 손에 뽀뽀하기를 실천하고 있다. 우리 집에 만약 아이들이 있었다면 등교를 서두르는 말 대신 자발적인 의지를 격려하려고 노력했을 것이다. 아이 대신 물고기 구피 300마리를 기르는 나는 아침마다 작고 친절한 목소리로 "안녕~ 아침이야!" 하며 거실 암막 커튼을 조용히 걷는다. 커튼 사이로 조금씩 새어드는 햇볕에 수조 바닥이나 수초 위 여기저기 잠자던 구피 녀석들이 하나둘 깨어나 움직이기 시작한다. 예민한 녀석들은 한 줄기 햇볕에도 놀라 펄쩍 뛰며 야단이다. 그 와중에 대담하고 편안하게 수조 앞쪽에 몸을 붙이고 좀 더 잠을 청하는 녀석들도 있다.

우리 집엔 아이나 강아지 대신 엄마가 나눠준 물고기 구피 15마리가 300마리로 늘어나 내 돌봄을 받고 있다. 물고기라서 커가면서 말대꾸가 늘어나거나 자기가 알아서 하겠다고 고집을 부리는 일은 없다. 오히려 말없이 지내는 게 때론 서로를 위해 필요한 것임을 느끼게 한다. 세상 엄마들이 거의 그렇겠지만, 대한민국 엄마들이 자녀와 남편을 위해 제공하는 위대한 서비스를 다 소화하다 보면 듣기 좋은 말만 하며 지내기란 거의 불가능할 것이다. 나도 어릴 적에 엄마에게 들었던 말이 생각난다. "내 손이 내 딸이지. 그렇게 말을 못 알아들어서 직장 일은 어떻게 하니?" 누군가 무심코 던진 말 한마디, 상대방은 상처받아 평생 잊지 못할 수도 있다. 주로 가까운 사람들이 상처도 주고받으며 산다고 하지 않는가. 오늘부터 가족이나 가까운 사람들에게 가능하면 사랑과 격려의 말을 해보자. 말도 습관이다. 말 한마디로 가족에게 기분 좋은 아침을 선물할지, 자존감을 깎아내려 무력감이 들게 할지 내 언어 습관을 살펴보자.

오늘 아침 재발급 신청한 카드 배송을 기다리며 '물고기 구피집 수조의 물 환수를 해줘야지.' 생각했다. 일요일 아침에 큰마음 먹고 수조 청소를 하는 것보다 할 일 사이의 틈새 시간에 한 가지씩 청소해주는 게 쉽다. 작은 물고기들이지만 암모니아 내음 가득한 갈색 똥물을 절반쯤 물갈이를 해주면 고마워한다. 이리저리 위아래로 신나게 헤엄치며 좋아한다. 아침부터 30도가 넘는 폭염에 에어컨을 켜고 수조 물갈이를 해주는 집사 엄마의 마음을 아는 듯하다. 사람이 눈과 입을 중심으로 얼굴에 감정을 드러낼 수 있듯, 물고기들은 머리 양옆에 있는 두 눈과 작은 몸 전체로 감정을 표현한다.

내가 수조 물을 환수해주면 집안 환기가 잘되어 상쾌해지는 것과 비슷하다. 수조 앞, 내가 있는 곳까지 물고기들은 벌떼같이 빠르게 헤엄쳐와서 나를 본다. 꼬리와 온몸의 지느러미를 동원해 기쁘게 몸을 흔들면서. "청소하니까 좋아?" 하면 이리저리 헤엄치고 서로 내 앞쪽에서 헤엄치려고 머리를 들이밀며 경쟁한다. "그러다 다쳐~" 하며 너무 귀여워서 수조에 내 손을 넣어 편안히 헤엄치듯 조금씩 움직이면 용기 있는 수컷 물고기, 주황이 녀석들이 하나둘 헤엄치며 내 손바닥 위를 지나간다. 성공적으로 내 손바닥 위를 지나간 녀석은 기분 좋은 스릴을 다시 느끼고 싶어 되돌아 헤엄쳐온다. 이때도 역시 잊지 않는 것은 약자의 적절한 긴장감. 돌봄도 습관이다. 가족과 반려 동식물 돌보기. 다른 생명 돌봄은 곧 나를 돌보는 습관이다. 돌봄은 다른 생명에게 기여하는 기쁨과 내가 존재하는 이유를 선물로 주기 때문이다. 이때의 돌봄은 희생이 아니며 나와 다른 생명을 동시에 존중하는 돌봄이다.

가족 및 타인과 건강한 거리를 유지하는 습관이 필요할 때가 있다. 온라인과 오프라인 상황에서 다양한 사례가 있겠지만, 주말엔 SNS 문자나 전화 받지 않기를 생각해보자. 지인 중에 주말 동안 스마트폰을 아예 꺼두는 사람도 있다. 내 경우엔 퇴근 후부터 출근 시간까지와, 주말에 스마트폰을 무음으로 설정해둔다. 무음 설정이 폰의 전원을 꺼두는 것에 비해 차단 효과가 별로 없을 것 같다고 생각할 수도 있다. 하지만 무음 상태인 폰에 도착한 각종 전화와 문자에 답을 할지, 하지 않을지 내가 온전히 결정할 수 있다. 따라서 개인 폰을 완전히 꺼두기 부담스럽다면 퇴근후와 주말 그리고 업무시간 중 필요할 때에 무음으로 설정해보자. 자신과 가족의 온전한 휴식, 집중하고 싶은 업무에 몰입하기를 경험할 수 있을 것이다.

특히 개인별로 가입한 SNS가 적어도 몇 가지 정도는 있을 것이다. 가족과 지인, 취미와 학습, 직업 등에 관련된 다양한 SNS 커뮤니티 몇 개쯤에 가입되어 있을 것이다. 커뮤니티마다 나에게 말을 거는 문자가 쏟아지는 것이, 요즘 온라인 소통이 일상화된 현실이다. 이런 때 좋은 사람 콤플렉스로 빠르게 모든 문자에 답할 수도 없고, 답장하지 않을 수도 없다. 이럴 때 가족 및 타인과 건강한 거리를 유지하기 위한 개인의 원칙을 생각해두는 게 어떨까. 대상과 사안별로 응답에 마감 시한을 정해두고 어느 정도 융통성을 두는 식으로 말이다. 나의 행복은 자율적, 주도적 삶에서 온다. 어떤 삶을 살 것인지 내 손으로 설계하고 실천하며 보람과 만족감을 느끼는 삶. 타인이 설계한 행복한 삶의 시스템에 따르는 것과는 다른 삶이다. 나 아닌 다른 사람과 건강한 거리 두기, 그것은 지속 가능한 관계를 만드는 건강한 습관이다.

나와 타인의 건강과 일상을 해치는 습관도 있다. 나이와 직업을 불문하고 부정적 영향을 주는 습관, 미루기이다. 누구든지 뭔가 할 일을 미루면서 불편했던 적이 있을 것이다. 할 일을 여유 있게 하다가 매번 마감 시간에 맞춰 일하느라 밥 먹기조차 미루어본 적이 있는가. 아니면 마감 시간이 다가오고 중요한 과제인 것은 알지만 다른 일을 하며 시간을 보낸 적이 있는가. 미루는 습관은 일단 할 일을 시작하기를 미루는 것이다. 하지만, 할 일을 시작했더라도 마감을 맞추기 어려운 것도 마무리를 미루는 습관이라 할 수 있다. 미루는 행동이 어떤 모습이든 자신이 원하는 결과를 만드는 데 필요한 행동을 회피한다는 공통점이 있다.

오늘의 나는 그동안 알게 모르게 만들어진 습관들의 총합이다. 이제 내가 만든 습관으로 원하는 나를 만나고 싶지 않은가. 만약 지금 내 습관에 관심을 가지지 않는다면 어떻게 될까? 그동안 만난 다양한 삶의 모델을 모방하며 내가 원하는 나의 모습과는 거리가 먼 삶을 살게 될지도 모른다. 물론 관심을 가지는 것만으로 습관이 형성되는 것은 아니다.

내가 선택한 습관, 그 아이에게 정성을 다해보자. 무조건적 사랑이나 끝없는 사랑, 무엇이나 받아주고 필요한 것을 미리 챙겨주는 사랑이 아니다. 사랑과 절제가 한 세트인 정성을 내가 선택한 습관에 기울여보자. 사랑과 절제가 함께하는 정성스럽게 길들인 습관은 건강한 열매를 맺게 할 것이다. 부모의 절제된 사랑이 한 아이를 건강하게 자라게 하듯 말이다. 나를 건강하게 사랑하는 습관 만들기! 준비됐는가?

03

습관은 삶 자체이다

"인생은 결국 습관이다. 어떤 습관을 내 것으로 만드느냐가 인생 최대의 과제이다."
― 빌 게이츠

매일의 일과와 지나온 삶을 들여다보면 다양한 습관으로 이루어져 있음을 알 수 있다. 의식주, 일, 공부, 물건 구매나 문제 해결의 과정에도 자신이 가장 가치를 두는 것을 선택하는 습관이 있다. 의식적, 무의식적 선택이 습관을 형성하고, 만들어진 습관은 다시 특정한 선택을 하는 데 영향을 주게 된다. 매일 무엇을 먹고 마시며 배출하고, 무언가를 입고 일하며 배우고, 살며 사랑하고 해결하는 모든 것이 습관과 관련이 있다. 매 순간 무엇을 선택할지도 습관이 좌우하게 된다. 습관은 나에게 삶의 중요한 모델이 된 부모, 친구, 선생님, 멘토의 행동을 참고하며 형성된 것이다. 하지만 습관은 내가 의식하든 의식하지 못하든 나의 선택이라 할 수 있다. 만약 내 선택에 하자가 있다면, 보완하거나 더 나은 선택으로 대체할 수도 있을 것이다. 습관이 내가 선택한 삶의 도구라면, 내가 원하는 삶에 유용한 도구인지를 검토해보아야 할 것이다. 왜냐하면, 습관은 내가 생각하는 삶으로 나를 데려다줄 수도 있고, 살던 대로 흘러가게 둘 수도 있기 때문이다. 습관은 그 자체가 삶이다. 자신을 좋은 삶으로 안내하는 습관에 관심을 가져보자.

출근길에 어깨를 치료받는 한방병원에 들렀다. 내 나이 오십을 넘어서며 유연성이 줄어 어깨 힘줄에 침 치료를 받았다. 아침부터 땀을 많이 흘려 지친 몸으로 한방병원 로비에 앉았다. 그동안 식습관과 운동으로 관리해온 갱년기 치료를 제대로 받아야 컨디션을 회복하고 할 일도 할 수 있을 것 같았다. 진지하게 인터넷 검색을 하다 어깨 치료를 받는 한방병원 근처에 갱년기 증상을 30년 이상 전문적으로 치료했다는 병원 홍보 자료를 보았다. 바로 전문 한방병원에 가서 상담받았다. 갱년기 치료 전문가인 한의사는 내게 약 처방과 함께 식사와 운동을 처방했다. 소화가 잘되는 음식 먹고 운동하기가 중요하다는 것이다. 소화가 잘되는 식단은 평소 몸에 이롭다고 알고 있던 잡곡과 섬유질이 많고 신선한 음식이 아니었다. 생과일과 채소처럼 섬유질이 많은 것 피하기, 회처럼 날음식 피하기, 같은 음식도 날 것이나 튀긴 것보다는 삶거나 데쳐서 먹으면 쉽게 소화할 수 있다는 것이었다.

하지만 이번에 갱년기 치료 전문 한의원에서 현재 나의 몸 상태에 대한 검사 결과, 위 기능이 약해진 것 같다는 진단이 나왔다. 건강 검진에서 위가 건강한 편이라 했고 나도 건강한 식사에 늘 관심을 가지고 챙기는 편이라 조금 의아했다. 갱년기엔 자율신경계 균형에 문제가 생기고 이전과 다른 몸 상태로 바뀐다고 한다. 평소보다 소화력이 떨어져 배출되지 못한 탄수화물 등이 축적되면서 체중이 늘어났다. 소화가 잘되는 음식으로 식사하기란 생각보다 어려웠다. 그동안 몸에 좋다는 음식을 먹어온 습관이 통째로 흔들리는 순간이었다. 식당 메뉴들은 주로 맛 중심이어서 소화하기 쉬운 음식을 찾아 먹기 쉽지 않았다. 그래도 소화가 잘되도록 삶고 데치는 조리법으로 만든 한식을 두부와 흰살 생선, 살코기와 함께 식사하려 노력했다. 아! 소화가 잘된다는 건 이런 느낌인가 싶게 내 몸이 달라졌다. 위가 편안하니 뇌가 편안하다는 느낌이 들었다. 편안한 위는 장과 다른 기관의 평화도 함께 가져오는 것 같다. 더불어 갱년기 증상 중 가장 힘든 불면증이 조금씩 안정되어갔다.

운동은 햇볕 아래 40분 걷기를 실천하며 체중이 줄고 약간 마른 듯한 얼굴로 바뀌었다. 한의사에게 운동 처방을 받고 몇 주간 매일 햇볕 아래 40분 걷기를 실천했다. 하지만 7월의 폭염에 매일 40분 걷기를 하는 건 무리였다. 그럴 땐 나름대로 스쿼트 100개와 계단 300개 오르기로 대신했다. 전철을 이용할 때마다 계단 오르기는 바로 옆에 편리한 에스컬레이터가 있어 자발적으로 선택해야 할 수 있는 운동이었다. 많은 사람이 전철역에선 에스컬레이터를 이용하고, 사무실에선 엘리베이터로 해당 층까지 이동한다. 난 기본적으로 중간에 내려 매일 1개 층을, 운동이 필요할 때면 몇 개 층을 계단으로 올라간다.

식습관 변화와 운동하기를 한 달 정도 하면서 점점 헐렁해지는 옷에 만족스러웠고 몸도 가벼워졌다. 그동안 입던 치마를 다시 입기 어려울 정도로 허리둘레가 늘어 긴장해야 했던 나. 바지의 단추를 고무줄로 바꿔 달지를 고민하기도 했다. 불면증으로 힘든 날도 눈에 띄게 줄었다. 한약과 운동, 소화가 잘되는 음식 섭취로 몸이 편안해진 것이다. 내 몸이 편안해지니 매사에 의욕이 생겼다. 일뿐만 아니라 가족 및 주변 사람들과의 관계에도 한결 여유가 생겼다. 내 몸, 컨디션 관리가 일이나 관계 관리에 우선인 것 같다.

몸 관리와 함께 마음 관리도 중요하다. 지난 주말, 친정 부모님을 뵙고 왔다. 가족을 만나면 편안하기도 하고 스트레스도 있는 것 같다. 아침에 일어나니 엄마는 주방 바닥에 마른미역을 놓고 허리를 구부린 채 서서 가위로 자르고 계셨다. "엄마, 그렇게 바닥에 놓고 미역을 자르면 허리가 더 아프잖아요. 싱크대나 식탁에 올려놓고 하세요~" 하니 "내비둬! 나 편한 대로 살게." 하셨다. 엄마를 걱정하기도 지쳐 짜증 섞인 대화도 하고 그냥 모른 체하기도 했다. 일일이 잔소리할 수도 없고 듣는 엄마도 힘들 것 같았다. 한편, 아버지는 강아지 기르기를 좋아하지만, 산책시키기는 하지 않으셨다. 강아지에게 산책이 중요하다고 말씀드리니 아버지는 "내가 얼마나 바쁜데?" 하며 나를 쳐다보셨다. 아버지가 정년퇴직 후에도 바쁘게 지내신 건 온 가족이 알고 있다. 하지만 난 "강아지도 가족이에요~ 개들의 대통령이라는 전문가가 그러는데, 산책시키지 않을 거면, 개를 기를 자격이 없대요~" 말했다. 잠시 생각해보던 아버지는 말없이 엄마와 함께 성당에 가시고 남편과 난 강아지를 산책시켜주고 집으로 돌아왔다.

'자신에게 명령할 수 없는 사람은 다른 사람의 명령을 들어야 한다'는 독일의 철학자 니체의 명언이 있다. 이는 자신이 할 일을 자신에게 명령할 수 없다면, 남의 명령을 들으며 살 수밖에 없다는 것이다. 특히 나에게 명령하는 데 그치지 않고 자신의 명령에 따르고 실천하는 것이 중요하다. 살면서 지켜야 할 의무나 자신의 건강한 삶을 위해 스스로 좋은 선택을 할 수 없다면 어떨까. 결국, 관련 전문가의 권고를 들어야 할 것이다. 부모는 기본 생활 습관이 형성되기 시작하는 만 2세 미만 어린 영아들에게 해도 되는 것과 안 되는 것, 하고 싶지 않아도 해야 하는 것에 대해 일관성을 가지고 훈육한다. 어린 시기부터 자기 조절력 발달을 위해 적절히 훈육하지 않는다면 이후의 기본 생활 습관 형성에도 큰 어려움을 겪게 된다. 자기 조절력은 습관 형성뿐만 아니라 초등 이후 학습에 중요한 만족 지연 능력의 토대가 된다. 유아기부터 자기 조절력 발달을 돕고 격려해야 문제 상황에서 더 좋고 건강한 선택을 할 수 있을 것이다. 이미 성인인 자녀의 자기 조절력 발달을 새삼스럽게 돕기는 어려운 일이며, 특히 부모님의 자기 조절력 발달을 격려하기는 쉽지 않은 것 같다.

집에 돌아와 주말 동안 비워둔 집안을 정리하고 잠을 청했지만 몸이 스트레스로 긴장했는지 편하지 않았다. 갱년기 치료 시작 후, 오랜만에 한두 시간마다 자다 깨기를 반복하다가 아침을 맞았다. 피곤했지만 습관 커뮤니티에 아침 기상 미션 인증샷을 올리고 있어서 5시 45분에 인증샷 사진을 올렸다. 이어서 다른 날처럼 1시간 명상하기를 위해 연구실로 사용하는 큰방에 누웠다. 인터넷에 명상 음악이 다양하게 올려져 있어서 매일 아침 음악을 감상하며 명상 시간을 갖는다. 내 경우에 몸과 마음의 이완과 안정을 돕고 외부 스트레스로부터 나 자신의 건강한 마음을 회복하기 위해 명상을 하고 있다. 주말에 친정 부모님을 만나 반가우면서도 가족 간 적당한 거리를 유지하기 힘들었다. 하지만 불편한 말을 주고받은 스트레스는 아침 명상 습관 덕분에 회복할 수 있었다.

출근 전엔 잠시 시간을 내어 몸이 조금 커진 물고기 구피 치어들을 2개의 작은 수조에 나눠 넣었다. 공간이 넓어지니 어젯밤에 오밀조밀 모여서 조금씩 헤엄치던 치어 녀석들의 움직임이 활발해졌다. 치어들은 "와~ 넓으니까 너무 좋아! 마음대로 헤엄칠 수 있어~"라고 말하듯 온몸으로 기쁨을 표현했다. 일부러 시간을 내어 치어들이 넓게 지낼 공간을 만들어준 보람이 느껴졌다. 치어들이 신나게 헤엄치는 걸 보니 주말 스트레스와 밤사이 뒤척이느라 몸에 남은 긴장이 스르륵 사라지는 것 같았다. 다른 생명에 기여하는 돌봄을 통해 내 마음이 건강하고 안정되며, 사랑으로 가득 차게 된다. 내 마음과 몸을 챙기는 건강한 습관, 그것은 나 아닌 다른 생명을 돌보는 일에서도 찾을 수 있다.

한 사람의 의식적, 무의식적 습관 행동을 관찰하면 그 사람의 현재 삶을 예상할 수 있다. 당신의 삶에서 어떤 행동을 관찰할 수 있는지 자신을 객관적으로 바라보자. 부모나 존경하는 멘토, 닮고 싶은 친구나 선배의 행동이 나에게서 발견되는가? 아니면 내가 원하는 나다운 삶을 이룰 수 있도록 나에게 최적화된 습관 행동이 있는가?

습관은 내 삶을 이루는 매일의 행동과 시간에 대한 가치관이며, 몸과 마음의 건강을 지원하는 지렛대가 되어준다. 자신의 좋은 삶을 지원하는 셀프 지렛대를 만들어보자. 몸에 좋다고 알려진 것이 나에게도 적합한지 점검해보자. 나에게 최적화된 식습관과 운동으로 몸과 마음, 관계의 변화까지 기대해보자. 몸에 에너지가 충만해야 마음이 사용할 에너지도 충분할 것이기 때문이다. 습관은 내가 원하는 멋진 삶으로 안내하는 성실한 셀프 매니저다.

04

습관이 나의 가치를 만든다

"우리가 습관을 만들면 그 습관이 우리를 만든다."
– 존 드라이덴

    오늘 아침에 일어나서 밤에 잠자리에 들 때까지 무엇을 했는지 생각해 본 적이 있는가? 물 흘러가듯 무심코 하루하루를 살다 보면 내가 무엇을 향해 어떻게 살고 있는지 깨닫기 어렵다. 어제처럼 오늘도 하던 일을 하나씩 해결하고, 귀찮아하고 미루기도 하며 지냈을 수도 있다. 습관은 다름 아닌 오늘 내가 어제에 이어서 계속하고 있는 행동 패턴이라 할 수 있다. 이렇게 매일 반복하고 있는 무수히 많은 행동이 마치 나 자신인 것처럼 여기며 산다. 나와 습관은 불가분의 존재로 공생하는 것이다. 하지만 습관은 자발적인 존재가 아니므로 내가 선택할 수 있다. 어제 나와 공생하고 있던 습관을 나에게서 떼어내버릴지, 공생을 계속할 것인지 말이다. 나의 가치를 높이는 습관, 매일 실천하고 싶은 습관은 무엇인가? 평생 함께해도 안전하고, 내가 원하는 더 좋은 나를 만드는 데 기여하는 충실한 집사 같은 습관을 찾아 함께 살아보자. 우리가 매일 반복하는 것은 건강과 할 일에 영향을 줄 수밖에 없다.

건강 유지를 위해 건강한 식사뿐만 아니라 나의 일과 패턴과 생활 환경을 활용한 운동이 도움이 되고 있다. 아울러 긍정적인 생활 태도 역시 건강한 몸에도 영향을 주어 중요하다. 특히 감사는 과학적인 연구 결과로도 행복과 건강에 유익한 생활 태도임이 입증되고 있다. 어떤 일이 있더라도 다른 사람이나 상황의 긍정적인 면에 초점을 맞추면 얼마든지 감사할 거리를 찾을 수 있다. 『시크릿』의 저자 론다 번은 아침에 자고 일어나 침대에서 나오기 전에도 감사할 거리를 찾아보면 200가지 이상이 된다고 말한다.[1]

KBS 1TV 〈생로병사의 비밀〉에서도 행복의 비밀로 감사의 효과를 다루었다. 가족끼리 100가지 감사할 거리를 찾아 감사일기를 쓰도록 했더니 가족관계가 훨씬 화목하고 편안해졌으며 집안일도 술술 풀리더라는 사례였다. 감사함을 느끼면 뇌에서 행복 호르몬이 분비된다는 것이다.[2]

평소 감사의 중요성을 알고 실천해오던 터라, 저녁에 시간을 내어 남편과도 10가지 감사할 거리를 찾아 각자 노트에 적어보기로 했다. 감사일기를 쓴 다음엔 상대방에게 직접 읽어주기로 했다. 남편은 쑥스러워하고 귀찮아했지만, 자신에 대한 감사일기를 낭독해주니 미소를 지었다.

이어서 나에 대한 감사일기를 남편의 목소리로 듣자니 감동의 눈물이 고였다.

주말 아침, 맛있는 청량리 샌드위치를 만들어주어 감사합니다.
나의 일 관련으로 지출이 많아서 미안하고, 감사합니다.
내가 힘들게 할 때도 나를 걱정하고 도와주어 감사하고, 미안합니다.

매일 아침, 아침 식사를 차려주셔서 고맙습니다.
청소, 설거지 등의 마무리를 당신의 손으로 하게 하여 미안합니다.
아침에 같이 눈을 뜨고, 출근할 때 웃어주는 당신의 미소를 사랑합니다.

다른 사람에게 감사하는 마음을 갖다 보면 순수한 마음이 들고 작은 일에 감동하게 되는 것 같다. 감사와 함께 나 자신에게 도움이 되는 습관은 셀프 칭찬인 것 같다. 셀프 칭찬은 자기 스스로 칭찬하고 격려하는 방법으로, 자신에 대한 긍정적인 마음을 저축해 자신감을 갖게 한다.

예를 들어 '(거울 속 나에게 머리를 끄덕이고 미소 지으며) 괜찮아, 최선을 다했어.' / '(두 손으로 하트를 만들며) 사랑해~' / '(양손으로 엄지손가락을 치켜들어 엄지척!하며) 와~멋져! 역시, 윤선영이야!'처럼 셀프 칭찬을 해보자.

긍정적이고 자신감을 격려하는 생활 태도는 오늘의 할 일을 차분하게 긍정적인 결과를 예상하며 처리하게 하는 에너지원이 될 것이다. 하지만 누구나 할 일이 무엇인지 알고 있어도 매일 반복되는 일들을 처리하기 힘들 때가 있다. 이때 몇 가지 팁이 있다면 크고 작은 중요한 일들을 놓치지 않고 마무리할 수 있을 것이다.

첫째, 메모한다. 기억해야 하는 것, 기억하고 싶은 것, 원하는 것을 메모한다. 깜빡깜빡 뭔가를 자주 잊어버리게 된다면, 필요할 때 다시 꺼내보고 싶은 글이나 내 아이디어, 사고 싶은 책과 장보기 목록을 생각날 때마다 써둔다. 다이어리에 메모할 수도 있지만, 보관이나 활용 면에서 유용한 휴대폰 메모장을 사용한다. 메모해둔 정보가 분실되지 않도록 중요한 메모는 휴대폰 메모장에서 바로 이메일 내 편지함에 공유하여 저장한다. 메모는 수시로 하거나 장소를 이동하기 전에 한다. 수시로 메모하는 것은, 개인마다 다를 수 있다. 나는 작고 사소하지만 기억해야 할 것이 있을 때 소제목을 붙여 종류별로 메모하고 저장해둔다.

예를 들어, 냉동실과 냉장실의 식재료 목록을 만들어 유통기한이나 입고 날짜도 함께 써두면 언제까지 써야 할지, 버릴지 판단하기 쉽다. 신혼 3년째 접어들었을 때, 우리 집에 언니와 함께 놀러온 형부는 냉장고 문에 붙어 있는 냉동실 물건 목록을 보더니, "이런 걸 어떻게 쓰니?" 하고 놀라워했다. 당시 냉동실이 서랍식이었는데, 도대체 무엇을 언제 넣어두었는지 알 수 없어 식재료 목록표를 출력하여 냉장고 문에 붙여두고 드나드는 물건들을 쓰고 지우고 했다. 빠짐없이 관리하겠다는 목표보다는 대략 무엇을 언제까지 사용할 수 있고 그 이후엔 버릴 수 있도록 하는 체크리스트 정도로 생각한다. 냉장고에 목록표가 없으면, 냉장고 정리가 매우 큰일처럼 느껴진다. 그러나 목록표가 있으면 오늘 써야 하는 식재료와 폐기할 재료를 분명히 알 수 있다. 수시로 하는 메모는 식탁 위에 붙여두기도 한다. 아침 메뉴인 두부 쉐이크에 집에 많이 있는 과일을 넣고 싶을 때, 그리고 저녁에 쓰고 싶은 식재료를 메모하기도 한다.

○○년 ○월 ○일 아침: 두부 쉐이크+딸기, 저녁: 닭가슴살

아울러 수시로 할 일과 관련된 정보를 메모하는 것도 유용하다. 일상생활 중에 습관책에 담을 사례를 발견하면 즉시 메모한다. 2020년 2월 중순부터 2021년 2월 중순까지 276가지 습관 관련 사례를 수집하여 메모해두었다. 수시로 메모하기에서 자리를 이동해야 하는 경우, 의자에서 일어나기 전에 기억해야 할 것을 메모하는 것이 좋다. 예를 들어, 일하다가 커피나 물을 가지러 갈 때, 화장실에 가게 될 때처럼 자리에서 일어나 다른 장소로 이동해야 할 때가 있다. 볼 일을 위해 이동하기 전까지의 짧은 시간 동안 남은 할 일을 메모해두고 일어난다. 돌아오면 바로 하던 일을 이어서 할 수 있도록 계획해두고 일어나는 것이다.

둘째, 즉시 처리한다. 가습기 물 보충 불이 들어올 때 바로 보충하는 것이 가장 쉬운 가습기 사용법이다. 물이 없다는 신호등이 들어왔을 때 귀찮아서 플러그를 뽑아두면 물 보충은 미루어지고 미루어둔 일은 스트레스가 된다. 가습기 내부 청소도 물 보충할 때마다 면봉으로 간단히 청소하는 것이 가장 쉬운 관리법이다. 샤워할 때마다 거울과 세면대 청소

하기도 유용하다. 거울에 샤워기로 따뜻한 물을 뿌려두고 샤워 후 바로 물 제거용 작은 밀대로 거울에 뿌려진 물을 쓸어내린다. 한 점의 얼룩도 없이 말끔히 닦인 거울에 비친 나를 보면 뿌듯해져서 자연스럽게 엄지 척! 손가락을 치켜들고 "최고!"라 말하게 된다. 나의 좋은 습관을 내가 응원하고 기쁘게 인정해준다. 후후, 마치 내가 백화점 화장실 청소팀이 된 것처럼 재미있다. 작은 밀대가 만들어낸 뽀송뽀송, 말끔한 결과도 기분 좋다. 무엇이든 즉시 처리할 수는 없겠지만, 며칠 주기로 하는 일보다 즉시 처리하면 일이 줄어든다.

셋째, 조금씩 시작해둔다. 즉시 처리로 완결하기 어려운 일은, 일단 일부를 처리해둔다. 예를 들어, 설거지 그릇이 생길 때마다 처리하기 어렵다면, 일단 음식물 쓰레기는 분리해서 버리고, 그릇의 오염을 흐르는 물에 몇 번 헹궈둔다. 바로 설거지할 수 있다면 하고, 그렇지 않으면 음식물 오염이 별로 없는 상태로 설거지 그릇들을 필요한 시간만큼 보관할 수 있다. 싱크대 개수대 또는 식기세척기에 어느 정도 그릇이 모일 때까지 보관하다가 한꺼번에 처리하면 된다. 그때 그릇의 오염을 헹궈서 보관한다면 처리가 한결 쉬워진다. 지인의 말처럼, '설거지를 왜 모아?'라고 생각하는 사람은 그냥 바로 설거지를 하면 된다. 2가지 이상의 일을 마쳐야 하는데 부담만 크다면 조금씩만 시작해보자. 꼭 해야 하는 2개의 일을 일단 '교재의 목차 훑어보기, 참고자료 목록 적어보기'와 같이 조금씩만 시작해두고, 하나씩 마무리하는 것이다. 다음 일을 조금만 시작해두는 식으로 할 일들을 연결해두자. 다음 할 일로 넘어가기 쉬워진다. 할 일을 잊거나 미루지 않고 마칠 수 있다.

매일 반복하는 습관이 나의 품격과 가치를 만든다. 반복하고 있는 습관이 무엇인지 의식하지 못할 수도 있다. 어려서부터 오랜 시간 그렇게 살아왔으므로 매일의 생활에 깊숙이 뿌리내린 습관이 자리 잡은 것이다. 그래서 그 결과의 원인을 파악하기는 더 쉽지 않다. 원인 파악과 분석처럼 어려운 것은 일단 두자. 지금 할 수 있는 것부터 해보자.

지금 나는 어떤 사람인가? 솔직하게 말해보자. 그리고 어떤 사람이라 말하고 싶은가? 당신이 원하는 자아상을 말해보자. 내가 원하는 나는 어떤 습관이 있는 사람인가? 그 습관을 만들어보자. 매일 공부하듯 의식적으로 반복해보자. 무의식적으로 자동 반복하게 되는 날이 올 것이다. 좋은 습관을 무의식적으로 반복하다 보면 내가 원하는 결과는 자연스럽게 따라온다. 좋은 습관은 결국 더 좋은 나를 만드는 공식인 것이다.

습관은 내가 원하는 결과를 가져온다

"자신에게 명령할 수 없는 사람은 다른 사람의 명령을 들어야 한다."
– 프리드리히 니체

어떤 일이든 원하는 결과를 위해 각자 나름대로 절차와 방법을 가지고 있을 것이다. 절차와 방법도 반복되면 습관이 된다. 매일 반복되는 일이라면, 절차를 간소화하여 단순하게 처리해보자. 부정적 경험으로 인한 감정 때문에 힘든 일이 있다면, 평상시와 다른 시각으로 바꾸어 접근해보자. 돌봄과 같이 시간이 걸리고 에너지가 필요한 일이라면, 대상을 사랑하는 마음으로 꾸준히 해보자.

매일 반복되는 일로 대표적인 것이 집안일이다. 예를 들어 매일 쌓이는 집안일 중에 특히 추운 겨울에 처리하기 어려운 것이 빨래다. 베란다에 세탁기를 설치한 경우, 추운 겨울의 세탁은 더 어려운 것 같다. 우리 집은 남편이 세탁을 도맡아 해주고 있다. 남편은 자신이 좋아하는 저녁 TV 뉴스나 예체능 프로그램을 보기 전에 빨래를 세탁기에 넣어 돌린다. 세탁이 완료되었다는 음악이 나오면, TV 프로그램 진행 중 광고 시간이나 종료 후에 잠시 베란다로 나간다. 세탁된 빨래 중 건조할 것을 골라 건조기로 옮겨 넣는다. 열풍 건조가 적절하지 않은 옷들은 건조대에 직접 널어둔다. 다시 남편은 TV 스포츠 경기를 시청하고, 건조기에서 종료 음악이 흘러나온다. 남편은 스포츠 경기 중간이나 경기가 끝난 후, 건조기에서 따끈하게 잘 마른 빨래를 꺼낸다. 남편 옆에서 따끈하게 건조된 빨래를 개고 있을 때면 잠이 솔솔 온다. 졸고 있는 나를 대신해 남편이 나머지 빨래 개기를 마무리하여 거실 테이블 위에 쌓아둔다.

　다음 날 아침 식사를 마친 나는, 남편이 어젯밤에 개어둔 빨래를 서랍장에 넣는다. 건조대에 널어둔 나머지 빨래들은 여름엔 하루 만에, 겨울엔 2~3일에 걸쳐 마른다. 마른 빨래는 걷으면서 바로 개어서 서랍장에 넣는다. 건조된 빨래를 건조기나 건조대에서 꺼내고 걷어 거실에 앉지 않는 것이, 중간 절차 하나를 줄이는 방법이다. 빨래건조대 옆에 서서 또는 건조기에서 빨래를 모두 꺼내어 건조대 위나 거실의 높은 테이블에 모아놓고 선 채로 개어보라. 서랍장으로 바로 직행하기 쉬워진다. 거실에 마른 빨래를 안고 소파에 앉는다면 어떤가? TV를 보면서 빨래를 개었다면 테이블이나 마루 위에 개어둔 빨래가 일단 쌓여 있을 가능성이 있다. 하다가 일단락해둔 일은 미루기 쉬워지고 귀찮아진다. 저 빨래들을 언제 서랍장에 넣어야 할 텐데 하는 마음으로 다른 더 중요한 일을 하게 된다. 그 언젠가는 저절로 오지 않으며, 오더라도 힘들게 온다. 귀찮은 일이 하나둘 모이면 힘들게 느껴지고, 그 일은 스트레스를 만든다. 일의 중간 과정을 줄여보라. 중간 과정이 없어지면 미루는 일도 줄어들어 홀가분하게 지낼 수 있다.

어느 일요일 아침이었다. 갑자기 똑! 똑! 똑! 망치로 못을 박는 듯한 소리가 들려왔다. 그렇지 않아도 얼마 전, 다른 층에 사는 지인으로부터 누군가 못 박는 소리를 낸다는 이야기를 듣기는 했었다. '아, 이 소리가 그 소리?' 천정을 쳐다보며 주말 아침 못 박는 소리가 내가 듣기에도 힘들었다. 이후에는, 평일과 주말 상관없이 종종 들려왔고, 못을 박고 드르륵 드릴 소리도 난다. 아침부터 집수리를 하는 건지 아니면 층간 소음에 대응하는 소음 만들기인지 이해하기 어려웠다. 그러던 중 그동안 아파트 거주 경험으로 볼 때, 집수리이든 소음 만들기이든 바로 윗집이나 옆집이라 해도 특별한 방법이 없었던 기억이 났다. 한두 번 불편감을 호소한다고 해도 잠시 소음이 주춤하는 정도에 그치곤 했다. 더구나 이번처럼 소음의 출처를 알 수 없는 경우엔 다른 대안이 필요했다. 그래서 생각한 것이, '목공놀이가 취미인 분이 있네.'라고 생각하기로 했다. 생각을 바꾸고 마음의 준비를 하였더니, 못 박는 소리가 나면 동시에 '오늘도 목공놀이를 시작하셨네~' 하고 미소 짓게 되었다. 소음이 멈추지 않는다면, 추가로 상쾌한 카페 음악이나 활기 넘치는 클래식 음악을 감상하며 집안일도 하고 책도 읽는다. 타인이 만드는 소음으로 힘들 때가 있다면 다르게 생각해보자. 거기에 더하여 음악으로 대응해보자. 다른 집에서 듣기에도 덜 힘들게 소음에 대처할 수 있을 것이다. 힘든 일도 가벼워지도록 생각을 바꾸고 긍정적인 도구도 사용해보자.

5년 전, 물고기 구피들과 처음 맞는 쌀쌀한 가을에 물고기들과 생사를 가르는 사투를 벌였다. 머리를 흔드는 구피가 하나둘 생겼다. '무슨 일이지?' 생각하는 동안 점점 늘어나더니 많은 구피들이 머리를 흔들며 헤엄쳐 다녔다. 인터넷 자료를 검색하며 소량의 소금물 목욕으로 처치하여 전체 중에 80%의 물고기들을 살리느라 몇 주 전쟁을 치렀다. 아직도 생각난다. 마지막 순간까지 살리려고 최선을 다하느라 소금물 병실과 원 수조를 오가는 중에 수조 바닥에 쓰러져 누웠다가 머리를 들었다 하며 지푸라기라도 잡듯 나를 애처롭게 바라보던 작은 구피들의 눈빛이 선하다.

"하양아, 넌, 기적이야! 주황아, 넌, 기적이야!"라고 매일 병실 수조를 들여다보며 말해주던 때가 있었다. 99% 죽어가던 암컷과 수컷 물고기 구피 한 쌍이 미세하게 한 번씩 움직이므로 작은 통에 안전한 물을 담아 넣어주었다. 쓰러져 자는 듯하던 녀석들은 매일 조금씩 기력을 회복하며 헤엄치기 시작했다. 건강 회복과 더불어 조금씩 체격도 좋아지더니 어느 날 병실에 아주 작은 치어 여섯 마리를 낳아 함께 헤엄치는 게 아닌가. 그렇게 나를 놀라게 하더니 체격이 더욱 좋아져서 또 한 번의 출산으로 열 마리의 치어를 낳았다. 본가로 돌아간 후엔, 외모를 알아볼 수 없을 정도로 폭풍 성장을 거듭하였다.

주황이는 주황색 꼬리 부분에 하얀 점이, 하양이는 전체적으로 큰 몸통에 비해 꼬리가 작은 편이어서 몸의 실루엣이 다른 암컷들과 다르다. 50마리 이상 함께 사는 수조에서 병실의 기적을 이룬 하양이와 주황이를 찾을 수 있는 건 어떻게 가능할까? 나는 그 작은 아이들을 살려보려고 무던히 노력했다. 그리고 그 아이들이 살고자 노력하는 모습에 감동 받아 내가 할 수 있는 모든 것을 시도하고, 기도하며 돌보는 동안 사랑하게 되었기 때문일 것이다. 요즘도 큰 수조에서 수많은 구피들과 헤엄치며 노는 모습이 예뻐서 "주황아, 넌, 기적이야!" 하고 엄지척하고 엄지를 치켜들며 미소 짓는다. 주황이는 놀던 자리에서 혹은 수조 앞으로 나와서 유심히 나를 본다. 자기도 알고 있다는 듯.

요즘은 몸이 불편해보이는 물고기 한 마리만 발견되어도 바로 병실로 분리하여 비타민 목욕하기를 최대 1박 후, 본가로 돌려보낸다. 이제 아픈 구피를 위한 병실이 거의 필요 없을 정도로 물고기 구피 돌보는 일이 수월하고 어느 정도 자신감도 생겨 기쁘다. 하지만 5년간 나의 구피 돌봄 경력으로도 어쩔 수 없는 순간이 있음을 잘 안다. 그래서 매일 출근할 때와 잠들기 전에 기도한다. "주님, 우리 하양이, 주황이와 함께 해주셔서 감사합니다. 하양이, 주황이가 주님이 허락하신 시간까지 행복하고 건강하게, 즐겁고 기쁘게 지낼 수 있도록 함께해주셔서 감사합니다. 주님께 의탁하나이다~ 아~멘."

수조 앞에서 내가 두 손을 모아 기도하는 모습은 물고기 구피들이 보기에도 중요한 일로 보이나 보다. 구피들은 내가 기도를 시작하면, 어느새 하나둘 그대로 멈춰라! 게임을 하듯 헤엄쳐가던 길을 멈추고 일제히 나를 바라본다. "너희도 기도했어? 힘들 땐, 이렇게 기도해~ 주님께 의탁하나이다~" 난 그다지 열렬하고 굳건한 신심을 가진 신자라고 하기는 어렵다. 다만 젊은 시절 힘들 때, 그리고 나이가 들면서 어쩔 수 없는 일들이 있다는 사실을 알게 되면서 종교가 위안이 되었다. '물고기 구피들에게 무슨 기도가 필요할까' 생각하는 사람들이 있을 것이다.

반려동물과 함께 살아본 사람들은 내 마음을 조금 더 이해할 수 있을 것 같다. 생로병사의 기쁨과 슬픔을 함께 하는 동물은 가족과 다름없는 것 같다. 그들의 마지막 순간에 아무 도움이 되지 못하는 안타까움이 있다. 더 나아가 내가 곁에 없을 때 고통스러운 마지막 순간을 맞게 되는 작은 물고기가 의지할 곳이 있기를 바라는 마음에서 매일 소리 내어 기도해준다. 물고기들이 실제로 내 말을 알아듣기는 어렵겠지만, 자신들을 걱정하고 도움이 되기를 바라는 간절한 마음이 수조 안 작은 물고기들의 가슴에도 전해질 거라 믿는다.

습관은 어떤 결과든 만들어낸다. 그 결과가 내가 원하는 것이라면 시도해볼 만하지 않은가. 무심코 하던 작은 일이라도 절차를 줄여 단순하고 쉽게, 평소와 다른 시각으로 접근하여 해결점을 찾아보자. 꾸준히 관찰하고 방법을 찾다 보면, 어느 날 반복적인 일을 쉽게 해결하는 나를 발견하게 될 것이다.

가족이나 지인들도 가깝지만 낯설게 느껴질 때가 있다. 그들을 도대체 이해하기 어려울 때 평소와 다른 시각으로 접근하며 수용 가능한 긍정적인 방법을 사용해보자. 원하는 결과를 만들 수 있을 것이다. 관련된 사람이나 대상을 약자를 사랑하듯 대할 수 있다면 다행이다. 오늘부터 단순하게, 다른 시각으로, 한 번 더 시도해보자. 에너지 소모는 줄고, 뿌듯한 자기 통제감과 만족감으로 괜찮은 나를 만나게 될 것이다.

06

습관은 부와 가난, 그 어떤 것도 만들 수 있다

"인간의 본성은 서로 비슷하지만, 후천적 습관에 의해 서로 멀어진다."
– 공자

    우리가 원하는 부는 무엇일까? 돈을 축적하여 얻는 경제적 자유뿐만 아니라 돈으로 살 수 없는 건강한 생명을 유지하는 것이 포함될 것이다. 물론 건강도 돈으로 살 수 있다고 생각할 수도 있을 만큼 의료 양극화도 경제적 자유와 관련된 것이 사실이다. 우리가 살면서 습관이 작용하지 않는 영역이 거의 없는 만큼 경제적 자유와, 건강한 몸과 마음의 자유를 얻는 데도 습관은 알게 모르게 우리를 지배한다. 습관이 우리를 지배하기 전에 우리가 원하는 것에서 부를 축적하는 습관을 만들어보자.

    "돈이 좋아요~" 하니 지인은 "돈 아닌 것도 좋은 게 많아."라고 반응한다. 그렇다. 돈이 아닌, 돈으로 살 수 없는 좋은 것들도 많을 것이다. 하지만 난 요즘 돈에 감사하며 친하게 지내려 노력하고 있다. 돈에 관심을 가지고 좋은 이미지를 자주 생각하니 정말 돈으로 할 수 있는 수많은 좋은 일들을 생각하게 된다. 부자는 돈을 얼마나 많이 가졌는지뿐 아니라, 부자의 습관으로 자신이 원하는 것을 결국 얻고야 마는 사람일 것이다.

나이 서른에 시작한 대학원 공부는, 중간에 유아교육기관에서 2년간 일하느라 서른여덟이 되어서야 박사 과정까지 마무리할 수 있었다. 박사 논문 심사를 1학기에 받고 여름방학 중에 박사 과정을 마치게 되어 폭염의 끝자락인 2007년 8월 중순의 어느 날, 난 서울역쯤으로 기억되는 전철역 지하도를 걷고 있었다. 박사논문을 정리하여 최종 제출한 상태였으므로 그야말로 무심히 걷고 있었다. 전철 지하도를 아무 생각 없이 목표가 없어 보이는 눈으로 걷고 있으면 다가오는 사람들이 있다. 그날도 여지없이 한 사람이 다가왔지만 불쾌하지는 않았다. 이유는 그들이 전시하고 있는 패널들의 사진이 말해주는 것이 있었기 때문이었다. 사진과 포스터에는 당신의 작은 기부가 지구촌 곳곳의 사형수와 인권 운동가들의 생명과 인권을 구할 수 있다는 타이틀 문구가 강렬하고 절실하게 적혀 있었다.

국제앰네스티Amnesty International 로고는 철조망에 둘러싸인 하나의 촛불. 단 한 자루의 촛불이지만 철조망을 겁내지 않는 강인한 촛불의 힘을 상징적으로 보여준다. 정의와 진실이 당연한 세상을 만들기 위해 전 세계 인권 운동가들의 석방을 위해 해당 국가 정부에 탄원 엽서 쓰기 같은 평화로운 방법으로 인권 구호 운동을 펼치는 세계 최대 인권 단체이다.

1천만 명 회원의 기부금으로 운영되므로 타 기관의 간섭으로부터 자유로운 운영이 가능하다. 덕분에, '국제앰네스티는 어떤 부당함에도 당당히 맞서고 있습니다. 정부지원금 0%로 한 분 한 분의 후원으로 이러한 부당함에 자유롭게 맞설 수 있습니다.'와 같은 타이틀을 내걸 수 있는 것이다.[3]

나는 무언가에 이끌리듯, 마치 이 단체에 가입하려고 이 시간 이곳에 온 것처럼 자연스럽게도 기부서에 서명하였다. 이유는 소액 기부였지만, 이제 나의 일 이외에 다른 사람들의 일에도 관심을 가지며 살아야 할 것 같은 사회적 책무 같은 것이 느껴졌기 때문이다. 그렇게 국제앰네스티에 기부하기 시작한 것이, 벌써 14년 가까이 되었다. 소액의 작은 기부 경험이지만, 전 세계 지구촌의 인권 보호에 소박한 기여라도 하고 있다는 보람을 느낀다. 그때 사회적 책무에 대해 잠시라도 생각하지 못해 기부를 시작하지 않았다면 이미 흔적도 없이 사라졌을 적은 액수의 돈이었다. 나의 기부 습관은 이렇게 2007년부터 시작되어 지금도 계속되고 있다. ○○청소년센터, ○○미래교육, 국제앰네스티, 국제선교회, 종교적 기부금, 감사헌금과 같은 다양한 방법으로 기부 습관을 계속 실천하고 있다.

나의 경우, 감사헌금은 감사할 일이 있을 때만 기부하는 것이 아니다. 감사하는 마음으로 지내기 위해 기부하기도 한다. 예를 들어, 나의 경력에 꼭 필요한 일이지만, 심리적으로 큰 부담을 느끼고 주말에도 마음으로 일할 때가 있다. 그런 상황에서 기부가 도움이 된다. 한때 큰 심리적 부담을 느끼면서 경력에 필요한 일을 한 적이 있다. 당시 기관장이었던 분으로부터 아침저녁으로 노심초사 걱정하는 긴 전화를 받으며 일했다. 내가 맡은 일은 상담 케이스 별로 급여가 지급되는 방식이어서 급여가 적었다. 아니, 급여만 보고는 할 수 없는 일이었다. 내가 노후까지 계속해서 할 일을 만드는 데 필요한 경력을 쌓기 위해 눈앞의 급여와 상관없이 해야 하는 일이었다. 하지만 필요하다 해도 명분만 보고 계속하기 어려운 일이 있다. 그래서 선택한 것이 기부였다. 아동과 부모 상담을 진행하고 받은 급여 전부 또는 일부를 내가 다니는 성당에 감사헌금으로 기부하기로 한 것이다.

처음 6개월 동안은 100%, 6개월 후엔 80%, 1년 후부터는 급여의 10%를 기부했다. 지인들은 이런 나의 기부 행동을 의아하게 생각했다. 그러나 경력을 목표로 적은 급여에 극심한 스트레스를 느끼는 일이라면 생각해볼 수도 있다. 개인적으로 나에겐 도움이 되었다. 머릿속에 상담 케이스당 낮은 급여와 상담을 잘 진행하고자 하는 욕구, 기관장에게서 오는 고도의 스트레스를 동시에 다루는 것은 정말 높은 강도의 스트레스였다. 그것이 주말에도 계속된다고 생각해보라. 이렇게 고강도의 스트레스가 지속되는 상황에 대책이 필요하다고 생각한 나는 선택했다. 타인에게 기여한다, 좋은 일을 하고 있다는 마음으로 일한다면 가능할 것이라 생각했다. 상담료 기부하기를 100%에서 10%로 진행하며 감사헌금을 실천했다. 기부하면서 총수입이 줄어드는 것은 별로 신경 쓰이지 않았다. 오히려 충만한 마음으로 일할 수 있었다. 재능 기부하는 마음으로 일하니 마음의 부담보다 보람이 컸다.

결국, 기부를 통해 상담자로서의 스트레스를 이겨내고, 경력도 쌓으며 점차 아동과 부모 상담 전문가로 성장해가는 나를 발견할 수 있었다. 상담 경력은 학생들을 대상으로 하는 강의에도 소중한 사례가 되어 학생들이 영유아 및 초등 아동의 어려움과 부모를 이해하는 데 큰 도움이 되었다. 부는 돈을 많이 축적하는 것 자체를 목적으로 하기보다는, 축적한 돈으로 무엇을 할 것인가에 초점을 맞춰야 한다는 생각이다. 앞으로 더 많은 사람에게 기여하고자 나는 계속해서 부자의 습관을 실천할 것이다. 그 과정에서 일부는 반드시 함께 살아가는 사람들의 인권과 교육을 위해 기부할 것이다. 꿈은 계속해서 실현해가는 과정이지, 언젠가 한 번에 찾아올 결론이 아니라고 믿기 때문이다.

부와 가난을 만드는 습관 중에 돈을 벌어들이는 것 못지않게 중요한 것이 지출 습관일 것이다. 내 경우엔 TV홈쇼핑에서 샴푸나 아이크림처럼 주기적으로 구매하는 것을 최소 3개 이상 한 세트로 묶어 할인해준다고 할 때 구매한 적이 많다. 그리곤 너무 많은 양을 한 번에 산 탓에 주변 지인들에게 나누어준 기억이 있다. 문제는 양과 질이었다. 필요한 양보다 많이 주고 지출도 그만큼 늘어나는 것인데 약간 이익인 것 같아서 '남으면 가족들이나 지인에게 나눠주지 뭐.' 하는 단순한 생각이었다. 점차 TV홈쇼핑에서 파는 물건 가격이 합리적인지, 인터넷 가격 비교 사이트에서 검색 후, 가격이 합리적이라 해도 당장 구입할 만큼 꼭 필요한 것인지 생각하게 되었다. 그런 과정이 있기에 오늘 나름대로 지출 기준을 가질 수 있게 되었다고 생각한다. 살던 대로 살 것인지 기존 습관을 대체할 좋은 습관은 무엇인지 고민과 노력을 거듭한 결과, 오늘 나는 좋은 습관의 소유자가 되었다. 이는 완성형이 아닌 진행형으로 더 좋은 습관을 향해 전진하는 사람이 된 것이다.

나의 합리적 소비에 큰 힘이 된 것은 메모이다. 지금 당장 살 수도 있지만, 꼭 필요할 때 사야지 하며 스마트폰 메모장 '장보기' 페이지에 메모해 둔다. 어느 TV홈쇼핑의 무엇이라고 상품 정보와 가격, 판매처를 메모하는 것이다. 메모는 생각보다 많은 것을 지금 당장 사지 않도록 도와준다. 우리가 갖고 싶은 것, 사고 싶은 것은 대개 수입보다 더 많다. 보고 싶은 책, 먹고 싶은 음식들, 멋진 옷과 신발, 멋진 차와 집까지 이루 헤아릴 수 없게 많을 것이다. 자신이 원하는 것이 있다면 스마트폰 메모장에 항목별로 메모해보자. 순간, 일단 만족하게 된다. 시각적으로 자신이 원하는 걸 메모장에 써서 읽다 보면, 누군가 나의 욕구에 귀 기울여 들어주는 것처럼 느껴진다. 당장 지출하지 않고 정말 필요한지 살펴보며 가장 필요한 때를 기다릴 줄 아는 나를 느끼며 미소 짓게 된다. 메모는 자신이 원하는 삶으로 가는 지름길 중 하나가 될 수 있다. 부자는 돈을 많이 쌓아둔 사람일 수도 있고, 불필요한 지출을 줄이는 사람일 수도 있다.

습관은 부와 가난, 그 어떤 것도 만들 수 있다. 지금 당신은 어떤 습관을 갖고 있고, 어떤 습관을 원하는가? 습관은 잘못이 없다. 혹시 습관이 당신을 오늘로 이끌고 왔다고 생각하는가? 하지만 그 습관을 만든 것도, 필요한 습관에 익숙해지기를 거부한 것도 역시 당신의 선택이다. 적극적 선택뿐만 아니라, 더 건강한 선택을 하지 않은 것도, 당신이 무위(無爲)

라는 선택을 한 것이고 그에 따른 결과로 여러 가지 원치 않는 일들을 경험하는 것이다.

이제 선택하자. 우리가 원하는 경제적 자유와 건강을 위해 부와 가난 중 어떤 길로 가는 습관을 만들지 선택하자. 일단 미룰 수도 있다. 그것도 하나의 선택이다. 나의 경제적 자유와 건강을 오늘부터 얻을 것인지, 손에 잡히지 않는 내일로 미룰 것인지 지금 생각해보자.

07

나에게 익숙한 습관, 낯설게 보기

"습관은 밧줄과도 같다. 날마다 한 올 한 올 엮다 보면 결국 끊지 못하게 된다."

– 호레이스 만

자기 편한 대로 지내다 보면 자신뿐 아니라 가족과 주변 관계까지 해칠 수 있다. 건강에 좋은 것도 지나치게 챙기다 보면 건강뿐 아니라 일과에 부정적 영향을 줄 수 있다. 누구나 너무 오랫동안 익숙해져 알아차리기 어려운 습관들이 있을 것이다. 매일의 일과에 영향을 주는 취침 습관부터 식습관, 운동, 수면, 기타 생활 습관을 익숙하고 편하게 느낄 것이다. 그러나 내 몸에 익숙해진 생활 습관들이 나와 가족, 주변 지인들에게 부정적 영향을 주는 건 아닌지 조금 떨어져 객관적으로 살펴볼 필요가 있다.

잠이 오지 않아도 침대에 아침까지 누워 있곤 한다. 적게는 2~3시간에서 많게는 5~6시간 그럴 때가 있다. 이때 잠이 오지 않는 것은 물론이고, 계속 누워 있으면 몸은 더 피곤하다. 잠을 자려고 노력하느라 마음도 불편하다. 피로가 해소되지 않았으니 아침에 일어나기도 어렵다. 억지로 일어나 남편의 아침을 챙기고 다시 휴식이 필요할 때가 많다. 잠이 오지 않을 때, 그냥 일어나기를 두려워하는 것 같다. 하지만 중간에 일어났다가 피곤해지면 그때 다시 잠자리에 들면 될 것이다. 30분 안에 자연스럽게 잠들지 못한다면, 취침 중에 화장실에 다녀오거나 물을 마신 후 다시 잠들기 어렵다면, 어떻게 하는 게 도움이 될까?

개인적으로 내가 숙면할 수 있었던 때를 돌이켜 살펴보면 몇 가지로 정리할 수 있다. 따뜻한 물로 샤워하기, 따뜻한 삼계탕 반 그릇과 부드러운 밥처럼 단백질이 적당히 포함되고 소화가 잘되는 저녁 식사, 따뜻한 꿀 유자차 마시기, 바나나와 딸기 샐러드 먹기, 취침 3시간 전에 식사 마치기, 매우 집중해서 일 처리하기, 햇볕 아래 빠르게 걷기 등이 도움이 되었다. 하루 동안 충분히 에너지를 쓰며 최선을 다해 일하고, 소화가 잘되는 따뜻한 식사를 마치면 적당히 몸과 마음이 피곤해져 나른한 상태가 되는 것 같다. 무슨 일을 하든 최선을 다해 하루를 보내면, 편안한 만족감을 느끼며 자연스럽게 이완이 필요한 단계로 넘어가는 것 같다. 할 일과 집안일을 대충 하거나 내일로 미루며 게을리하다 보면, 몸에는 에너지가 남고 미루어둔 일로 마음엔 스트레스가 쌓여 불편할 때 수면장애가 오는 것 같다.

이런저런 생각과 정보도 있지만, 실천이 어려운 이유는 무엇일까? 출근해서 피곤해질까 두려운 것 같다. 20대와 30대 직장인 시절엔 이렇지 않았다. 50대가 된 지금의 나는 이전에 비해 몸과 마음이 다르다. 자연스럽게 움직임과 활동이 많았던 20대, 30대와 달리 좋은 컨디션 유지를 위해 운동을 밥 먹듯 해야 하는 50대의 큰 격차를 느끼며 살고 있다. 하고 싶은 일에 대한 욕망이 피곤할까 걱정하는 마음보다 컸던 이전과 달리, 50대인 지금은 일과에 지장이 있지 않을까 걱정과 두려움이 앞서 미리 관리하게 되는 나이가 되었다. 나만의 방법으로 숙면을 돕고, 잠이 오지 않을 때도 대안을 준비하는 게 어떨까. 출근해서 피곤하다면 짧은 낮잠과 주기적 휴식 등 가능한 범위에서 적절히 해소하면 될 것이다.

스트레칭을 하고 신선한 물을 마시며 눈을 한 번씩 감고 휴식을 취하며 일할 수도 있다. 레몬이나 민트처럼 피로 회복과 혈액 순환을 돕는 차를 마실 수도 있다. 점심 식사 후 남은 시간에 잠시 낮잠을 잘 수도 있다. 억지로 잠을 청하는 데 몇 시간을 허비하고 피곤한 몸을 끌고 힘들게 출근할 것인가? 아니면 다양한 방법을 시도해보며 자신의 몸과 마음에 이완과 휴식을 선물할 것인가? 잠이 오지 않을 때, 바로 일어나서 따뜻한 꿀차 마시기, 명상 음악을 들으며 편안한 자세로 호흡해보기, 좋아하는 책 읽기, 가벼운 스트레칭과 따뜻한 물로 샤워하기 등으로 나만의 휴식과 이완을 허락해보자. 한밤중에 잠이 깨어 나만의 시간을 가진 후 다시 잠들 시간이 부족하다면 조금 일찍 출근해보자. 자기 주도적인 시간을 갖고 독서나 책 쓰기를 위해 일부러 2시간씩 일찍 출근하는 사람들도 있으니 말이다. 일단 해보고 불편하면 바꾸면 될 것이다. 너무 두려워 아무 것도 하지 못한 채 식은땀만 흘리는 것보다 나을 것이다. 침대에 누워 꼬리에 꼬리를 무는 부정적 생각과 기억의 노예로 새벽을 맞는 것보다 훨씬 나을 것이다.

남편은 집안의 많은 일을 빨리 처리할 수 있는 사람이다. 뒷마무리야 어떻든, 일단 본인이 생각하는 정도로 집안일을 처리하고 나면 재빨리 TV 앞 소파에 기대어 앉는다. TV를 좋아하여 아침에 눈을 떠서 가장 먼저 하는 일, 그리고 퇴근해서 소파에 앉으면 바로 TV부터 켠다. 본인이 큰방에서 컴퓨터를 할 때나, 식탁에서 식사할 때, 쓰레기 처리를 위해 재활용품 분리수거장에 다녀올 때, 심지어 본인이 소파에서 쿨쿨 잠을 잘 때도 TV는 켜두어야 한다고 생각한다. 남편에게 TV를 켜두는 것은 생활 환경의 일부인 것이다. 두 눈을 감고 소파에 누운 남편은, "지금 듣고 있어!" 남편이 자는 것 같아 TV를 끄면, "놔둬, 볼 거야~!" 한다.

내 경우, 평소에 과도한 TV 시청을 자제하며 TV가 유익한 정보 제공의 역할과 동시에 시간 도둑일 때도 있음을 생각하며 지낸다. TV를 지독히 사랑하는 남편과 타협이 필요했다. 주말에 TV를 끄고, 식탁에 남편과 나란히 앉았다. 나와 남편, 사랑스러운 물고기 구피 300마리가 건강하게 지낼 수 있도록 TV 시청 시간에 대해 약속이 필요했다. 평일과 주말 TV 시청 총 시간 제한하기, TV 시청을 시작한 시간 메모하기, TV와 관련된 생활 습관에 대해 이야기 나누었다.

– TV 시청 시간제한: 평일에 2시간, 주말에 4시간.

- 가족과 대화할 때: (TV 보는 중에도) 가족의 얼굴을 보며 경청하기
- 출근할 때: 즐겁게 하기. 한숨 쉬며 일어나는 대신, 출근할 직장이 있음에 감사하기

아침에 출근을 위해 일어날 때, 남편은 '휴~' 한숨을 쉬곤 했다. 밤늦게까지 TV 스포츠 중계방송을 볼 때는 한 번도 한숨짓지 않았다. 출근길이 즐겁지 않은 것도, 잠이 부족한 것도 밤늦게까지 지나치게 TV를 보는 것이 한몫한다는 생각이 들었다. TV 시청 시간에 대해 이야기를 나누고 함께 정한 약속을 노트에 적었다. 남편의 손글씨로. 그래야 남편의 실천에 도움이 될 것 같았다. 3가지 약속을 적은 노트는 집안을 오가며 언제든 볼 수 있게 탁자 위에 펼쳐두었다. 이후 남편은 TV를 보기 시작한 시간을 메모하지 않아도 시청 시간 제한을 의식했다. 남편의 과도한 TV 시청이 자신의 건강한 일과뿐 아니라, 가족인 나와 물고기 구피 300마리의 숙면과 휴식에도 부정적 영향을 주고 있다는 말에 공감한 것 같다.

남편의 출근길을 배웅하며 남편에게 24년째 물어보는 것이 있다. 신혼때는 '핸드폰! 열쇠! 공무원증!'을 가지고 가는지 확인 차 물어보았다. 현관 벽, 코르크로 된 게시판에도 '뭐 잊은 건 없나요? 1, 2, 3.' 이라고 메모하여 붙여두기도 했다. 누구나 같은 말을 반복하고 싶지는 않기 때문이다.

(출근길, 엘리베이터를 타고 내려간 남편, 몇 분 후 다시 와서 초인종

을 누른다. 인터폰 화면에 남편이 얼굴을 내밀어 크게 확대되어 보인다.)

"왜?"

"약!"

아무 말도 하고 싶지 않을 때가 있다. 그냥 행동만이 필요할 때가 있다. 남편이 핸드폰을 두고 출근했을 때는 현관문 앞에서 핸드폰을 들고 남편이 다시 돌아오기를 기다린다. 특히 바빠 보이는 날이면, 핸드폰을 들고 엘리베이터로 내려가 주차장에 있을 남편을 찾아 헤맨 적도 있다. 남편이 출근한 후에 내 출근 준비도 해야 하는데 남편의 소지품을 계속 챙겨야 한다면 어떨까. 서로 피곤해질 일을 예방하고자 미리 확인하는 것이 나을 것이다. 요즘은 감염병 예방을 위한 마스크도 추가하였다. 마스크 교체를 아까워하는 알뜰한 남편에게 "그러다 병원비가 더 들어." 하는 잔소리는 덤이다. 물론 출근길이니, 목구멍까지 올라오는 이런저런 소소한 잔소리는 꿀떡 삼킨다. 일부러라도 수고하는 남편을 향해 "다녀오세요!" 말하곤, 미소와 함께 손 흔들어주기를 잊지 않는다.

오랫동안 내 삶에 흡수되어 익숙해진 습관, 익숙해서 쉬워진 패턴 덕분에 오늘을 살아가는 힘이 될 것이다. 하지만 너무 익숙해서 알아차리기 어려운 내 생활 패턴의 부정적 영향. 그것은 내 소중한 삶에 독이 될 수도 있다.

내 삶에 힘이 되는 습관과 독이 되는 습관은 어떻게 알 수 있을까? 당연한 듯한 자신의 행동을 객관적으로 관찰해보자. 사실, 당신은 이미 알고 있을지도 모른다. 자기 생활 패턴의 문제를 생각보다 오래전부터 생각해왔을 것이다. 걱정과 두려움, 아니면 귀찮음으로, 내 안의 아이는 반복되는 패턴을 잘라내고 새 패턴을 붙일 용기를 내지 못했을 뿐이다.

이제 내 안의 걱정 많은 아이에게 말하자!

"그게 걱정되었구나. 그래 그럴 수 있어. 다시 한번 해보자. 내가 도와줄게!"

08

나의 가치를 높이는 습관은?

"생각하는 대로 살지 않으면 결국 사는 대로 생각하게 된다."
– 폴 부르제

하나의 습관은 다른 습관으로 이어진다. 아침에 일찍 일어난다면 저녁에 일찍 잠들 수밖에 없다. 필요에 따라 카페인의 힘으로 계속 버텨야 하는 이유가 없다면 말이다. 반대로 밤에 늦게 잠든다면 아침 기상도 늦어질 수밖에 없을 것이다. 늦은 밤까지 일하거나 놀이하는 습관이 있는 사람이 아침형이 되고 싶다면 어떤 습관에 관심을 가져야 할까? 습관은 어떤 행동을 무수히 반복하면서 유사한 상황이 되면 자동으로 나타나는 행동이라 할 수 있다. 나의 가치를 높이는 습관적 행동과 그 행동에 영향을 미치는 이유도 생각해보자.

예를 들어 길을 건널 때 신호를 기다려 길을 건너는 습관이 있는 사람과 무단횡단을 하는 사람이 있다. 이들에겐 신호등이 초록 불로 바뀌기를 기다리는 습관 행동과 기다리기 어려운 습관 행동이 있는 것이다. 무엇 덕분에 질서 지키기가 가능하거나 불가능할까? 초록 불을 기다릴 수 있는 사람은 누가 지켜보지 않아도 교통법규를 지키려는 신념 덕분에 시간이 걸리고 지루해도 초록 불을 기다릴 것이다. 반대로 아직 빨간 불인 상태에서 위험을 감수하며 무단횡단을 감행하는 사람은 왜 그럴까? 서로 떨어진 2개의 횡단보도 중간에 있는 마트나 자신의 집으로 바로 건너가려는 욕구가 질서를 지키려는 생각이나 신념보다 큰 경우라 할 수 있다.

우리가 어떤 행동을 할 때, 개인적으로 가지고 있는 삶의 기준과 함께 상황마다 일어나는 감정도 영향을 준다. 삶의 기준은 개인이 선택한 가치이다. 그 가치는 개인의 정체성을 이루며 '난 이런 사람이야.'라고 생각하며 사는 것 같다. 타인에게 피해를 주지 않는 긍정적 자기 가치감을 만드는 습관에 관심을 가진다면 타인과 편안한 관계로 삶의 만족도를 높일 수 있을 것이다.

지난달 어느 날, 사무실 동료와 점심 약속이 있었다. 지난주에 동료 K와 식사하며 점심값을 냈더니 이번엔 K가 점심을 사겠다고 했다. 그런데 잠시 화장실에 다녀온 나에게 갑자기 다른 동료 P가 웃으며 말했다. K와 나를 포함하여 자신까지 셋이서 이번 주에 점심을 먹기로 이미 K와 이야기 나눴다는 것이다. 무슨 이야기인지 알아보니, 동료 K는 내 동의를 구하지 않은 채 점심 모임에 다른 동료 P를 포함한 것이다. 제3자인 동료 P에게서 점심 멤버가 추가되었다는 말을 갑자기 전해 들은 난 통보받은 기분이 되어 언짢았다. 잠시 생각해본 후 동료 K에게 직접 물었다. '내 의견이 중요하지 않구나' 하는 생각이 들었는데 어떻게 된 거냐고. 불편함이 있다면 말을 해야 편안한 동료로 지낼 수 있을 것 같아 물어보는 거라 했다. 동료 K는 언젠가 셋이 함께 점심을 먹자고 이야기한 게 생각나서 동료 P에게 말했다고 했다. 마치 그걸 꼭 말해야 아느냐고, 좋은 게 좋은 거지, 생각하는 듯했다.

다양한 사람들을 만나다 보면 내 감정과 생각을 알아차리기 어려울 때가 있다. 내 생각과 감정 알아차리기는 내 삶의 주인으로서 자율적이고 주도적인 삶을 살기 위해 기본적으로 관심을 가져야 할 것 같다. 내가 상대방에게 무엇이 불편한지 말하지 않는다면 어떨까. 상대는 나를 불편하게 하는 행동을 반복할 것이다. 이로 인해 내 안에 불편한 감정이 쌓인다면 관계는 자연스럽게 악화될 것이다. 저녁에 남편과 이 일에 대해 이야기 나눈 다음에도 내 마음에 불편감은 여전했다. 일방적인 태도를 당연시하는 동료 K의 행동. 게다가 다른 동료 P는 얼마 전, 점심 약속을 잡으려고 이야기 나눌 때 당분간 함께 식사할 시간이 없다고 말했다. 동료들의 이해하기 어려운 태도에 대해 남편은 깊이 공감해주었다. 그래도 내 마음이 편치 않아 그런 사람도 있구나 하고 불편한 생각을 다독이며 잠을 청했다. 하지만 다음 날 아침 명상 시간에 다시 어제 불편했던 일이 떠올랐다. 이대로는 안 되겠다는 생각이 들어 해소되지 않는 감정과 기억에서 편안해질 방법을 찾아보았다.

　매일 아침, 어제의 부정적 관계를 초기화하자고 마음먹었다. 이름은 굿모닝 리셋! 부정적 감정과 기억을 초기화해서 처음에 선입견과 갈등이 없던 편안한 관계로 리셋하자고 다짐했다. 아침마다 심리적으로 새로 태어나기로 작정한 것이다. 구체적인 방법은 매일 아침 기상 후 1시간 동안 실천하고 있는 명상과 운동으로 몸과 마음이 편안히 안정되도록 돕는 것이다. 그다음, 하루를 시작하는 기도를 한다. "오늘 저의 생각, 말, 행동, 글쓰기 모두 어제를 잊고 오늘 처음 태어난 아기처럼 선입견 없이 사람들을 만날 수 있도록 도와주셔서 감사합니다."라고. 사무실 동료들을 처음 만났을 때처럼, 매일 아침 처음 만나는 사람처럼 예의를 갖추고 설레는 마음으로 인사해야지 하고 생각했다. 사무실에 출근하니 어제 나를 불편하게 했던 동료 K는 외근으로 자리에 없었다. 출근하면 언제든 반갑게 눈을 보며 인사 나누리라 마음먹었다. 다른 동료 P를 보며 평소처럼 "안녕하세요?" 웃으며 인사했다. 어제 이해할 수 없었던 장면이 잠시 생각났지만, 부정적인 감정은 별로 없었다. 그저 동료 P의 마음이 그 정도인 거지 하는 생각이 들 뿐이었다.

　매일 설레는 마음. 매일 긍정적인 기대와 호기심으로 출발하는 아침. 그것이 답이다. 딱 하루만 산다고 생각해보는 것이다. 매일 아침, 새로 태어나기로 결정했기 때문이다. "와~ 멋진 해결책이야!" 마음이 기뻤다. 매일 아침 난 선입견과 부정적 기억이 없는 새 사람으로 태어날 것이다. 안정적으로 엄마와 애착 형성이 잘된 아기들이 그렇듯, 해맑은 미소로 긍정적인 기대로 사람들을 만날 것이다. 매일 하루를 살되, 나에게 부정적인 말과 행동으로 힘들게 하는 사람이 있다면 조용하고 단호하게 대처할 것이다. 하지만 다음 날 아침엔 다시 아무런 부정적 기억과 감정이 없는 새 사람으로 태어날 것이다. 매일 아침, 명상과 운동, 그리고 매일 새로 태어나기를 결정하여 다른 사람들과 건강한 관계를 유지해보자.

20대 시절 내 책상에 붙여두었던 명언, "Today is a new journey!" 그렇다. 오늘은 어제와 다른 새로운 여행이 시작되는 날이다. 굳이 어제의 여행에서 불편했던 기억을 되살려 오늘 새로운 여행길을 불편한 마음으로 시작할 필요가 있을까. 대학을 졸업하고 20대 중반쯤, 주민센터 민원실에 근무했다. 어느 날 사무실 내 책상에 붙여둔 위 문구를 보던 민원실 계장님은 "근데 뭐 그래서 별로 달라질 게 없잖아!" 하며 허탈한 듯 미소 지었다. 난 당장 할 말이 없어 살짝 미소 지었다. 마음속으론 '매일 아침, 다시 여행을 떠나듯 오늘 새롭게 살 수 있을 거예요!' 외치고 있었다.

매일 아침, 어제의 부정적 기억과 감정을 접어두고 출근한다면 객관적인 사실과 해결할 일들, 그리고 타인에 대한 긍정적 감정만이 있을 것이다. 객관적으로 처리할 일은 해결하면 될 것이다. 어제의 부정적 찌꺼기 같은 기억과 감정을 리셋하고 동료들을 만나면 다시 좋은 관계를 만들 확률이 높아진다. 행복의 조건을 종단 연구한 하버드 프로젝트에서 발견한 행복의 가장 중요한 조건. 그것은 다름 아닌 '대인관계'였다. 아침마다 어제의 부정적 요소를 리셋하고 행복한 관계로 오늘을 새롭게 살아보면 어떨까.

그런데 부정적 기억과 감정을 잊고 싶지만 만나는 사람들과 편안한 관계를 유지한다는 건 마음처럼 쉽지 않을 것이다. 아침에 굿모닝 리셋을 하고 하루를 시작하더라도 부딪히게 되는 갈등에 대비할 구체적인 행동 전략도 필요할 것이다. 집을 나서면 거리에 오가는 사람들도 불편하게 느껴질 수 있다. 엉덩이를 유난히 좌우로 많이 움직이며 걷는 남자를 보며 '뭐야!' 하는 생각이 들더라도 'OK!', 마치 나를 아는 사람인 것처럼 선글라스 낀 내 얼굴을 가까이 들여다보듯 다가오는 아저씨를 보며 매우 불쾌하더라도 'OK!' 내 안전에 문제가 없다면 'OK!'를 마음속으로 외쳐보자. 'OK!'라 생각한다 해도 그것이 항상 옳다는 의미는 아니다. 오히려 '당신은 그런 사람이군요!' 하는 수용의 의미가 담겨 있다.

물론 일과 중에 나를 깎아내리는 느낌이 들게 무례한 말과 행동을 하는 동료가 있다면 조용하지만 단호한 어조로 즉시 말하자. "그렇게 말씀하시니 불편하네요. ○○님에게 제가 그렇게 말하면 좋으세요?"라고 가능하면 직접 물어보자. 말을 돌려서 은유적으로 한다면 상대가 이해하지 못하여 다음에 다시 불쾌한 말을 들을 수도 있기 때문이다. 감정엔 정답이 없으니 개인적으로 불쾌하다면 적절히 말로 표현해야 더 좋은 관계를 유지할 수 있을 것이다.

굿모닝 리셋 + OK! − 무례함 = 건강한 관계의 습관

내 가치를 높이는 습관은 무엇인가? 습관적 행동 중에 플러스가 되는 자동 행동은 늘리고, 마이너스가 되는 자동 행동은 플러스 행동으로 대

체하기로 내 존재 가치를 높일 수 있을 것이다. 원하는 습관 찾기는 자신의 행동을 관찰하여 가장 필요한 행동으로 대체하면 될 것이다. 하루 동안 자신의 일과를 관찰하고 기록하면서 매일 나도 모르게 반복하는 행동 중 불편하게 느끼는 부분과 이유를 메모해보자. 자연스럽게 바꾸고 싶은 행동을 발견하게 될 것이다.

원하는 행동이 있지만, 실천을 미루고 있는가? 살던 대로 살 것인지, 원하는 행동을 내 것으로 만들어 가치감과 만족감을 높일 것인지는 내 선택에 달려 있다. 걸림돌이 있다면 제거하자. 어떤 습관이든 원하는 이유가 분명하고 구체적이라면, 자신에게 적합한 방식으로 실천한다면 결국 얻게 될 것이다.

Miracle 8 Habits

STEP
2

내가 원하는 행동을
습관으로 만들기
어려운 이유

01

새로운 변화를 두려워하기 때문

매일 반복해서 하는 일들은 익숙함으로 인해 편안함을 주기도 하지만, 살던 대로 살게 되면서 내가 원하는 무언가를 생각지 못하게 하기도 한다. 살면서 항상 새로움을 추구할 수도 없고, 하던 일을 매일 새로운 방법으로 해야 한다면 불편할 것이다. 하지만 내가 원하는 것이 있음에도 불구하고 그것을 행동으로 옮기지 못하고 어제 같은 오늘을 살아간다면 한번쯤 변화를 위한 불편함에 대해 생각해볼 일이다.

언제부터인가 바지 뒤쪽 허리 부분에 고무줄을 대어 벨트가 없어도, 허리둘레가 늘어나도 불편 없이 입을 수 있도록 고무줄 밴딩 바지가 나오기 시작했다. 물론 그 옛날에도 어머니들의 작업복 이른바, 몸빼라고 불리던 고무줄 바지가 있었다. 허리가 고무줄로 처리되어 마음껏 늘어나는 바지를 입으면 어떤가? 언제 내 허리가 그렇게 두꺼워졌는지, 배가 불룩해졌는지 알 수 없을 정도로 빠르게 몸의 체형 변화를 눈치채기 어렵다. 어느 날 이전에 입던 바지나 치마를 입어보면 어떤가. 옷을 조금 걸쳐보았을 뿐인데 '이 옷이 내가 입던 거라고?' 낯설고 믿을 수 없다. 옷이 다리 중간에 겨우 걸쳐지거나, 혹시 허리까지 옷을 올릴 수 있다 해도 후크나 단추가 너무 멀어 입어보기를 포기해야 할 때가 있다. 인정해야 하는 현실이 코앞에 펼쳐진 것이다.

입었을 때, 몸에 꽉 끼는 옷이나 움직임이 불편한 옷을 입지 않고 걸어 두기만 한 지 거의 5년쯤 된 것 같다. 그동안 나이 50을 넘어서며 나잇살이 쉽게 붙는 데다 고무줄밴드 바지가 편하여 매일 입다시피 했다. 편한 것만 추구한 결과, 몇 년 만에 넉넉했던 바지를 입어보니 이게 무슨 일? 내 바지가 맞나 싶게 허리가 조이며 한 치의 여유도 없이 딱 맞는 게 아닌가. 벨트를 매고 입어야 했던 바지가 이제 벨트가 필요 없는 옷이 된 것이다. 잠시 고민이 되었다. 이걸 입고 출근하려니 종일 자리에 앉아 일하는 것뿐 아니라 숨쉬기도 편치 않을 것 같아 그동안 이런 옷들은 입어보고 바로 포기했었다. 그런데 오늘은 그러고 싶지 않았다. 입고 출근했다가 만약 도저히 불편하다 싶으면 그때 버리면 될 일이라고 생각하였다. 점심은 그동안 결심만 하곤 했던 밥 반 공기 먹기를 오늘은 꼭 해야겠다고 다짐하면서. 게다가 300마리의 구피들과 체조하며 허리 운동을 특별히 더 많이 하였다.

몸에 딱 맞는 사이즈로 변해버린 아끼던 바지를 입고 출근했다. 정확히 말해 고무줄밴드 바지를 즐기다 마음대로 늘어난 나의 허리 때문에 몸에 꼭 끼는 바지가 되어버린 것이다. 아무튼 잘 손질된 딱 맞는 바지와 그에 어울리는 외투, 단정하고 짧은 부츠를 신고 걸으니 발걸음도 적절히 긴장되고 기분이 괜찮았다. 오전에 이런저런 일과 집안일을 마치고 사무실에 가던 길이라 이른 점심을 먹으러 식당에 들렀다. "여기, 뚝배기 소불고기 주시고, 밥은 반 공기만 주세요!" 큰 목소리로 '밥 반 공기'를 강조하며 식사를 주문했다. 와~ 얼마 만에 밥을 반 공기만 달라고 주문한 것인가? 5년쯤 전엔 식당에서 밥을 반 공기만 달라는 주문을 했던 것 같다. 그때 식당 주인은 "드시다가 그냥 남기세요. 밥을 다 떠놓아서요." 하였다. 오늘은 빈 밥공기를 하나 더 주며 "덜어서 드세요. 밥을 다 떠놓아서요." 한다. 고무줄밴드 바지 덕분에 나의 뱃살에게 자유 독립을 되찾게 허용한 대가로 밥을 덜 먹거나 운동을 하는 등 뭔가를 해야 한다는 절실함을 느끼게 되었다.

점심을 밥 반 공기 식사로 결정한 것이 끝이 아니었다. 며칠 동안 한 개 층을 계단으로 걸어 올라가던 것에서 5개 층을 걸어 올라가기로 결정. 3개 층은 어찌 올라갔다. 네 번째 층을 올라가니 다리가 뻐근하고 숨이 차기 시작했다. 7층에서 엘리베이터에서 내려 걷기 시작했으니 11층에 도착한 것이다. 빌딩 숲 사이로 구름과 하늘이 보이기 시작했다. 다섯 번째 층을 올려다보고 숨을 들이마시며 쿵쾅쿵쾅 심장이 뛰는 것을 느꼈다. 용기를 내어 다시 올라가기 시작했다. 한 계단 두 계단 무거운 다리를 들어 올려 50여 개의 계단을 올라갔다. 그것도 꼭 맞는 바지를 입고서. 드디어 내 사무실의 공유 라운지가 있는 12층 출입구 앞에 섰다. 5개 층을 계단으로 걸어 올라왔다는 기쁨과 제대로 쿵쾅거리며 뛰는 심장, 더워진 체온에 땀으로 후끈거리는 몸으로 사무실 라운지에 들어서며 나는 어느새 자신감으로 꽉 차 있는 나를 발견했다.

허리가 작아진 바지 입기와 밥 반 공기만 먹기, 엘리베이터에서 미리 내려 5개 층을 계단으로 걸어 올라가기를 하루에 해낸 것이다. 생각해보면 하루 만에 이루어진 일은 아니다. 그동안 새로운 선택에 대해 생각하기, 그것에 대해 남편과 이야기 나누기, 시도해보기를 수없이 반복하다가 오늘 드디어 그냥 해보기를 결정했다. 오늘이 새로운 변화를 시도하기에 가장 적절해서가 아니었다. 더는 미룰 수 없다고 생각하고 오늘 그냥 작아진 바지를 입어보기로 결정했다. 하나를 결정했더니 생각만 해오던 다른 변화들도 시도해볼 용기가 생긴 게 아닐까. 뭔가 생각만 하던 일을 행동으로 옮기기도 쉽지 않지만, 오랫동안 가지고 있던 물건들을 버리기도 어려운 일인 것 같다.

어느 주말 오후, 현관을 보니 언제나 놓여 있는 몇 켤레 신발들이 오늘따라 더 불쾌하게 느껴졌다. 신발장을 열어보며 남편에게 신발이 더 들어갈 자리가 없으니 신지 않는 신발을 2켤레씩 바로 버리자고 제안했다. 먼저 내가 몇 년 동안 한 번도 신지 않은 구두 두 켤레를 다른 쓰레기와 함께 배출하기 위해 일단 종이 상자에 넣어 복도에 내놓았다. 구두 두 켤레를 꺼낸 덕분에 신발장엔 약간의 여유 공간이 생겼다. 신발장에 비어있는 공간이 보이자 기분이 좋아졌다. 나머지 신발들을 둘러보는데 2년 전에 신었던 탁구화가 눈에 들어왔다. 신발 제조 당시의 하자가 있었던 운동화였지만, 탁구장 관장님의 추천으로 구입한 거라 2년간 레슨 받을 때 신었다. 신지 않은 지 벌써 2년이 넘었다. 다시 탁구를 하더라도, 제조 당시의 하자로 운동화 좌우 끈을 넣는 구멍들의 수가 같지 않아 보기 불편했던 경험이 되살아났다.

"설레지 않으면 버려라."[4]라는 정리정돈의 원칙이 생각났다. 그러자 고민 없이 탁구화를 꺼내어 쓰레기 배출용 상자에 버릴 수 있었다. 남편도 몇 년 전부터 신지 않는 구두와 운동화를 복도 상자에 넣으러 나갔다. 거기서 내가 버린 탁구화를 보고 용기가 생겼는지, 몇 년째 한 번도 신지 않은 운동화 한 켤레를 더 찾아 현관 밖, 쓰레기 상자에 부담 없이 버렸다. 쓰레기 상자에 모은 신발들은 남편이 저녁 식사 후 배출용 봉투에 담아 처리했다. 쓰레기 상자 없는 복도와 한 켤레의 슬리퍼 이외엔 그냥 나와 있는 신발이 하나도 없는 현관을 물티슈 한 장을 뽑아 닦아냈다. 말끔히 닦아내어 더 넓어진 현관을 바라보니 내 마음도 개운하고 한결 여유가 생겼다. 눈에 보이는 공간을 정돈하면 내 마음도 정돈되는 것 같다. 신지 않는 신발들을 과감히 버리니 내 마음이 몇 년간 케케묵은 쓰레기를 치운 듯 후련하고, 몸도 가벼워진 느낌이다.

그동안 쓰던 것을 버리고 새 걸로 바꾸는 변화에 대해 나는 과감한 편이다. 불편을 느끼는 물건과 함께 사는 것은 에너지 낭비라 생각한다. 차라리 적절히 버리고 바꾸어서 지금 할 일에 집중하는 환경을 만드는 게 오히려 절약이라는 생각이다. 20대 중반부터 타기 시작한 자동차가 13년차에 접어들었을 때, 박사 논문 진행을 위해 예비 연구를 시작했다. 집에서 차로 40분쯤 떨어진 곳의 유치원에 주 2회 출근하며 유아들과 교사의 하루 일과를 관찰하고 분석하는 일이었다. 난 30대 초반에 있었던 고속도로 사고로 심리적 트라우마가 생겼는지 운전을 별로 하고 싶지 않았다. 그런 나에게 많은 차가 고속으로 달리는 외곽도로를 40분간 운전해야 하는 거리의 유치원에 매주 2회 가는 것은 부담이 큰일이었다. 남편에게 차를 바꿔야겠다고 했다. 남편은 우리 차가 13년밖에 안 되었고, 부속품을 교체하며 관리해왔으니 더 탈 수 있다는 생각이었다. 나는 지인들에게 긍정적인 피드백을 들었던 차종의 성능과 옵션, 고객 후기 등을 인터넷에서 살펴본 후 남편과 이야기 나누었다. 내 경우에 할 일에 집중하는 데 문제가 된다고 생각하면 비용이 들더라도 환경을 보완하여 신경 쓰이는 요소를 줄이는 편을 선호한다. 13년 차에 접어든 스틱 자동차를 바꾸어 연구 현장을 오가는 일에 최대한 불편이 없었으면 하는 마음이었다. 차를 바꾸니 훨씬 덜 피곤하고 운전도 덜 부담스러웠다. 남편은 당장 바꾸지 않아도 되는 차를 바꾸는 것이 탐탁지 않았을지 모른다. 그러나 차를 바꾸고 나서 내 연구를 위해 운전하는 날 이외엔 남편이 즐겁고 편안하게 운전하고 다닌다. 이제 16년 차에 접어든 내 자동차는, 이전 차보다 나이가 많아졌지만 한 번씩 부품 교체를 하며 여전히 남편과 나에게 안락감과 안전함을 선물하고 있다.

새로운 변화가 막연히 두려운가? 당신에게 2가지 길이 있다. 새로운 변화를 거부하거나 받아들이거나. 우리는 매일 자신이 원하든 원하지 않든, 의식하든 의식하지 못하든 새로운 변화를 습관대로 두려워하며 미루기도 하고, 더 큰 만족을 위해 변화를 받아들이며 살기도 한다. 항상 둘 중 하나를 선택하며 살고 있다.

물론 새로운 변화를 받아들이는 길이 더 큰 만족을 보장하는 것은 아니다. 당장은 살던 대로 사는 것이 지출과 낭비가 없는 것 같아 알뜰하다고 느낄 수 있다.

하지만 당신이 진정 원하는 것이 무엇인지 생각해보라. 이전처럼 살며 적은 이익에 집착하다 갑자기 당황스러운 일을 겪는 것인가? 아니면 변화를 선택하여 삶의 편리함과 만족감이라는 더 큰 이익을 맛볼 것인가? 오늘도 선택은 당신의 몫이다.

02

실패가 두려워 시작하지 않기 때문

　당신이 원하지만 시작하지 않는 것은 무엇인가? 아침에 일찍 일어나기, 입지 않는 옷과 신발 버리기, 운동 시작하기, 중도에 포기한 것을 다시 배우기. 이 밖에도 당신이 시작하지 않거나 다시 시작하기를 두려워하는 것들이 있을 것이다. 뭔가 하고 싶지만 시작하지 않는 것은 두려움 때문이 아니라 말할지도 모르겠다. 귀찮음, 저항, 그러나 나를 잘 들여다보자. 내가 귀찮아하는 것도, 하기 싫은 것과 더불어 해야 할 일에 대한 불편한 마음으로 뭔가 부담스럽고 두려운 건 아닐까. 시작한다 해도 포기하지 않고 계속하는 것은 힘든 일이어서 결과를 장담할 수 없고 걱정

된다는 뜻일 것이다. 그렇게 시도해본 것이 한두 번이 아니며 시작만 하고 마치지 못하는 게 두려워 이제는 시작 자체를 주저하게 되었을 수도 있다.

새벽에 일찍 일어나 뭔가를 하는 것이 20대 시절엔 어렵지 않았다. 9시부터 6시까지 근무하는 정규직으로서, 출근 전 시간은 나에게 규칙적으로 뭔가를 할 수 있는 소중한 시간이었다. 매일 새벽 6시경이면 일어나 영문법 강의가 녹음된 테이프를 듣고 교재를 읽으며, 영어 문법을 공부하였다. 7시 30분경 시작하는 EBS 라디오 영어회화 시간엔 교재를 구입하여 방송을 테잎에 녹음하며 공부하였다. 방송이 끝나면 부분적으로 다시 듣고 싶은 내용을 확인하기 위해 테잎을 거꾸로 돌려 구간 반복을 하며 듣고 따라서 말해보곤 했다. 출근해서 영어회화를 할 일이 없는 내가 영어회화와 문법을 새벽부터 공부한 것은, 퇴근 후 주 1회 참여하는 영어회화 스터디를 대비하는 것이었다. 스터디에서 내가 영어로 말할 수 있는 문장이 하나씩 늘어가는 것에 재미를 느꼈다.

하지만 프리랜서로 일하는 요즘은 새벽 시간을 활용하는 게 쉽지 않다. 아니 두려울 때가 많다. 모처럼 새벽 일찍 일어나 책을 읽고 나면, 오후에 예민해져 엄마나 남편에게 왕짜증을 부릴 때가 있다. 요즘은 그냥 충분히 자야지 생각할 때가 많다. 그런데 예민해지는 것이 반드시 부족한 잠의 문제만은 아닌 것 같다. 외출 시 내 옷차림이 후줄근하여 마음에 들지 않을 때처럼 나 자신이 마음에 들지 않아 예민해질 때도 있는 것 같다. 게다가 50대에 접어든 요즘은 한번 깨면 잠들기 쉽지 않다. 잠이 깬 새벽에 벌떡 일어나기도 어려운 이유는, 잠이 부족하지 않을까, 피곤한 하루가 되지 않을까 하는 걱정이 앞서기 때문이다. 20대 땐 하지 않던 걱정, 건강을 염려하는 것이다.

하지만 다시 생각해볼 일이다. 새벽에 잠이 깨어 뒤척이며 숫자를 세고, 기도하기를 반복하는 동안 성인에게 권장하는 수면시간보다 더 누워 있을 때가 종종 있으니 말이다. 이제 괜히 후회할까 걱정하며 오지 않는 잠을 청하느라 허리 아프게 누워 있지 말아야겠다. 새벽에 잠이 깬다면 벌떡 일어나야겠다. 가벼운 스트레칭을 하거나 따뜻한 저지방 우유를 마시며 책을 읽다 피곤해지면 다시 자면 될 테니 말이다. 그러면서 고요한 새벽 시간을 활용하고, 저녁에 피곤해져 일찍 잠드는 패턴이 생긴다면 어떨까? 그것이야말로 내가 바라는 결과를 덤으로 얻게 되는 것이다.

사람들이 두려워 시작하지 못하는 것 중에 물건을 버리지 못하는 것도 있다. 나와 남편도 예외는 아니다. 버리지 못해 17년째 입지 않은 새 코트를 모시고 사는 남편. 남편이 새 코트를 입지도, 누군가에게 주지도, 버리지도 못한 세월이 13년째 되던 작년 겨울, 옆에서 지켜보다 지친 내가 한 가지 제안을 했다. 앞으로 그 코트를 입을 거면, 수선집에 가서 활동적인 남편이 부담 없이 입을 정도로 줄이는 게 입을 확률을 높일 것 같다고 한 것이다. 남편은 순순히 주말에 나를 따라가 코트 길이 수선하기에 동참했다. 그렇다고 당장 입겠다는 뜻은 아니었다. 남편은 활동성을 위해 무릎 길이의 롱코트를 엉덩이를 살짝 덮는 반코트로 줄여 옷장에 다시 잘 걸어두었다. 그 반코트가 언제쯤 컴컴한 옷장 밖으로 외출할 일이 있을지 아무도 모른다. 코트의 주인인 남편도 모르는 것 같다. 환갑기념으로 입을 거냐고 닦달하면, 1초도 안 걸려서 "응!" 하고 책임도 못 질 대답을 빠르게 해버린다.

나 역시 15년 전쯤, 비싸게 구입한 하얀색 칠부 소매의 상의가 있지만, 3년에 한 번쯤 학회에나 입고 가는 정도이다. 바디라인이 강조되며 슬림해보여 샀지만, 신축성이 적은 탓에 불편해 별로 입지 않게 되었다. 버리기 아까워 옷장에 걸어두는 사이, 가족 중 누굴 줄 수도 없게 되었다. 그동안 여자 형제들과 올케들도 나이가 들어 체형이 조금씩 늘어나면서 사이즈가 맞을 것 같은 사람이 없다. 혹시 준다고 해도 가족들 모두 점차 편안한 패션을 즐기는 나이가 되었고, 다른 지인들도 넉넉한 이지 룩easy look을 좋아하는 성향이기 때문이다. 이쯤 되면, 그래서 우리가 부부인가 보다 하며 나와 남편이 막상막하라 여길 것 같다. 나도 별수 없는 결정 장애인이라고 말할 수도 있겠다.

그래도 스스로 위안 삼고 싶은 것은 난 조금이라도 나은 선택을 하려는 사람이라는 것이다. 따라서 나는 3년에 한 번 정도 입을까 말까 하는 옷처럼 '폐기(기부)할 물건 목록'에 마감일을 적고 주기적으로 확인하며 처리할 계획이다. 1년 후 오늘, 나는 그 하얀 상의를 1년 안에 한 번이라도 입었는지를 평가할 것이다. 입은 적이 있다면, 다시 1년 후로 폐기 결정일을 설정하는 방식으로 집요하게 불필요한 짐을 줄이기 위한 노력을 계속할 것이다. 아니면, 비영리법인에서 운영하는 재활용 옷가게에 기증할 수도 있다. 몇 번 입지 않은 옷을 기증한다고 해도 내가 실패한 것은 아니다. 내가 잘 관리한 옷이 누군가에게 도움이 될 것이고, 옷 기증에서 얻은 시사점은 다시 새 옷을 구매할 때 참고하면 되기 때문이다. 활동하기 편안하게 신축성 있는 소재인지, 조금 여유 있는 디자인인지를.

실패가 두려워 시작하지 못하는 많은 것들에 운동이 자주 등장한다. 습관책을 쓰면서 하기 시작한 운동 프로젝트에 대해 만나는 가족과 지인들에게 종종 이야기하곤 한다. 같은 아파트에서 오가며 인사를 나누던 지인 P씨를 어느 날 동네 카페에서 만났다. 그날도 화제로 운동 이야기를 나누게 되어서 자연스럽게 내가 요즘 집에서 하는 운동, 스쿼트 이야기를 했다.

"저는 작년 12월 중순부터 매일 집에서 하는 운동이 있어요….."
"집에 계시니까 하실 수 있는 것 같네요."

글쎄, 과연 그럴까? 주 5일 출근하는 직장인이라 해도 집에 있는 시간이 많은 주말을 생각해보자. 또는 집에 있는 시간대에 시도해보면 어떨까. 집에서 운동하는 게 쉬운 사람은 별로 없을 것이다. 나도 집에서 책 읽기를 즐기는 사람이었다. 운동은 생각보다 쉽지 않았다. 일을 위해 꼭 필요할 때나, 작심삼일로 한 번쯤 시도해볼 경우에나 겨우 하는 정도였다. 14개월 동안 남편과 교대로 시간당 고가의 비용을 들여 개인 운동 수업을 받았다. 그때도 운동하는 방법을 개인적으로 배우고 반복되는 동작도 있었지만, 집에서 그 운동을 해보지는 않았다. 아니 집에서까지 하고 싶지 않았다는 게 맞을 것이다. 일반인만 그럴까? 우리 부부를 지도한

트레이너는 헬스장에서 운동 수업을 모두 마치고 나서 개인 운동 후 퇴근한다. 하지만 운동 전문가인 트레이너도 집에서는 운동이 쉽지 않음을 이야기한 적이 있다.

내 경우에도 운동해야 한다고 생각은 많이 했지만, 수영장이나 헬스장에 등록하고 가끔 가거나, 아예 안 가거나, 중도 포기한 이력이 화려하다. 그러나 이번엔 달랐다. 체력 없이 무엇을 하기 힘든 나이, 50대에 접어든 내가 언제 끝날지 모르는 책 쓰기를 본업도 유지하면서 하기로 한 것이다. 나에게 습관책 쓰기는 다른 사람들에게 기여하고 싶은 목적도 있지만, 나 자신의 습관을 성찰하고 더 나은 나로 살고 싶기 때문이다.

한 달에 한 번쯤 들르는 N 미용실은 집에서 한 정거장 거리에 있었다. 그 미용실에 다니며 헤어 스타일리스트 Y의 단골이 되었다. 5년쯤 되었을 때 Y는 다른 지점으로 이동했다. 나도 Y를 따라 집에서 두 정거장 거리의 미용실로 헤어 관리를 받으러 다닌다. Y는 헤어 관리 중 자연스럽게 일상 이야기를 묻는다. 내가 요즘 집에서 혼자 스쿼트 운동을 하기 시작한 지 100일이 넘었다고 하니, "와~ 고객님, 멋지세요! 대단하세요!"를 연발한다.

실패가 두려워 시작하지 않는가? 변화를 원하지만, 중도에 포기하거나 결과가 없을까 봐 두려운가? 우리의 뇌는 자신이 두려워하는 일을 현실화하는 경향이 있다. 접시를 씻으며 '떨어뜨릴지도 몰라.'라고 생각하며 두려워한다면 어떨까. 결국, 접시는 손가락 사이를 벗어나 바닥에 떨어져 깨지는 일이 눈앞에 펼쳐지게 된다.

원하는 일을 시작하기 두려울 때 주저하기보다 차라리 대안을 준비하자. 최악의 상황이 된다면 이렇게 한다, 대안을 준비한 사람은 두렵지 않다. 혹시 최악의 상황이 벌어진다 해도, 대안을 사용하면 될 것이다. 오히려 불안하거나 두려움 없이 편안하고 당당한 자세로 일할 수 있다. 두렵다면, 당신이 두려워하는 것과 대안을 적어보자.

03

빈틈없이 완벽한 일정표를 짜기 때문

    습관책을 쓰기 시작한 지 1년쯤 되었을 때 전체 원고의 50%를 썼다. 스마트폰 일정표 목록도 자연스럽게 많아졌다. 습관을 주제로 글을 쓰기 시작할 땐 한 달이 채 안 되어 25%의 초고를 완성했다. 맨 처음 한 꼭지 글을 쓸 때 너무 긴장했던 순간도 생각난다. 나 자신이 대견했다. 정말 시작이 반인 것 같다는 생각이 들었다. 습관책 초고 완성도 멀지 않았다는 생각에 나머지 꼭지들의 원고 완성 계획을 스마트폰 일정표에 등록했다. 강의 일정과 휴일, 명절도 있다 보니 평일에만 원고를 쓴다면 월말까지 마감이 어렵다는 생각이 들었다. 누가 월말까지 마감하라고 한 건 아니지만, 책을 쓰기 시작한 지 1년이 되었으므로 부지런히 마무리하는 게 좋을 것 같았다.

주말인 토요일과 일요일까지 책 쓰기 일정표에 넣었다. 2월 5일부터 2월 28일까지 거의 한 달 동안 매일 빨간 촛불이 하나씩 켜진 일정표가 마음에 들었다. 벌써 1권의 책으로 초고가 완성된 기분이 들었다. 저녁에 남편에게 24개의 촛불이 켜진 일정표를 보여주니 "와~ 이렇게 많이 썼어?" 한다. "응~ 절반 정도 썼어." 하며 뿌듯했다. 하지만 스마트폰 일정표를 볼 때마다 월말까지 꽉 찬 촛불이 부담되기 시작했다. 계획대로 평일과 주말까지 매일 1꼭지씩 꼬박꼬박 원고가 나오지는 않았다.

매일 사무실 책상에 앉아 특별한 일이 없을 때는 책을 썼지만, 생각보다 시간이 걸렸다. 책 쓰기의 스트레스인지 개인적인 스트레스인지 밤잠을 1~3시간 정도만 자고, 나머지 시간엔 그냥 누워서 잠을 설치는 날이 며칠 이상 계속되었다. 뭔가 대책이 필요했다. 결국 스마트폰 2월 일정표에 빼곡하게 채워 넣은 빨간 촛불들을 토요일과 일요일엔 꺼두기로 했다. 주 7일 중 5일만 촛불 이모티콘을 남기니, 일정표가 한결 여유로워 보이고 책 쓰기에 대한 부담이 적어졌다.

일정표 수정 이외에 또 무엇이 내 밤잠을 방해하는지 알아야 했다. 밤에 잠을 이루지 못하면 낮 동안에 어떻게 지내는지 들여다보아야 한다고 했던가. 나 자신을 객관적으로 바라보려고 노력했다. 하지만 문제의 원인을 발견하기란 쉽지 않았다. 내가 운동을 안 하는 것도 아니고, 따뜻한 우유나 차도 마셔보았다. 그러나 방법이 없었다. 내가 해오던 방식에 문제없다고 버틸 상황이 아니었다. 운동을 본격적으로 다시 시작했다. 책을 쓰기 시작했을 때 습관 형성 과정을 파악하기 위한 것이 스쿼트squat 운동이었다. 이제는 불면증 퇴치를 위해 내가 쉽게 할 수 있는 스쿼트를 매일 다시 할 것을 다짐했다. 하루 100회의 스쿼트를 네 세트로 나누어 잠시 쉬면서 100회를 이어서 진행하는 방식이었다.

과연 매일 100회의 스쿼트 이어서 하기는 불면증 해결에 도움이 되었다. 7일째 실천했는데 불면증에 70%의 효과를 보았다. 내일도, 그다음 날도 100회의 스쿼트는 계속될 것이다. 하나의 세트 운동으로 구성하여 실천 중인 밴드 상체 운동 및 전신 스트레칭과 함께 말이다. 그러나 책쓰기 일정표처럼 빈틈없는 일정표를 짜서 기계처럼 진행하지는 않기로 했다. 오랜만에 스쿼트 100회를 해서 몸에 다소 무리가 있었다. 하지만 며칠 하다가 흐지부지되어 다시 불면증에 시달리고 싶지 않았다. 갑자기 힘들게 느껴질 정도로 스쿼트를 하니 계단 오르내리기에 당장 어려움이 생겼다. 계단을 올라갈 때 다리가 무겁게 느껴졌고, 내려갈 때는 관절 수술 환자처럼 장애가 느껴졌다. 두 번째 날부터 운동 후, 다리 근육 마사지를 하였지만, 다리의 무게는 좀처럼 가벼워지지 않았다. 어린 시절부터 다양한 운동을 한 남편에게 물으니 운동 후 근육을 잘 풀어주어야 움직이는 데 지장이 없을 거라고 한다. 셋째 날에도 다리 운동 후에 팔과 어깨를 포함한 상체 운동을 하고 다리 근육을 풀어주는 스트레칭으로 마무리했다. 계단을 오르내리는 데 조금씩 편해졌다.

100회 스쿼트를 시작할 때는 큰마음 먹고 베란다로 나갔다. TV에서 어떤 연예인이 베란다에서 바깥 풍경을 보며 운동하던 장면이 생각나서였다. 베란다에서 도로 쪽을 보며 스쿼트를 하자니 우리 집 쪽을 바라보는 다른 동의 베란다에서 나를 구경할 것이 신경 쓰였다. 다행히 아무도 보이지 않았다. 도로에서 나를 보면 어떨까 생각이 들었다. 그렇다 해도 무시하면 그만이다. '웬 아줌마가 고층 아파트 베란다에서 운동하네.' 하고 지나갈 사람들이었다. 스쿼트 장소는 베란다와 거실, 300마리 물고기 구피들의 수조 앞 그리고 따뜻한 물로 샤워할 때 하기도 했다. 이유는 규칙적인 운동에 같은 장소가 도움이 되지만, 추운 날씨에 베란다에서 운동해보니 감기 기운이 느껴졌기 때문이다. 빈틈없는 일정표처럼 스쿼트를 어디에서 몇 시까지 끝낸다는 기계적인 계획이 매일의 실천에 도움이 될까? 그보다는 기온과 컨디션에 따라 운동 장소를 변경할 수 있다는 융통성이 매일 운동할 수 있게 하였다. 그 덕분에 불면증 해소에 도움을 받으면서 운동은 옵션이 아닌 매일의 필수 일과가 되었다.

지난번 명절 때 만난 엄마가 밤잠을 이루지 못한다는 이야기가 생각났다. 엄마를 위해 간단한 운동을 권했지만, "날씨가 따뜻해지면, 노력할게."와 같은 답을 반복적으로 들었다. 이번에는 구체적인 운동 방법을 제안했더니, 엄마에게서 온 짧은 답장, 한 줄. 지금 운동할 기분 아냐! 운동하는 데 최적의 환경이 갖춰질 때까지 기다리는 건, 빈틈없는 완벽한 계획을 세우느라 정작 실천은 어려워지는 것과 비슷하다. 운동하기에 적합한 기분, 적당한 공간, 가깝고 쾌적한 장소, 도구, 날씨, 파트너, 트레이너, 편리한 샤워 시설 등 운동에 필요한 요소는 얼마든지 나열할 수 있을 것이다. 운동에 필요한 것들이 완벽하게 갖추어질 그날을 기다리는 것인지, 오지 않을 그날로 지금 해야 할 운동을 미루며 회피하는 것인지 살펴보자.

    빈틈없는 일정으로 진행되는 일은 외부일 뿐만 아니라 집안일에도 있다. 매주 주말이 되면 대형마트에서 장보기를 반복한다. 일단, 스마트폰 메모장의 장보기 메뉴에 메모해둔 식자재나 물건들의 목록을 확인한다. 거기에 그때그때 생각난 사야 할 물건들을 추가하여 매주 쉬지 않고 장보기를 했다. 그 결과, 냉장고와 냉동실에 가득한 먹거리들. 다 소비하지 못한 음식물이 있는데, 매주 구입 물량을 정해두고 규칙적으로 구입한 결과, 남는 음식물이 쌓이기 시작했다. 만약의 경우, 필요할 가능성을 지나치게 예상하며 음식 재료와 반가공식품, 신선한 과일과 채소들을 저장해둔 결과였다. 이미 저장해둔 식자재에 새로 구입한 것까지 재고가 늘넘치는 상황이었다.

    식자재 재고량이 넘치는 건 무슨 일이람. 불필요한 지출과 식자재 낭비를 없애기 위한 대책이 필요했다. 동네 작은 마트에서 부족한 음식물만 구입하기로 했다. 불필요한 물건 구입의 자극이 많은 대형마트에 갈때는 규칙을 정했다. 잔액을 필요한 만큼만 이체한 직불카드나, 필요한 만큼의 현금만 가지고 가기. 그리고 잔액 범위에서 스마트폰에 메모해둔 꼭 필요한 물건들만 구입하기로 했다. 대책을 실천으로 옮긴 첫 주, 평일에 동네 작은 마트와 생협을 둘러보며 한두 가지 꼭 필요한 물건을 샀다. 주말에 나는 온라인 모임이 있어서 사무실에 출근하였고, 남편 혼자 대형마트로 향했다. 남편은, 내가 스마트폰으로 전달해준 식자재와 물건 목록, 그리고 구입 목록에 예상되는 총액을 현금으로 가지고 갔다. 현금 총액으로 구입 가능한 만큼만 구매하기로 약속했다.

사무실에서 온라인 회의를 마치고 귀가하니, 남편이 대형마트에서 사온 물건들과 영수증이 식탁에 놓여 있었다. 남편은 주말 저녁에 사무실 당직이어서 출근한 뒤였다. 영수증 하나엔 총계 46,460원이며, 현금 46,000원과 포인트 460점으로 결제했다고 인쇄되어 있었다. 나머지 영수증 하나엔 장보기 목록으로 전달한 코코넛 빵 1개 5,000원을 카드 결제하였다고 인쇄되어 있었다. 대형마트 안의 임대매장인 빵집에선 카드 결제만 가능했다고 한다. 남편은 메모 목록에 계획한 식자재와 물건 모두를 예산 범위에서 구매했다. 남은 돈에서 딸기 1상자를 추가로 구매하느라 1,000원을 더 지출했다. 불필요한 지출과 식자재 낭비를 없애기 위한 대책을 일주일간 실천해보았다. 꼭 필요한 물건만 한정된 예산 범위에서 구입하고자 노력했다. 남편이 계획에 없던 딸기를 구매했지만, 겨울에도 건강이 최고라며 딸기를 먹어왔다. 냉장고와 베란다에 이런저런 과일들이 남아 있지만, 남편과 나는 최선을 다해 새로운 식자재 구입 계획을 실천했다고 생각한다. 완벽하고 빈틈없는 계획이나 실천보다는 약간의 융통성을 허용하며 지속적으로 실천하고 조정해가는 것이 최선일 것이다.

아직도 빈틈없이 완벽한 일정표를 짜는가? 계획표를 볼 때마다 숙제처럼 스트레스만 늘어가고, 어느새 계획표를 보지 않고 생활했던 경험이 있을 것이다. 이제 할 일 리스트와 그 일을 언제 어디에서 얼마나 할지 큰 그림만 그릴 수 있도록 메모하자. 그 메모지는 눈에 잘 보이는 식탁이나 화장대 같은 곳에 붙여두고 결과를 기록해보자. 하루 이틀 실천하다 보면 할 수 있는 것과 무리인 것을 알게 되고 융통성 있게 조정할 수 있다.

물론 융통성이라는 이름 아래 흐지부지되지 않을까, 조정 가능하다는 여유 속에 실천력이 따르지 않을까 걱정될 수 있다. 그러나 완벽한 계획이 아니라 융통성 있는 계획이 계속 실천할 수 있는 동력이 될 것이다. 매일 실천하다 보면 어느 날 편안하게 반복하게 되고, 나에게 최적화된 습관이 만들어낸 결과에 살짝 미소 짓게 될 것이다.

04

작심삼일, 원하는 행동을 지속하기 어렵기 때문

누구나 매일의 습관으로 만들고 싶은 것이 있지만 매번 결심만 반복하며 실천하기 어려운 것들이 있을 것이다. 운동, 공부, 집안 물건 정리, 가계부 쓰기, 일기 쓰기와 같이 바람직한 행동은 많은 사람이 습관으로 만들고 싶은 것들이다. 한편, 야식 금지, 금연, 술 적당히 즐기기처럼 하지 않거나 줄이고 싶은 행동도 있을 것이다. 작심삼일, 마음먹고 3일 동안 내가 원하는 뭔가를 할 수 있다면 분명 뭔가를 실천할 가능성이 있는 사람이다. 단지 3일 만이 아니라 마의 고개를 넘어 4일, 5일, 1주, 2주, 한 달, 두 달, 100일을 넘어서도 지속할 수 있기를 희망할 것이다.

내가 원하는 것을 100일 이상 지속하려면 무엇이 필요할까? 그 행동에 분명한 목적이 있는지 생각해보자. 행동의 목적은 꼭 해야 하는 이유라고 할 수 있다. 막연히 어떤 것을 원하고 있는가? 간절히 그것을 해야만 하는 목적과 이유가 없다면 며칠간 지속하는 것도 어려울 것이다. 어떤 결과를 얻으려면 목적이 분명해야 한다. 내가 원하는 행동은 목적에 따른 결과인 것이다. 예를 들어, 돈보다 중요하게 일컫는 건강을 얻고 싶다면 무엇을 해야 할까? 운동과 식사, 수면과 휴식, 대인관계와 스트레스 관리 등 많은 것들이 몸과 마음의 건강을 유지하는 데 관련된다.

목적과 더불어 행동을 지속시키는 것은 매일 생활하는 환경일 것이다. 생활 환경은 뭔가를 할 수 있도록 하는 시스템이다. 여기에는 눈에 보이는 물리적인 생활 환경과 행동에 따른 보상 시스템이 포함될 수 있다. 보상은 간식과 물건, 여행 같은 것도 있고, 놀이, 언어적 칭찬, 자유 시간, 행동 자체가 주는 재미와 만족감도 보상이라 할 수 있다. 보상은 부모님이나 선생님이 줄 수도 있지만, 내가 나에게 행동을 실천한 대가로 제공할 수도 있다.

한편, 행동의 순서와 상황을 활용하여 내가 원하는 것을 해결하도록 도울 수 있다. 『설득의 심리학』의 저자 로버트 치알디니는 사람들의 마음과 행동을 결정하는 것은 '사회적 상황의 힘'이라 보았다. 사람과 상황의 상호작용이 행동에 변화를 가져올 수 있다는 것이다.(『사회심리학』 웅진지식하우스 刊) 저자는 『초전 설득』에서 습관을 만들 수 있는 전략을 소개한다. If/when, then 전략으로 상황을 활용하여 습관을 만들 수 있다는 것이다.

즉, 무엇 다음에 어떤 것을 하기로 계획한다면 실천할 확률이 높아진 다는 것이다. 예를 들어, 물 마시는 습관을 만들고 싶다면 '아침에 일어나 자마자/ 아침 식사 후 물 마시기'와 같이 계획하면 실천과 습관화에 도움 이 된다는 것이다.[5]

내 경우엔 외출 전, 샤워하기 귀찮을 때가 있어서 스쿼트 100회 운동을 하고 나서 샤워하기를 계획했다. 이 방법은 나에게 성공률 100%를 선물 했다. 개인차가 있으니, 스쿼트 100회는 단 한 번도 시도해보지 않은 사 람에겐 상상하기 어려운 횟수일 수 있다. 나 역시 3년 전 봄까지만 해도 내가 스쿼트 운동을 개인 운동으로 할 거라고는 상상해본 적도 없다. 성 당 노인대학의 어르신들에게 요가 운동을 가르치는 봉사자로 잠시 일할 때 몸의 근력을 위해 조금씩 시도해본 것이 전부다. 그때만 해도 스쿼트 는 너무 힘들고 재미없으며 억지로 따라서 해보는 동작일 뿐이었다. 절 대로 자발적으로 즐겁게 하는 운동과는 거리가 멀었다.

그러던 내가 3년 전 갑자기 세수할 때 허리가 아파 세면대에서 몸을 일 으키는 것도 어려워졌다. 세수하고 일어날 때 세면대를 잡거나 뒤쪽 허 리에 손을 받치고서야 일어날 수 있었다.

비싼 개인 운동(PT) 레슨을 받기로 했다. 개인 운동 트레이닝은 비용 도 많이 들었지만 스쿼트처럼 재미없는 무산소 운동이 많이 포함되어 흥 미를 느끼기 어려웠다. 운동보다 사람들과의 수다를 즐기는 난 개인 운 동 레슨 시간에 틈틈이 트레이너 선생님과의 이야기를 더 즐기는 학생이 었다. 운동 동작은 생각이 안 나고 재미있었던 운동 에피소드만 생각났다. 나와 지인들이 '지옥의 PT'라고 불렀던 개인 운동 트레이닝을 남편과 교대로 총 14개월이나 받았다. 그 후엔 운동이 필요 없는 것이 아니었다. 오히려 운동 지도를 받다가 독립을 한 셈인데 실제로 개인 운동을 개인 적으로 한다는 것이 생각처럼 쉽지 않았다. 1년씩 계약했던 헬스센터 회 원권도 너무 출석률이 저조하여 다음엔 6개월, 그다음엔 운동할 때 결제 하기로 아예 운동 시설 회원권 계약을 하지 않게 되었다. 회원권을 결제 했다는 뿌듯함만 있을 뿐 실제 운동으로 연결되지는 않았다.

나는 스쿼트 운동을 개인 운동 트레이닝을 종료한 지 5개월 만에 개인 적인 목적으로 다시 하게 되었다. 지금 쓰고 있는 습관책을 기획하고 비 로소 나의 습관을 돌아보게 된 것이다. 자발적인 의도를 가지고 거의 한 번도 시도하기 어려웠던 스쿼트를 개인 운동으로 하기로 정했다. 매일의 생활에 운동이 필요하고, 습관책 저자로서 나의 습관을 직접 만들어보자 는 의도였다. 한 번, 두 번, 자투리 시간과 어차피 할 일을 하면서 동시에 스쿼트 운동하기를 시도했다. 정해진 특정 상황이 아니었다. 예를 들어, 얼굴에 로션을 바르면서, 300마리 물고기 구피들을 바라보면서 동시에 스쿼트 운동도 했다.

지금은 정해진 상황에서 약간의 쉬는 시간을 가지면서 몇 세트로 나누 어 총 100회의 스쿼트를 한다. 주로 샤워 직전에, 가끔은 외출 직전에, 혹은 출근 전에 스쿼트 운동을 하지 못했다면 사무실에 출근해서 하기 도 한다. 사무실 화장실 안쪽 공간에서 오가는 사람들에게 불편하지 않 게 조용히 자리 잡아 스쿼트 운동을 한다. 내가 화장실 안쪽에서 물병을 들거나, 한쪽에 물병을 두고 스쿼트 하는 모습을 한두 번 바라보던 사람들은 이제 아무도 신경 쓰지 않는다. 건물 계단의 중간층 공간에서 바깥 경치를 보며 스쿼트할 수도 있지만, 감염병이 유행하는 시기라 가끔 노트북을 들고 앉아 원격 화상채팅을 하는 사람도 있고 통화하는 사람들도 있다. 내 경우엔, 잠깐 운동할 때 화장실 안쪽 여유 공간이 마음 편하게 느껴졌다.

물론 운동의 종류나 방법에 있어서 개인 취향과 환경이 다를 것이다. 남편의 경우, 부서 안의 자리마다 적당한 가림막이 있어 각자 자기 자리 옆쪽에 서서 간단히 스쿼트 운동 100회를 매일 한다고 한다. 나는 공유 사무실을 이용하고 있다. 내 자리가 있는 공유 사무실 안에서 스쿼트를 해보았지만, 사무실 안의 동료뿐 아니라 통로 밖의 관객들까지 너무 시선이 많아 서로 부담스럽다. 지인의 경우, 최근 건강 검진에서 심폐 기능이 약해졌다는 결과를 받아 근력 운동보다는 심장에 부담이 적은 유산소 운동 중에 적당한 종목을 찾고 있다. 자신의 개인적인 건강과 성향, 환경을 고려하여 각자에게 알맞은 운동과 실행 방법을 찾는다면 지속적인 실천에 도움이 될 것이다.

지영이 엄마: 오늘 (등산하러) 처음 왔는데 잘 오네요.

나: 아, 네~ 매일 스쿼트 100번씩 하는 게 도움이 되는 것 같아요.

지영이 엄마: 그런 건 못 하겠던데. (계속 산을 오르며) 난 이렇게 걷는 게 좋아.

나: 저는 등산이 훨씬 힘든 것 같네요.

지영이 엄마: (등산도) 무리하지 않는 게 좋아요. 매일 해야 하니까. 이

제 4주째니까 한 달 되어 가는데 잠을 잘 자요~ 잠을 못 자서 (등산을) 시작했거든요. 하루 운동하면 그날 잘 자는 거예요, 딱 그날 하루죠! 다음 날 또 운동하면 하루 잘 자고. 운동이 그날 하루치인 것 같아요.

그렇다. 사람마다 재미를 느껴 지속할 수 있는 운동이 다를 수 있다. 아울러 자신이 원하는 행동인 운동이라 해도 작심삼일을 넘어 계속 지속하기 위한 비결은 성실하게 반복하는 것 못지않게 융통성도 필요할 것이다. 특정 종목 운동선수가 아니라면 스쿼트나 등산처럼 한 가지만 반복하여 운동할 필요는 없을 것이다. 운동선수들도 자신의 주 종목을 훈련하기에 앞서 무산소 근력 운동과 유산소 운동을 통해 체력 단련을 한다. 자신이 정한 목적과 관련된다면 대체 행동도 허락해보자. 주 종목 훈련을 뒷받침하는 기초체력 단련도 중요하게 생각하는 선수들처럼 말이다.

작심삼일이 아니라 하루 이틀 시도하다가 그만두기를 반복하여 고민이라면 원인을 찾아보고 자신이 달성 가능한 소박한 목표로 조정해보자. 융통성 있게 목표를 아주 작게 내가 조금 노력하면 할 수 있을 정도로 조정해보는 것이다. 1분 일찍 일어나기, 한 번만 더 하기, 조금 더 힘든 코스로 산책해보기, 이미 익숙하게 잘하는 것에 새로 계획한 작은 행동을 연결해보기도 시도해보자. 작심삼일의 고개를 넘어서는 몸과 마음의 근육이 생겨날 것이다.

원하는 행동에 간절한 목적과 보상이 포함된 실행 시스템이 있으면 원하는 것을 지속할 수 있다. 실행의 과정에서 예상하지 못한, 그리고 예상

가능한 장애물도 기다리고 있을 것이다. 원하는 행동을 지속하기 위한 융통성이 필요한 순간이다. 장애물을 만났을 때, 자신이 원하는 것을 그저 흐지부지 없던 일로 둘 것인지, 아니면 대체 행동을 찾을지 생각해보자.

우리가 바라는 모든 일이 계획대로 진행된다면 얼마나 좋겠는가. 하지만 예상치 못한 장애물을 만나도 원하는 것을 지속하고 싶다면 허락하라, 목적에 부합하는 대체 행동을. 대체 행동으로 지속한다면 자신이 원하는 행동을 다음 날도 계속하게 될 것이다.

작심삼일에서 사일로 넘어갈 수 있도록 자신에게 융통성을 허락하자. 목적의 범위 안에 있다면 대체 행동을 선택하는 순간 꾸준함이 내 안에도 이미 살고 있음을 느끼게 될 것이다.

05

실행력 부족을 인정하지 않기 때문

　좋은 건 알지만 행동으로 옮기기 어려운 일이 있는가. 아마 있는 정도가 아니라 매일의 일과 곳곳에 내가 원하고, 행동하기를 기다리는 일들이 있을 것이다. 집안 정리정돈, 설거지와 빨래, 쓰레기 처리 같은 집안일부터 건강을 위한 식단 관리와 운동, 차량 청소와 관리, 사무실에 출근해서 할 일에 이르기까지. 내가 할 일들과 하지 못한 일들은 나의 실행력과 환경 시스템 가운데 무엇이 더 큰 영향을 줄까? 좌절하지 않고 더 쉽게 할 일을 처리할 수는 없을까?

속도감 있고 빠른 일 처리가 장점인 남편은 뒷정리가 쉽지 않다. 남편이 한 집안일을 보며 "꼭 흔적을 남겨요~"라고 우스갯소리를 하곤 한다. 그러면 남편은 내가 처리한 욕실 청소의 99%는 보지 않고, 근데 변기에 머리카락이 몇 개가 있더라 하며 1% 정도의 뒷일에 대해 말한다. 물론 다른 사람이 남긴 뒷일의 흔적이 더 커 보일 수 있다. 남편에게 난 무슨 말을 하고 싶은 걸까? 빠르게 멀티 스타일로 많은 집안일을 처리해주는 멋진 남편에게도 마무리는 쉽지 않은 것 같다.

집안의 이런저런 일을 남편만의 스타일로 처리한다. 입었던 옷은 그 자리에 허물 벗듯이 여기저기 두기, 사용한 마스크는 서랍장 위나 옷방 문고리에 걸어두는 식이다. 남편은 사는 데 불편함이 없는 것 같았다. 내가 보기엔 뒷마무리가 부족해 결국 내 손으로 마무리하며 잔소리를 하다가 서로 불편하지 않게 대안을 마련했다. 남편이 쉽게 마스크를 정리할 수 있도록 새 마스크 박스 옆에 폐기용 박스를 두었다. 빨래는 욕실 앞에 빈 바구니를 두어 샤워하러 들어가면서 벗은 옷을 바로 바구니에 바로 넣을 수 있도록 했다.

한편, 남편의 자동차 키는 어제 입었던 옷 주머니나 테이블 여기저기, 스마트폰은 접힌 이불 위 어딘가에. 이들 역시 사소한 일이지만 일정한 장소와 규칙을 정한다면 물건을 찾느라 시간을 낭비하거나 신경 쓸 일이 적을 것이다. 자동차 열쇠는 식탁 위, 투명 아크릴 함에 넣기, 스마트폰은 취침 시 옆 수납장에 올려두기처럼 물건을 정리할 장소에 대해 제안하고 보관함도 마련해주었다. 남편은 한두 번 해보다가 쉽지 않은지 원래의 자유로운 영혼으로 지내고 있다.

남편이 남긴 뒷일들을 처리하며 좋은 일도 있다. 소소한 용돈이 생길 때가 있는 것이다. 빨래를 모으며 발견된 돈은 정리하는 자의 수고비! 후후~ 내가 남편의 옷을 정리하며 나온 500원짜리 큰 동전 하나에도 기뻐한다는 사실을 알게 된 남편. 자상하게도 큰 동전 500원짜리를 옷 주머니 여기저기에 하나씩 넣어둔 낌새가 느껴질 때도 있었다. 나이가 들면서 남편의 땀 냄새가 밴 옷에서 구겨진 지폐나 동전이 나오면 마음이 짠하다. 이제 남편 옷에서 나온 지폐와 동전은, 내가 챙기는 대신 옷방의 소품용 서랍장 중 남편 물건 칸에 그대로 넣어둔다.

여러 가지 대안 중에 남편이 잘 실천하고 있는 것도 있다. 마스크 포장지와 사용한 마스크를 내가 마련해둔 상자에 정리하기다. 마스크를 주문하면 마스크가 종이 상자에 차곡차곡 담겨 배송된다. 이 마스크 상자를 활용한 것이다. 새 마스크 상자 옆에 기존 마스크 상자도 나란히 놓았다. 마스크를 꺼내면 남은 비닐 포장지를 바로 옆 기존 마스크가 있던 빈 상자에 넣기로 했다. 비닐 포장을 하나씩 휴지통에 넣으면 포장지로 가득한 휴지통을 자주 비워야 한다. 반면, 마스크 상자 옆의 빈 상자에 비닐 포장지를 모으면, 바쁜 시간에도 빈 포장지를 빨리 정리할 수 있고 쓰레기를 모아 일괄 처리하면 간편하다. 고민 없이 쉽게 정리할 수 있는 마스크 박스 시스템은 뒷마무리에 약한 남편에게도 어렵지 않은 것 같다.

집안일 처리와 소품 정리를 위해 멋진 아이디어와 수납장 주문이 필요할까? 고민 없이 쉽게 정리할 수 있는 자동 시스템을 만들어보자. 당신의 실행력에 보이지 않는 힘이 붙을 것이다. 쉬운 일 처리를 위한 자동 시스템은 당신이 자발적 아이디어로 만들 때 실행력에 진정한 힘이 될 것이다. 다른 사람의 아이디어는 나의 자발성과 흥미를 끌기에 부족하다. 내가 아이디어를 생각해낸다면, 기쁘고 뿌듯한 마음으로 재미있게 일 처리 시스템의 약속을 실천할 수 있다. 만약 우리 집 마스크 정리 시스템을 내가 아닌 남편이 생각했다면 어땠을까? 나는 사용한 마스크와 마스크 포장지 정리의 필요성을 생각했고, 필요하다고 생각하니 해결책이 떠올랐다. 내가 떠올린 아이디어라서 실천이 재미있고 더 효율적인 방법으로 개선해보기도 했다. 어제처럼 살기보다 작은 일이라도 쉽고 편하게 변화를 만들어보자.

간식을 먹는 남편의 습관에서도 시사점을 찾을 수 있다. 남편은 저녁에 퇴근하면, 식사 후 소파에 비스듬히 눕거나 기대어 앉는다. 이 자세로 TV나 스마트폰 보며 간식을 즐긴다. 이때 먹는 간식은 내가 준비한 과일이나 샐러드 아니면, 자신이 선택한 땅콩이나 나초 같은 과자류이다. 간식을 먹는 것이야 남편의 자유지만, 나와 남편의 생각이 조금 다른 부분이 있다. 나의 경우, 무엇이든 필요한 양만큼 덜어서 먹는 습관이 있다. 반면, 남편은 알아서 먹는다는 입장이다. 예를 들어, 땅콩과 나초를 먹을 때, 나는 몇 개씩만 접시에 담아 먹는다. 남편은 땅콩이나 나초를 봉지째 들고 소파에 앉아 먹기 시작한다. 손에 들고 있던 간식을 다 먹었을 때는 "(원래) 얼마 없었어." 말한다. 아주 가끔은 먹다가 남아서, 내가 고정해 두었던 집게로 다시 입구를 마감하여 과자 바구니에 넣기도 한다.

봉지를 통째로 들고 앉아 먹기 시작하면 어떤 문제가 있을까? 그렇다. 양을 조절하기 어렵다는 문제가 있다. 나의 경우, 간식의 양을 미리 제한하여 필요한 만큼만 접시에 담아 먹으므로 빈 접시를 보며 다 먹었다는 만족감을 쉽게 느낄 수 있다. 남편처럼 간식을 봉지째 들고 앉아 먹을 경우, 스스로 양을 제한하는 것은 상대적으로 어려울 것이다. 어느 쪽을 선택할 것인가? 스스로 간식을 조절할 수 있는 시스템과 조절이 어렵고 기분에 따라 변동이 큰 시스템 2가지가 있다. 선택과 그에 따른 결과 모두 당신의 몫이다.

다른 엄마들도 많은 경우 그럴 테지만, 팔순이 다된 나의 엄마도 식사를 대충 간단히 해결하실 때가 많다. 운동은 기본적인 집안일 하기와 장보기, 볼일 보러 외출했다가 돌아오는 정도에 그친다. 바이러스 감염 위험이 커진 요즘 복지관이나 보건소 운동 프로그램도 쉬게 되어 더욱 그렇다. 날씨가 추워져 수영장에 다니던 것도 쉬고 계신다. 기력이 너무 없다 싶으면 영양 주사에 의존하고 한약을 드시기도 한다.

아버지는 퇴직 이후에도 여러 가지 공적인 일에 참여하였고, 가족을 위한 외부 볼일과 이웃 사람들의 일 돕기 등으로 활동량이 많다. 게다가 대문 밖에 있는 텃밭 농사도 직접 하며, 친구들과 낚시와 게이트볼을 하는 등 활발한 움직임과 사교 활동으로 바쁘시다. 다른 사람들을 만나 함께 식사할 기회가 많은 아버지는 단백질이나 열량이 충분한 식사가 어렵지 않다. 반면, 엄마는 아버지가 모임이나 약속으로 외식을 할 때, 냉장고에 남아 있던 음식들로 간단히 식사하실 때가 많다. 아버지와 함께 식사할 때도 사람들과 외식을 자주 하는 아버지가 간단한 식사를 요청하면, 또 간단한 식사를 하곤 하신다.

결국 엄마는 매일의 식사에서 충분한 영양을 섭취하지 못하고 기력이 부족할 때가 있는 것 같다. 기력이 부족한 것이 식사 문제만이 아닐 것이다. 그러나 근육의 재료인 단백질과 몸의 대사에 관여하는 영양소들을 충분히 섭취하지 않으면 운동 효과도 기대할 수 없을 것이다. 엄마의 부족한 식사를 아버지 탓이라 돌릴 수만은 없다. 내 몸과 마음의 건강은 나의 선택에 따른 것이다. 엄마에게 노년기에도 충분한 단백질과 영양가 있는 식사와 운동을 하는 게 중요하다고 기회가 있을 때마다 말씀드린다. 아울러 엄마와의 SNS에도 요점을 남겨드려서 언제든 식사와 운동에 참고하실 수 있도록 하고 있다.

그러나 지금까지 균형 잡힌 식사와 적절한 운동하기를 적극적으로 실천하기 어려웠던 엄마가 팔순이 된 지금은 더 어려우신 것 같다. 지금이 내 남은 생에서 가장 젊을 때라는 말이 있다. 지금 자신의 나이가 몇이건 상관없이, 하루 더 늙기 전에 오늘 나의 건강을 위한 식사와 운동 계획을 할 수 있는 만큼 조금씩 실천해보자. 어차피 우리는 어제보다 나은 오늘을 살기 위해 노력하며 하루하루 살아가고, 그렇게 노력하다가 어느 날 자연으로 돌아가게 될 것이다. 돌아갈 날이 얼마나 남았겠느냐며 오늘도 어제처럼 대충 살 것인가? 아니면, 오늘은 어제보다 한 걸음 더 나아갈 것인가? 우리가 매일 내딛는 한 걸음, 한 걸음이 나의 건강한 삶을 이루게 될 것이다.

이미 알고 있지만, 실천하기 어려운 일이 있는가? 일단, 실행력이 약함을 인정하자. 처음 시도하는 것은 누구나 어렵다. 그동안 해오지 않던 일, 익숙하지 않은 것을 실천하기란 쉽지 않고 귀찮을 수도 있다. 각자에게 더 어렵게 느껴지는 영역이 있을 수도 있다.

물론 그동안 살던 대로 살 수도 있다. 누가 뭐래도 당신의 삶이니 그럴 자유가 있다. 그러나 필요한 것을 알면서 시작하지 않는다면 결과에 대한 책임도 내가 감당해야 할 것이다.

실행력에 자신이 없다면 인정하자. 그리고 나를 위해 실행이 쉬운 환경 시스템을 만들어보자. 언제까지 나의 의지나 동기, 가족을 탓하며 스트레스 주고받기를 반복할 것인가. 의지보다는 실천이 쉬운 시스템 만들기로 관심을 옮길 때다.

06

의지력에만 의지하다 지치기 때문

　무언가 원하는 것이 있을 때, 그것을 해내겠다는 의지가 있다면 도움이 될 것이다. 의지의 힘 덕분에 일을 끝마칠 수 있었던 경험을 생각해보면 박사논문을 썼던 때가 떠오른다. 나의 박사논문 주제는 유아경제교육 프로그램을 개발하고 효과를 검증하는 연구였다. 당시만 해도 선행 연구물이 별로 없는 주제였으므로 관련 연구물을 찾아 분석하기가 쉽지 않았다. 세 번에 걸친 박사논문 심사를 마치고도 마음이 편치 않았다. 지도교수님을 포함한 심사위원 교수님들이 논문에 수정이 필요하다고 지적한 사항들을 기일 안에 수정해 학교에 제출해야 했다. 난 학교 도서관을 오가며 논문 수정 작업을 했다. 제출 마감일을 얼마 앞두고 마무리해야 할 때 5일 동안 전혀 외출하지 않고 논문 수정 작업을 계속했다. 덕분에 정해진 일정 안에 수정 보완된 논문 파일을 학교에 제출할 수 있었다.

하지만, 다시 생각해보면 내가 박사논문 최종본을 제출할 수 있었던 건 위대한 의지만으로 가능한 것이 아니었던 것 같다. 대학원 박사 과정을 내가 시작했으니 마무리도 내가 잘해야지 하는 단순한 생각과 어느 정도의 의지로 박사 논문을 쓰기 시작했다. 논문 준비 6개월, 현장 예비 연구 6개월, 프로그램 개발 및 적용 6개월, 논문 글쓰기와 심사 6개월. 박사논문을 발표하고 학위를 받기까지 정규 교육 과정 수료 후 추가로 2년이 더 걸린 것이다. 인내가 필요한 과정이었다. 훌륭한 박사논문을 써야겠다는 위대한 의지에만 기대어 논문을 썼다면 나는 마치지 못했을 것이다. 부담만 가중되어 중도에 지쳐 포기하고 싶었을 것이다. 내 성격상 그냥 포기하지는 않았겠지만, 적어도 악몽에 시달리느라 불면증이 생겼을 수도 있다. 내게 의미 있는 주제를 자발적으로 선택한 논문이었기에 과정에서의 어려움도, 끝까지 마무리하는 것도, 오로지 내 책임이었다. 의지보다는 내 선택에 책임을 다하는 과정이었다고 할 수 있다.

의지나 책임감이 언제나 실천에 도움이 되는 건 아닌 것 같다. 무언가를 하려는 마음과 의무감 같은 부담만으로는 실행 과정이 쉽지 않을 것이다. 과정이 쉽거나 즐겁지 않은 데 매일의 습관으로 만든다는 것은 어려운 일이다. 예를 들어 매일 운동하고 샤워해야지, 하루 3번 이상 양치해야지, 물을 충분히 마셔야지, 몸에 이로운 음식을 먹어야지 같은 생각들은 의지에 속한다. 운동이나 샤워, 양치하기, 물과 양질의 음식 섭취하기는 많은 사람이 쉽거나 즐겁지 않다고 느낄 것이다. 일부 어렵지 않고 괜찮다고 느끼는 사람들도 처음에는 어떤 계기가 있었을 것이다. 자신의 몸에 도움이 되는 건강한 선택을 해야 살 수 있다는 의사의 권고를 비롯하여 개인적인 경험들도 있었을 것이다.

원하는 것이 지속 가능한 습관으로 자리 잡기를 바란다면 원하는 행동으로 쉽게 연결되도록 하는 시스템의 힘이 필요할 것이다. 예를 들어 씻기를 귀찮아하는 사람들을 위한 영상이 유튜브에 다양하게 업로드되어 있다. 유명 아이돌 그룹의 가수들 역시 하루 일과를 마치고 씻는 것을 귀찮아한다는 영상이 있어서 공감하며 시청한 적이 있다. 자막과 댓글에는 귀엽다는 반응도 있었는데 정작 본인에게는 씻기가 정말, 무척 괴로운 일과일 수 있다. 나도 그럴 때가 있다. 요즘은 나 자신의 습관에 관심을 가지며 빠르게 또는 자연스럽게 씻기를 해결하는 방법을 발견해 실천하고 있어 다행이다.

고등학교 때부터의 친구는 대학 시절, 방학이 끝나고 만날 때면 자신은 방학 때 3일 동안 대충 지내다가 목욕탕에 한 번씩 가곤 했다고 하여 함께 웃었던 기억이 있다. 나도 별로 다를 것이 없었다. 방학 때면 도서관이나 집에서 공부하며 대충 씻고 가끔 목욕하며 지냈다. 요즘은 예전보다 욕실 환경이 더 좋아졌다. 하지만 씻는 것이 먹는 것보다 귀찮은 건 마찬가지인 것 같다. 아무 생각 없이 밥 먹듯이 샤워할 수 있는 습관이 아직 형성되지 않은 것 같다. 규칙적인 습관이 되지 못한 행동은 어느 정도의 의지가 필요하다. 의지만으로는 편안한 샤워가 어려움을 느끼면서 나를 위한 귀차니즘 해결 시스템을 만들었다. 자신과의 약속이라고 말할 수도 있다. '씻기를 언제, 무엇 다음에 이어서 한다'와 같이 원하는 행동을 할 시간과 행동 간의 연결 고리를 설정하니 어렵지 않았다.

씻기 귀찮은 마음을 운동 다음에 자연스럽게 씻을 수 있도록 연결하여 해결한 것이다. 스쿼트 운동 100회를 쉬는 시간 포함하여 10~15분 정도 하고 나면 몸에 따뜻함을 넘어 더운 열감이 생긴다. 아울러 운동 중 배출된 땀이 느껴진다. 몸에 더운 열감이 생기면 앉거나 눕고 싶은 생각이 별로 들지 않는다. 게다가 땀나는 운동을 했으니 자연스럽게 몸을 씻으러 욕실로 들어가게 된다. 물론 운동도 적절히 해야 앉아서 쉬고 싶다는 생각보다는 기분 좋은 상태가 될 수 있다. 적당한 운동으로 몸에 따뜻한 열감과 함께 샤워할 에너지가 남아 있게 하자. 내 경우에, 불교 수행 방법의 하나인 108배에서 착안한 100배 절하기 운동은 아래 사례에서 볼 수 있듯 너무 힘들어서 운동 후 쉬어야 한다. 휴식하는 동안 몸의 열감이 식어버려 개운한 샤워로 바로 연결되지 않았다. 운동 후 쉬게 되면 샤워를 귀찮아하는 사람의 경우, 샤워는 '미루고 싶은 일'이 되는 것이다. 자신에게 맞는 운동을 약간의 땀이 날 정도로 하고 기분 좋게 샤워도 하는 습관의 연결 고리를 만들어보자.

설득의 대가, 사회심리학자 로버트 치알디니도 『초전설득』에서 의지보다 상황을 활용하면 원하는 결과를 얻을 수 있다고 보았다. 상황의 힘은 습관의 연결 고리를 만드는 시스템의 힘이라 할 수 있다. 매우 힘든 것도 기존의 행동에 새로운 습관을 연결하면 자연스럽게 실천할 수 있다. 한 번, 다시 한 번, 이렇게 반복하다 보면 점점 편안한 습관으로 자리 잡게 될 것이다. 처음에는 너무 힘든 것도 의지가 아니라 습관의 연결 고리 시스텝 안에서 실행하다 보면 점점 더 편안해질 것이다.[6] 내가 1년 이상 해온 스쿼트가 편안해져 이젠 스쿼트 후 샤워하기로 연결한 것처럼.

스쿼트 운동을 부담 없이 할 수 있게 되면서 내게 필요한 운동을 어차피 해야 2가지 일 사이에 하기로 했다. 출근길에 20분 걷기와 전철 환승 시 계단 오르기로 운동을 해결한다. 집에서 전철역까지는 환승이 필요하다. 하지만 환승이 필요하지 않게 경사로와 고갯길을 20분간 걸어가면 운동도 되고 환승 시간도 단축할 수 있다. 운동 강도는 약간 숨이 차고 땀이 나는 정도이다. 언덕길을 오르면서 뒤쪽으로 펼쳐지는 전망을, 고갯길을 넘어 아래쪽으로 전철역이 가까워지는 것을 보면 기분이 좋다. 사무실로 가는 전철역에 환승 없이 바로 도착했을 땐 흐뭇한 성취감으로 미소 짓게 된다.

어느 비 오던 날, 전철역으로 가는 고갯길을 오르기 전, 늦은 식사를 하며 창밖으로 점점 굵어지는 빗방울을 보며 고민이 되었다. '이렇게 비가 오고 흐린 날, 20분간 우산을 들고 고갯길을 넘으며 걷는 게 괜찮을까?' 하는 생각이 들었다. 하지만 동네 고갯길을 넘어 전철역에 가는 게 나의 운동 코스이니 비 오는 날도 가야지 하고 생각하며 식당을 나섰다. 아, 나의 고민은 기우였다. 비 오는 날의 고갯길 걷기는 맑고 후텁지근한 날과는 달랐다.

오감이 되살아났다. 고갯길의 경사진 언덕을 오르는 동안 꽤 굵은 빗줄기는 내 우산과 숲의 나뭇잎, 키 작은 풀잎들에까지 공평하게 촉촉함을 선물했다. 다소 어둑한 숲을 가로질러 난 길로 간간이 자동차가 지나가고 그 옆, 언덕길을 묵묵히 오른다. 자동차가 지나갈 때마다 빗물이 세

차게 튀어 나가는 소리, 내 우산에 떨어지는 후두둑 빗소리, 숲속 나뭇잎과 풀잎들에 조용히 내려앉는 빗소리. 그 비를 기쁘게 받아 안는 크고 작은 나뭇잎과 이끼들. 후후~ 가로수 길가를 간간이 달리는 차바퀴에 스치는 빗물 소리마저 아름답다.

비가 꽤 내리는 이런 날, 새들은 어디서 조용히 지내는 걸까? 고갯길의 마지막 언덕길의 생태다리 그늘에서 후텁지근해진 열감 덕분에 바바리 단추 몇 개를 풀었다. 내일은 저 생태다리에 잠시 올라가 봐야겠다는 생각을 했다. 막바지 고갯길에 있는 생태다리 아래의 그늘 덕분에 맑은 날엔 땀을 식히고 비 오는 날엔 후텁지근한 습도를 조절하려 겉옷의 단추 몇 개를 풀며 한숨 돌릴 수 있다. 맑은 날보다 오히려 마음이 편안했다. 빗소리가 주는 심리적 안정 효과는 유튜브 사이트에 업로드된 수많은 빗소리 관련 영상을 재생해 직접 느껴볼 수 있다. 사이트에 업로드된 빗소리 영상들은 집중과 수면을 돕는 목적으로 하며 조회 수, 1천만 회를 넘긴 것도 있다. 다른 사람들도 빗소리의 효과에 공감하는 것 같다.

의지력에만 기대면 지쳐 포기하게 되는 날이 올 수 있다. 어차피 해야 할 2가지 행동을 순서대로 연결하는 습관 연결 시스템을 만들어보자. 특히 원래 쉽게 하는 일상적인 행동 뒤에 또는 원하는 행동 직전에 어떤 행동을 하나 넣어보자. 귀찮아하던 일을 조금 더 쉽게 해결할 수 있을 것이다. 자연스럽고 쉽게 하도록 나를 안내하기, 아니면 할 수밖에 없는 상황으로 설정하기가 있을 것이다.

'쉽고 자연스럽게', '할 수밖에 없도록', 둘 중 마음에 드는 것은? 쉽고 자연스럽게, 즐겁게 할 수 있다면 계속하게 된다. 어느 쪽을 택하든 당신의 결정을 존중한다. 다만, 결과는 당신의 몫이며 지속하게 하는 힘은 덤이다. 자신이 만든 습관의 연결 고리로 매일 반복해보라. 포기하지 않고 지속 가능한 힘이 몸에 붙을 것이다. 습관의 연결 고리는 무의식적 자동 행동으로 가는 지름길이다. 습관의 연결 고리로 원하는 행동과 친하게 지내보자.

07

차일피일 미루는 나태함 때문

지금 해야 할 일을 미루고 있는가? 뭔가를 미룬다는 것은, 지금 당장 처리하기 힘든 것을 '회피'하는 것이라 할 수 있다. 오늘 할 일을 내일로, 내일이 되면 다시 그다음 날로 미루고 있는 일이 있는가? 미루는 이유는 무엇일까? 핑계 없는 무덤은 없다는 말이 있다. 할 일을 회피하며 자신을 합리화시키며 오늘 편안하게 지냈다고 생각하는가?

"오늘 걷지 않으면 내일은 뛰어야 한다."
"내가 헛되이 보낸 오늘은 어제 죽은 이가 갈망하던 내일이다."

이것은 미국 하버드 대학 도서관에 게시되어 있다고 알려진 명언들이다.

내일은 할 일을 처리할 시간이 없을 수 있다. 마감일엔 예상치 못한 다른 일들이 끼어들 수도 있다. 원래 바쁠 땐 여러 가지 일들이 한꺼번에 생기지 않는가. 시간의 촉박함에 떠밀려 좋은 결과를 만들기도 어렵다. 자신과 가족들에게 짜증을 낼 수도 있다. 나도 종종 마감 시간에 쫓기며 강의 자료를 만들 때가 있다. 그럴 땐 한 명밖에 없는 가족인 남편의 얼굴조차 마음 편히 볼 시간이 없는 것 같다. 심지어 내 일 때문에 남편을 너무 바쁘게 하기도 한다. 주말 내내 수많은 집안일을 남편 혼자서 처리하느라 제대로 쉬지 못할 때가 있는 것이다.

내 일 때문에 남편도 힘들게 하는구나 하는 생각에 마음이 편치 않다. 무의식에 잠자고 있던 나에 대한 부정적 자동 사고가 올라오는 순간이다. '할 일을 미루다 결국 시간에 쫓기는 나'라는 부정적 정체성에 자괴감이 들기도 한다. 자료 준비를 위해 평균 3일 정도의 시간을 계획한다. 초반에 너무 여유롭게 시작하는 것이 바쁨을 초래하는 것 같다. 천천히 전체적으로 할 일에 접근하다가 마감일이 되면 시간에 쫓기게 되는 것이다. 일의 양도 생각보다 많음을 마감일에서야 파악할 때도 있다.

별수 없이 당초에 계획한 것들을 축소하여 핵심 중심으로 내용을 재편하게 된다. 강의 자료를 출발 직전에 간신히 마무리하고 헐레벌떡 밥을 조금만 먹고 빠르게 이동하여 강의를 한다. 강의를 마치고 겨우 숨을 돌린다. 강의는 무사히 마쳤지만, 강의 직전까지 너무 초집중한 결과는 고스란히 나의 몫이 된다. 강의 직전까지 자료를 바쁘게 마감하느라 몸은 허기에 지치고, 고도로 긴장된 마음 때문에 잠을 설칠 때도 있다.

할 일을 3일 전부터 시작한다 해도 마감 시간까지 바쁜 이유는 뭘까. 할 일을 미루지 않은 것처럼 보일지 모르지만, 가만히 들여다보자. 몇 가지 질문을 통해 이유를 찾을 수 있을 것이다. 일의 가장 중요한 부분에 충분한 시간을 배치하였는가? 강의 준비를 위한 부수적인 일 처리에도 시간을 남겨두었는가? 아울러 몸과 마음 건강을 챙길 여유 시간을 남겨두고 일을 마무리하였는가? 스스로 질문에 답해봄으로써 차질 없는 강의 준비와 건강 모두 챙길 수 있을 것이다. 예상치 못한 일들은 촉박한 일정 속에 더 잘 일어나는 것 같지 않은가.

'부처님 오신 날'이어서 조금 늦게 일어났다. 주방에서 버터 샌드위치를 만드는지 향긋한 버터 내음과 달그락달그락 컵과 그릇 옮기는 소리가 좋다. 공휴일과 주말에만 맛볼 수 있는 남편표 샌드위치와 카페라떼 커피를 만드느라 남편이 분주하다. 물고기 구피들에게 밥을 주고 나서 휴일 아침 식사를 느긋하고 즐겁게 마쳤다. 천천히 외출 준비를 하고 동네 칡 냉면집에서 점심을 먹으며 남편에게 말했다.

나: "지난번에 우리 얘기했던 저 고갯길, 생태다리 위 숲길 말이야. 밥 먹고 거기 가자!"

남편: "주말에~"

나: "아니, 일요일 오후엔 지유 견진성사에 가기로 했고, 오전엔 성당 미사에 가니까 바쁘잖아. 중간 시간에 숲길 산책까지 하면 3가지를 하기

바쁠 걸~ 오늘 한 가지 해두면 일요일에 여유가 있잖아~"

　남편: "그럼 (생태다리 위 숲길 말고) 그냥 고갯길만 넘어가~"

　남편은 지난 월초에, 역시 한 주의 중간쯤 있었던 어린이날 산책길에 약속한 걸 잊지는 않았다. 하지만 수요일의 피곤함 때문인지 동네 고갯길을 올라가 연결된 숲길로 걷기로 한 약속을 주말로 미루고 싶어 했다. 난 "온종일 아무것도 안 하고 쉬면 좋을 것 같지? 근데 해보면 시간이 더 빨리 가고, 더 피곤한 것 같아~" 하며 오늘 산책할 것을 격려했다. 남편은 절반 정도만 산책하자며 받아들였다.

　정작 고갯길을 올라가며 숲길로 들어서 걷기 시작하자 점점 상쾌해져서 남편도 기분이 좋아졌다. 숲길은 우리 집 뒷산처럼 처음부터 급경사로 시작했다. 헉헉대는 나와 달리 숲과 산림을 연구하는 남편은 급경사인 숲길을 오르내릴 일이 많은 덕분이다. 남편이 아무 말 없이 급경사 숲길을 묵묵히 오르는 걸 인정하며 칭찬해주었다. 남편의 기분이 좋아진 것 같다. 식당에서의 수동적인 태도와 달리 남편은 계속해서 숲길을 걸었다. 두꺼운 책이 든 내 가방까지 둘러메고 흔들림 없이 걸어갔다.

　15분간 경사로를 올라간 고갯길의 끝, 생태다리에서부터 2km쯤 더 남았다는 표지판을 보고도 전철역까지 계속 걷자는 내 제안을 남편은 결국, 받아들였다. 뭔가 시도하기 전엔 귀찮고 피곤할 것 같기도 해서 주저하고 미루게 되는 일이 있다. 그러나 일단 생각했으면 시도해보라! 힘들면 쉬어가고 너무 힘들면 되돌아올 힘이 남아 있을 때 돌아오면 된다. 미리 겁먹고 시도조차 하지 않으며 수동적인 태도를 유지한다면 어제와 같은 오늘이 반복될 뿐이다.

Just try it!

일단 시도해보라! 해보지 않은 사람은 모른다. 그것이 얼마나 기쁜 일인지. 거기엔 생각지도 못한 선물이 기다리고 있을지 모른다. 남편과 1시간 30분쯤 동네 언덕길과 숲길을 오르내리며 이곳에 이사한 지 7년 만에 처음 알게 된 것들이 있다. 그 숲길엔 2개의 작은 언덕마다 아담한 정자가 쉼터를 제공하고, 3개의 크고 작은 체육시설이 있다는 것. 특히 숲길 끝에 자리 잡은 체육공원은 가장 다양한 운동기구가 있고 나무 그늘도 충분히 조성되어 있었다. 숲길에 운동을 나와보면 알 수 있다. 생각보다 많은 사람이 등산과 걷기, 기구 운동을 하고 있다는 것을. 그것이 무엇이든 원하는 것이 있다면 일단 시도해볼 것을 추천하고 싶다.

시도하지 않고 미루는 일은 집안에도 많이 있다. 베란다 청소를 제대로 한 지 어느덧 7개월이 넘었다. 그저 가끔 화분 옆에 떨어진 낙엽과 흙모아 버리기, 머리카락 몇 개와 먼지 조금 닦기처럼 눈에 띄는 정도만 겨우 치우며 개인적인 업무와 가족관계에서 오는 스트레스로 지쳐 있었다. 아마 깔끔한 분들은 이해하기 어려운 일일 것이다. 작년 초가을, 지난여름의 혹독한 폭염에 시달렸던 악몽을 더는 겪고 싶지 않았다. 방마다 에어컨을 하나씩 새로 들여놓았다. 자연스럽게 공사 후 마무리를 위해 베란다 청소를 했다. 하지만 이 무렵 인생 최대의 어려움이, 대인관계에서 전쟁이 이런 건가 싶게 힘든 일들이 있었다. 그저 생존을 위해 내가 할 수 있는 노력을 다하고 몸과 마음으로 견디며 지냈다. 베란다까지 돌볼 마음의 여유가 없었다. 그러는 사이 두 계절이 훌쩍 지나가버린 것이다.

오늘 아침, 베란다로 쏟아져 들어온 빛나는 아침 햇살 아래로 돋보이는 것들이 있었다. 봄까지 이어진 추위에 손대지 못한 먼지와 머리카락, 낙엽이었다. 남편과 나의 하얀 머리카락들이 먼지와 뒤엉켜 마치 동물의 털처럼 삐죽삐죽 섞여 있었다. 우리 집 베란다에 면목이 없었다. 이러고도 집주인이라니! 더 생각할 것 없이 막대 걸레로 베란다를 몇 번 닦아냈다. 얇은 부직포 걸레로 남은 먼지까지 말끔히 마무리했다. 내 마음의 묵은 먼지까지 말끔히 닦아낸 듯 상쾌했다.

알게 모르게 베란다 청소를 미루어왔다는 걸 깨달았다. 구체적으로 의식하지 못했지만, '지금 베란다 청소할 때가 아니야!'라고 무의식적으로 못 본 척하며 미루며 지냈던 것 같다. 집 밖의 일과 집 안의 일 간의 균형, 집안일도 집 밖의 일만큼 소중하며 잘 관리할 필요를 깨닫지 못할 때가 많다. 마지막까지 미루게 되는 일은 베란다 청소와 화분 관리 같은 것이다. 오늘 당장 끝마쳐야 하는 일이 아니라 생각하며 지낸다. 하지만 이런 일들도 내 삶의 만족도와 건강에 영향을 주고 있으니 자투리 일을 위한 시간도 남겨두어야 할 것 같다.

할 일을 내일로, 또 그다음 날로 미루고 있는가? 미루어둔 일은 내일이 되면, 결국 다시 오늘의 일이 된다. 우리는 매일 오늘 해야 할 일을 해내며 살아가는 것이다. 미루는 행동이 나의 몸과 마음에, 내 가족에게, 내

일의 고객에게 어떤 영향을 줄지 생각해보자. 그리고 인정하자, 미룸의 게으르고 나태한 얼굴이 내 안에 있음을.

우리는 태어날 때부터 뭔가를 미루는 존재였던 건 아니다. 성장하면서 해야 할 숙제 같은 일이 생기고, 숙제가 부담스러운 나머지 미룸이라는 안전해 보이는 방법을 선택했다. 반복하다 보니 습관이 되었다. 해야 할 숙제가 부담스러워 도피처를 찾고 미루어왔음을 인정하자! 해야 할 일을 부담감으로 회피할지, 부담감을 다룰 방법을 찾을지 내 선택에 달려 있다. 미룸은 내가 만든 습관임을 받아들이자. 미루지 않고 제때 해냈던 일을 생각해보자. 할 수 있다!

08

좋지 않은 습관을 버리지 못하기 때문

매일 반복되는 일과 중에 자기 마음에 들지 않는 부분이 있을 것이다. 아침에 일어나서 밤에 잠자리에 들 때까지 살아가는 데 필요한 이런저런 행동을 한다. 그 행동들은 내 마음에 들 수도 있고 그렇지 않을 수도 있다. 나의 건강한 삶에 도움이 되는 것이 있고, 해로운 것도 있을 것이다. 알지만 멈출 수 없는 나쁜 습관은 먹고, 마시고, 일하고, 소비하고, 쉬고, 잠자리에 드는 일까지 다양할 것이다.

그렇다면 마음에 들지 않고, 건강한 생활도 해치는 나쁜 습관들을 그만두는 것은 왜 힘들까? 개선하려는 의지 부족이나 익숙한 환경 때문에 의지를 발휘하기 어렵다고 생각할 수도 있다. 살던 대로 사는 게 쉽고 안전하다는 생각이 들 수도 있다. 새로운 변화에 대한 두려움. 늘 그래왔고, 다들 그렇게 살잖아요. 이렇듯 살아온 방향으로의 관성의 법칙 때문은 아닐까?

관성의 법칙은 물리학적 지식을 동원하지 않아도 들어본 적이 있을 것이다. 사전적 의미를 보면, 관성은 외부에서 힘을 받지 않는 한 물체는 계속 정지해 있거나, 움직이던 상태를 유지하려는 성질을 말한다. 현재의 움직임에 가해지는 변화에 저항하는 힘이 있다는 것이다. 늘 하던 대로 살던 대로 관성적 행동에 하루하루를 맡겨두면 나의 삶이 어디로 흘러갈지 아무도 모른다. 예측하지 못한 어느 지점에 당신의 삶이 표류하여 구조를 요청하고 싶은가. 아니면 내가 원하는 선명한 그림대로 오늘을 살 것인가.

작년 4월 중순, 언제 해도 부담스러운 음악 강의를 맡을 수밖에 없었다. 동료 L 선생은 "음악 빼곤 다 괜찮아요." 했다. 난 17년 강의 경력 중 과목 때문에 거절했던 강의는 거의 없었다. 이유는 그렇게 계속 특정 과목 강의를 회피하다 보면 정말 두려워질 것 같아서였다. 언젠가 매우 부담스러운 강의를 3월 개강 후에 갑자기 넘겨받았을 때도 일단 하기로 했더니 나에게 큰 성취감을 준 과목이 되었다. 예술적 소질이 필요한 음악 과목에서 그 정도로 성취감을 느끼기는 어렵겠지만, 회피하는 것보다는 나을 것 같았다.

몇 년 전, 이 과목을 다른 학교에서 선택의 여지없이 담당하게 되었을 때도 작년과 마찬가지로 동요 반주가 부담스러웠다. 키보드와 악기 몇 가지를 다시 주문하고, 반주 연습을 했다. 고등학교 시절, 음악 과목의 시험 준비로 시작한 피아노 연주 실력이라 반주 연습은 시간 대비 효율이 낮았다. 수업 중 동요를 부르는 시간엔 학생들이 교대로 반주하는 것으로 대신했다. 강의는 음악 이론과 흥미로운 교수법 중심으로 진행했다. 교수법 하나라도 제대로 강의하려고 한 학기에 백만 원이 넘는 수강료를 내고 수강하며 내 음악 강의에 반영했다. 종강 후 교수법은 여전히 나에게 남을 것이며, 학생들에게 교수법이라도 생생하게 강의하기 위해서였다.

몇 년이 지나 다시 같은 과목을 맡게 되었다. 어려움이 있을 때 핵심이 되는 것을 해결하지 않으면 언제든 다시 나에게 비슷한 어려움이 닥쳐옴을 절실하게 느꼈다. 감염병의 유행으로 동네 문화센터 소그룹 피아노 레슨은 운영하지 않았다. 할 수 없이 동네 피아노 학원을 알아보던 중 내가 다닌 대학원에서 피아노를 전공한 원장이 피아노 개인 레슨을 한다는 광고 포스터를 보았다. 별다른 선택지도 시간도 없던 나는 비싼 개인 레슨을 받기로 했다. 기본 코드 반주법과 동요곡에 사용되는 화음 등 반주에 도움이 되는 피아노 기초 이론을 포함하여 레슨받았다. 동요곡 반주 연습을 많이 하기보다는 동요곡에 따라 어떤 반주가 가능한지 이해하고 약간의 반주 연습을 하는 것으로 진행되었다.

강의를 위한 반주는 내가 몇 번쯤 연습하여 연주한 곡을 녹음하여 썼다. 갑작스러운 감염병의 확산으로 피아노 학원 운영에 대한 교육청 지침이 내려오기 전엔 개인 레슨을 받을 수 없었다. 혼자 반주를 연구하고 연습했다. 음이 이상하다고 생각할 땐 밤 12시 넘게까지 인터넷에서 반주 관련 자료를 찾아보며 고민했다. 반주 음이 이상하게 느껴져 의문이 생긴 곡은 남동생의 부인인 올케에게 부탁하여 반주 녹음을 전송받기도 했다. 어려서부터 피아노 연주 레슨을 받고, 피아노 콩쿨에도 참가했으며, 음악 석사 과정까지 마친 후 학생들을 직접 개인 지도하기도 했던 올케는 달랐다. 동요 한 곡의 반주 녹음을 부탁했을 뿐인데 빠르기를 달리하여 세 종류의 반주를 보내왔다. 매끄럽고 안정적인 반주였다.

자신이 어려워하는 것이 할 일에 꼭 필요하다면, 한번 도전하여 내 힘으로 해볼 필요가 있는 것 같다. 그렇지 않으면 어느 골목에서 다시 나의 발목을 잡고 불편하게 할지 모른다. 계속 회피하지 않을 거라면 자기만의 해결책을 마련하여 언제 어디서 만나도 당황하지 않도록 말이다. 내가 부담스러워하는 일이 굳이 하지 않아도 된다면 문제가 없을 것이다. 그렇지 않다면 한번 도전해보자. 한 번 두 번 시도하다 보면 내 안에 쌓이는 것이 있다. 아니면 대안을 찾으면 될 것이다.

어느 날 남편은 인터넷 SNS에서 우리 동네 유명한 마카롱 집을 발견, 제법 뚱뚱한 마카롱이 가성비가 좋다며 좋아했다. 남편은 일요일 아침마다 줄 서서 번호표를 받아왔다. 번호표에는 개별 구매가 가능한 시간이 적혀 있었다. 집에서 대기하다 번호표에 적힌 시간을 1시간쯤 기다린 후 마카롱 가게로 갔다. 개별 공급 시간에 맞춰서 가게에 가면 바로 살 수 있는 건 아니었다. 이미 각자 받은 번호표 시간에 기다리고 있던 사람들 뒤에 줄을 서야 한다. 아마 시간을 일정한 구간별로 정해 몇 명의 고객에게 판매하는 방식인 것 같다. 어떤 아주머니는 이 뚱뚱한 마카롱을 사랑하는 것 같다. 하나에 2천 원 초반인 이 과자를 사며 십만 원 이상을 결제했다고 한다. 남편은 두 달쯤, 이 뚱뚱하고 적당히 달콤 짭짤한 과자를 사러 뭔가에 이끌리듯 주말마다 가게에 드나들었다.

언젠가부터 남편은 마카롱 사 나르기에 재미가 없어졌는지 더는 이 뚱뚱한 과자 가게에 다니지 않았다. 이유를 물어보니 마카롱을 사려고 줄 서는 게 귀찮아졌다는 것이다. 동네에 마카롱 가게가 많아진 것도 이유라고 한다. 가게 주인은 간식의 맛과 양, 운영 시스템을 통해 좋게 말하면 충성고객, 불쾌하게 말하면 노예와 비슷한 관계를 만드는 것 같다. 선택은 우리의 몫이지만 말이다. 간식 가게에 드나들던 기억은 어린 시절부터 시작된다. 초등학교 4학년쯤이었던가. 학교 앞 핫도그부터 집 근처 가게의 붕어빵까지 비가 오나 눈이 오나 가게 문턱이 닳도록 드나들었다. 중학교 시절 하굣길에는 교문 앞 가게에서 먹던 떡볶이와 어묵까지. 코 묻은 돈이 남아날 새 없었다.

어떤 시간이 되면 자동으로 하는 일이 있는가? 어린 시절 핫도그와 붕어빵을 사 먹던 습관은 요즘 마카롱과 브랜드 핫도그로 바뀌었을지 모른다. 오랜 시간 어떤 방식으로 살다 보면 습관으로 굳어진다. 습관은 우리 생활을 노예처럼 끌고 갈 수도 있고, 내가 원하는 방향으로 데려다주는 도구가 될 수도 있다.

백미를 사랑하는 남편. 내가 오분도 쌀로 지은 저녁밥을 먹더니 "거칠어." 한다. "오빠는 거칠구나. 난 건강을 선택했더니 괜찮은데?" 내 입맛엔 곁들여 넣은 귀리가 톡 터지며 검은콩의 고소함과 함께 잡곡밥을 씹을 때의 구수함이 만족스럽다. 대부분의 식당에서 백미 밥이 나온다. 한 공기 수북이 담겨나오는 흰쌀밥이 부담스러워도 이래저래 짭짤한 반찬들과 함께 다 먹을 때가 많다. 덜어놓아도 남은 반찬과 함께 일괄 처리되거나, 반 공기만 달라고 요청해도 벌써 밥을 그릇에 떠놓아 어쩔 수 없으니 그냥 남기라고 할 때가 많다. 식당에서는 건강한 밥 선택권이 없으니 집에서라도 건강에 도움이 되는 잡곡밥을 먹으려 노력한다. 이런 나와 사는 남편이 좋아하지 않는 잡곡밥을 먹느라 수고가 많다고 생각할 수도 있다. 현미처럼 훨씬 거칠고 먹기 힘든 밥과 백미처럼 영양가 손실이 많은 밥 사이의 중간쯤에 있는 것이 오분도미다. 가족의 건강을 챙기려는 내 마음을 아는지 남편은 내가 제공하는 오분도미 잡곡밥을 묵묵히 먹는다. 건강한 식단에 말없이 적응해주는 남편이 고맙다.

좋지 않은 습관, 왜 버리지 못할까? 멈추고 싶지만, 살던 대로 사는 게 쉬울 수 있다. 반복되는 삶의 패턴에 노예처럼 살기를 멈추고, 내가 원하는 삶의 주인으로 살아보자. 오늘 자신이 원하는 삶에 한 걸음 다가섰을 때, 내일은 한 걸음 더 나아갈 수 있을 것이다. 왜냐하면 한 번 해본 것은 점점 더 쉬워지기 때문이다. 좋은 삶에 한 걸음, 또 한 걸음 계속 그렇게 나아가면 될 것이다.

물론 그동안 살던 방식도 나쁘지 않다고 느낄 수 있다. 그런대로 사는데 별문제가 없어 보인다. 그러나 어떤가? 내가 가진 나쁜 습관이 매일의 생활에 걸림돌이 되거나 원하는 습관을 행동으로 옮기기 위해 도움계단을 만들어야 할 수도 있다.

지금 당신이 원하기만 하면, 도움 계단 만들기는 생각보다 쉽다. 강렬히 원한다면 방법은 반드시 찾을 수 있기 때문이다. 좋지 않은 습관, 이제 멈출 것인가? 그냥 살 것인가? 소중한 당신에게 어울리는 좋은 습관은 무엇인가.

Miracle 8 Habits

습관을 대체하라,
독이 되는 습관을
약이 되는 습관으로

01

조급함을 버리고 먼저 방향을 정하자

　지금 하는 일이 집안일이든, 공적인 일이든 속도와 방향은 일할 때 고려하는 중요한 요소들이다. 속도와 방향, 어느 것도 무시할 수 없는 것들이다. 속도만 강조한다면 일이 성급하게 마무리될 수 있고, 방향만 중시한다면 원하는 목표를 향해 가더라도 마감 시간 안에 일을 마치기 어려울 것이다. 양날의 검과 같은 속도와 방향. 2가지 가운데 무엇을 먼저 고려해야 할까?

　집에 있으면 보고 싶지 않아도 눈에 띄는 집안일들이 있다. 바닥에 떨어진 머리카락, 쌓인 설거지, 소파 위아래에 뒹구는 작은 담요와 양말들, 욕실 앞과 옷방에 벗어놓은 옷들. 내 경우에 바닥에 떨어진 머리카락은 주워서 작은 휴지통으로 사용하는 컵에 모은다. 남편은 아마도 바닥에 떨어진 머리카락이 잘 보이지 않아서 지나치거나 신경 쓰지 않다가 청소기를 가끔 돌리곤 한다. 나는 샤워하러 욕실에 들어가기 전, 빨래를 모아 욕실 앞, 빨래 바구니에 넣는다. 남편은 샤워 후 벗어둔 옷들을 빨래 바구니 뚜껑 위에 대충 걸쳐 두곤 한다.

나는 프라이팬 사용 후 페이퍼 타올로 기름을 닦고 나서, 손을 씻어야 할 때, 설거지 몇 개를 처리하기도 한다. 남편이 소파에서 TV를 보다 침실로 간 뒤 소파 정리를 할 때면 아래쪽에 뭔가 반쯤 보인다. 둘둘 말린 남편의 양말. 아~! 나는 어차피 내가 처리할 집안일이라 생각하며 뒤에 일을 남기지 않으려 노력한다. 머리카락이나 작은 휴지 같은 쓰레기는 그때그때 처리하기 어려워 탁자 위에 별로 쓰지 않는 도자기 컵을 놓아 두었다. 휴지통 전 단계의 임시 컵 휴지통인 셈이다. 작은 쓰레기들을 모아 한 번에 처리한다. 남편은 일단 빨리 해결하는 방향으로 무슨 일이든 처리하고 싶은 것 같다. 서로 성향이 다른 것이니, 이제 잔소리하기보다는 서로 다르구나 하고 이해할 때가 많다. 남편도 24년간 나와 함께 살며 매일 조금씩 더 맞춰가며 지내려 노력하는 것 같다.

우리가 일을 빨리 처리하려고 할 때, 놓치는 것은 없을까? 일의 속도만을 중시하다 보면, 어느 정도 처리는 되지만, 마무리를 잘하기는 어려운 것 같다. 내가 성급히 처리하느라 놓친 부분은 누가 마무리할까? 함께 사는 가족, 마무리가 안 된 일을 지켜보기 어려운 가족, 옆자리 동료가 나 대신 수고하게 될 것이다. 일에서 만족감을 느끼고 싶다면, 원하는 방향을 설정해보자. 무슨 일이든 빨리 마치고 쉬는 것만 중시하다 보면, 만족스러운 결과 대신 어제와 같은 오늘을 되풀이하는 것에 지나지 않을 것이다.

30대 시절부터 만나온 지인 K는, 계속되는 남편 S의 금연 관련 거짓말에 지쳤다. 그동안 K는 남편의 옷을 정리하며 주머니에서 담배 갑과 라이터가 발견될 때마다 말로는 더 이상 효과가 없다고 판단하였다. 오랜만에 만나 남편의 금연 실패에 대한 고민을 털어놓으며 속상해하는 K를 돕고 싶었다. 나는 금연에 실패한 증거물이 발견될 때마다 지인 K가 남편에게 벌금을 내도록 하는 아이디어를 제안했다. 금연 실패에 대한 벌금은 고액이었는데, 남편을 백화점에 데리고 가서 K가 목걸이 같은 사치품을 고르면 대신 결제해주는 식이었다. 남편이 자신의 소중한 용돈이 아내에게 꼭 필요해 보이지 않는 액세서리 같은 걸 사는 데 낭비되는 걸 싫어하면 금연 효과가 있을 거라 기대하는 아이디어였다. 그러나 K가 남편의 벌금으로 고가의 목걸이 몇 개를 얻었지만, 금연 효과는 없이 종료되었다. 잊을 만하면 남편의 주머니에서 다시 금연 실패의 증거물이 발견되곤 했다. 증거물이 발견된 것인지 K의 남편이 일부러 증거물을 흘려두는 것인지 의심되기도 했다.

SNS로 K와 이야기 나누던 중, K의 남편이 아직도 담배를 끊지 못하고 있음을 알게 되었다. 이번에 나는 조금 더 신중히 금연 프로젝트를 진행해볼 것을 권했다. 그동안의 오랜 습관을 벌금으로 갑자기 멈추게 하는 것은 무리임을 확인했기 때문이었다. 습관을 멈추거나 바꾸는 것이 무척 어려운 일이므로, 바꾸는 것이 아닌 대체하기의 방법을 적용해보자고 제안한 것이다. K도 20년 넘게 남편과 살면서 남편을 바꾸는 것이 거의 불가능하다고 생각하던 터라 새로운 방법에 귀 기울였다. K는 남편의 금연 프로젝트를 다시 시작해보기로 마음먹었다.

K는, 나와 의논한 대로, 남편 S에게 담배 대신 견과류를 먹는 게 어떤지 물어보았다. 남편은 "담배 끊었어!" 시큰둥하게 말했다. "견과류는 보내주면 먹지." 하며 별 관심이 없는 것처럼 대답했다. K는 남편이 금연하고 있다는 말을 믿어야 할지 의심스러웠다. 그래서 계획대로 특별한 견과를 주문했다. 중요한 견과류가 포함되는지와 신선도 체크는 기본이었다. 일단 맛이 있어야 담배를 대신할 수 있기 때문이다. 다음으로 휴대가 담배만큼이나 간편한지였다. 좀 더 저렴하다고 한 봉지에 1kg이나 들어있는 대용량 견과류를 남편 S의 사무실로 배송하면 어떨까? 과연 남편은 담배 대신 큰 봉지에 든 견과류를 들고 밖으로 나갈 수 있을까? 상상하기 어렵다. 요즘은 간편한 먹거리가 넘쳐난다.

마지막으로 한 가지 더, 포장이 매력적인지 확인하는 것이었다. 이는 담배 포장지에 애연가들의 경각심을 불러일으키는 환자의 환부가 적나라한 컬러 사진을 넣어 디자인하는 이유를 생각하면 쉽게 이해할 수 있다. 담배의 위해성을 알리는 꺼림칙한 포장 때문에 구매를 망설이는 사람들도 있기 때문이다. 몇 가지를 비교한 끝에 K는 결국, 남편이 동료들이 있는 밖으로 들고 나가도 손색이 없을 만큼 세련된 디자인으로 포장된 하루 분량의 소포장 견과를 남편 사무실로 주문해주었다.

K의 남편 S는 세련된 디자인의 하루 견과 60봉을 받고 기분이 좋았다. 멋진 포장에 한 번에 먹기 적당한 양인 데다 신선하고 맛이 있었다. 어떤 견과류에 무슨 영양이 있는지는 관심 없었다. 아내 K가 식재료의 영양에 대해 자주 말해주었지만, 자신은 별로 관심이 없었다. 맛이 있으면 되지, 몸에 좋은 음식이 무엇인지, 영양이 어떤지까지 피곤하게 알 필요가 있을까 싶었다. 남편 S는 저녁에 아내가 확인할 것을 생각하며, 책상 옆 박스에서 견과 1봉을 꺼내 주머니에 넣고 밖으로 나갔다.

아직은 겨울이라 차갑지만 입춘이 지나서인지 약간 봄이 올 것 같은 날씨에 시원한 바람을 느끼며 견과 1봉을 열어 몇 개 먹어보았다. 집에 있는 견과보다 신선하고 맛있는 것 같았다. 금세 1봉의 견과를 다 먹고는 물끄러미 봉지의 포장을 보았다. 처음 보는 농산물 브랜드였지만, 도회적인 세련된 포장이었다. 자신이 들고 다녀도 별로 나쁘지 않겠다는 생각이 들었다. 아무튼 중요한 건, 맛이 있었다는 것이다. '후후, 집사람이 괜찮은 걸 골랐군.' 생각하는데 옆자리 동료가 다가왔다. "어, 그거 뭐예요? 하루 견과?" "응, 집사람이 보냈네. 하나 먹어 봐!"

K의 이야기를 들어보니, 남편 S는 그날 이후, 입이 심심한 오후 시간에 담배 대신 하루 견과 1봉을 먹고 있다고 한다. 게다가 요즘은 견과 1봉

을 들고 밖으로 나가지 않고, 자신의 자리에 앉은 채 견과류를 먹을 때가 많다고 한다. 이렇게 K가 담배 대신 견과를 남편에게 선물함으로써 담배를 대체하여 무료함과 스트레스 해결을 도울 수 있었다. 물론 K의 남편이 완전히 금연에 성공했는지 아닌지는 그 자신만이 알 것이다. K와 나는 습관을 대체할 방법은 속도전이 아니라 방향을 제대로 설정해야 함을 알게 되었다. 아울러 기존의 습관적 행동 대신 대체물을 이용하여 상당한 시간 동안 반복하여 지속할 때 효과를 기대할 수 있다.

담배 대신 견과 이외에, 또 담배를 대신할 수 있는 것은 무엇일까? 커피도 가능하다. 나의 20대 직장인 시절, 남자 직원들의 담배 타임에 커피 한잔을 들고 나가 잡담 타임에 합류하곤 했다. 혹시 당신이 담배 대신 커피를 너무 많이 마셔 문제라면, 커피 대신 견과와 같이 새로운 습관 프로젝트를 시작할 수도 있다. 당신은 그럴 능력이 있다. 그리고 그렇게 할 것이다. 당신은 소중하니까. 이렇게 반복되는 일과의 만족감을 높이는 방향 설정에서 유의점은 무엇일까? 담배 대신 견과 프로젝트처럼, 건강한가, 매력적인가, 실천하기 쉬운가를 생각해보자. 이 3가지를 검토하며 조금 더 만족감을 주는 방향 설정을 시작해보자.

성급히 빨리 끝내기와 방향 정하기. 무엇이 우선되어야 할까? 먼저 자신이 원하는 목표로 방향을 정해야 할 것이다. 그 후, 마감 시간을 고려해 속도를 낼 때 빨리 끝내기의 의미와 역할이 있을 것이다.

물론 빨리 끝내기도 중요한 목표일 수 있다. 당신이 일을 빨리 끝낸 것만으로 만족한다면 문제는 없을 것이다. 하지만 빨리 끝내기가 만족스러워서가 아니라 그냥 그 일을 대충 끝내고 다음 일로 넘어간다면 결과는 어떨까?

만족감을 목표로 설정한 적이 없는가? 지금부터 해보자. 당신의 만족스러운 삶을 가능하게 할 사람은 바로 당신 자신이다. 자신이 더 건강하고 만족스러운 삶을 살 수 있도록 방향을 설정하라. 점점 더 괜찮아지는 나의 하루가 뿌듯함으로 빛날 것이다.

바로 집중할 수 없다면 시작 행동을 만들자

시작 행동은 당신이 하고 싶은 일로 들어가도록 이끄는 작고 사소한 움직임이라 할 수 있다. 예를 들어, 컴퓨터로 일하려면 일단, 컴퓨터 전원 버튼을 눌러야 한다는 것이다. 컴퓨터 전원만 누르고 그냥 방을 나갈 수도 있다. 컴퓨터 주변의 먼저를 닦고 깔개를 털고, 컴퓨터 옆에 놓은 작은 휴지통을 비우고도 그냥 방을 나갈 수도 있다. 머릿속에는 빨리 처리해야 하는 일들이 이것저것 떠오르고 해야 할 일이 무엇인지 안다고 생각한다. 하지만 여전히 해야 할 일의 주변을 맴돌고 있다면, 당신을 몰입과 집중의 세계로 안내할 시작 행동에 대해 살펴보자. 이 여정에서 당신의 성향에 알맞은 시작 행동을 발견할 수도 있다. 아니면, 당신만의 흥미로운 시작 행동을 만들 수도 있을 것이다.

　시작 행동으로 활용할 수 있는 것들은 할 일을 조금 해보기, 쉽고 재미있는 부팅booting 행동으로 시작한 뒤 할 일로 옮겨가기, 대체 행동 만들기를 생각해볼 수 있다. 먼저 해야 할 일을 조금만 해보는 것이 할 일에 집중하도록 도움이 될 수 있다. 할 일 중에 쉽고 만만한 부분, 재미있어 보이는 부분을 찾아 시작해보자. 예를 들어 설거지가 귀찮을 때, '다 하지 못해도 괜찮아.'라고 불편한 마음을 다독여보면 어떨까? 일단 내 마음에 드는 수세미와 세제를 골라 거품을 만들어본다. 그다음, 내가 좋아하는 예쁜 그릇 하나를 씻어보자. 그릇에 묻었던 음식물이 거품에 밀려 조금씩 하얀 민낯을 보이면 기분까지 개운해질 것이다.

　또는 아침 쉐이크용으로 자주 쓰는 컵이나 냄비 1개만, 접시가 몇 개가 쌓여 있다면 '이것만 해보자.'처럼 부담 없이 작은 것을 하나씩 해결하자. 어느덧 남은 그릇은 몇 개 없게 된다. 개수대의 바닥이 조금씩 드러나며 설거지는 드디어 만만하고 내가 할 수 있는 작은 일이 될 것이다. 이제 그 일을 끝마치는 것은 시간 문제이다. 완성의 기쁨을 위해 편안한 마음으로 설거지를 마무리하는 자신을 발견하게 될 것이다. 다른 일도 조금만 시작해보라. 피아노 레슨을 받고 있는데 반주 숙제가 있는가? 오선 음악 노트를 펴서 먼저 숙제가 무엇인지 확인해보자. 숙제를 파악했다면, 노트에 높은음자리표를 그리고 한 줄을 네 마디씩 나눠 곡의 전체 마디를 준비해보자. 각각의 마디에 노래의 악보와 그에 맞는 반주를 하나씩 그려본다. 한 마디씩 반주를 그릴 때마다 점점 '별 것 아니군, 이렇게 하면 되겠군!' 하는 생각으로 숙제가 만만하고 작은 일로 보일 것이다.

덤으로 설거지를 위한 시작 행동을 쉽게 만드는 환경을 자기 스타일에 맞게 설정해두면 도움이 될 것이다. 설거지가 생길 때마다 흐르는 물에 몇 번 헹궈두고 음식물 쓰레기만 분리해 두어도 큰일은 해결된 느낌이 든다. 지저분함이 덜하여 설거지를 바라보는 괴로움이 줄어든다. 다음엔 단계적으로 접근하면 된다. 쌓여 있는 설거지 중에 내가 좋아하는 접시 한 개만 골라 씻어보는 것이다. 내 오랜 친구는 설거지가 생길 때마다 헹구어 식기 세척기에 잘 쌓아둔다. 식기 세척기에 식기가 가득 찼을 때 불림 기능을 선택해 한 번에 처리하는 것이다. 식기 세척기에 바로 헹궈 쌓을 수 있는 사람은 좀 더 부지런한 것 같다. 왜냐하면 식기 세척기에 이전에 씻어둔 식기를 모두 정리한 다음에 씻을 식기를 넣을 수 있기 때문이다.

설거지가 생길 때마다 바로 처리하거나 식기 세척기가 설거지를 완료했을 때 즉시 조금 남은 수분을 닦아 수납장에 정리하는 습관을 이미 가지고 있다면 시작 행동이 필요 없을지도 모른다. 그렇지 않다면 시작 행동은 당신이 해야 할 일에 집중하고 결국 마칠 수 있도록 도와줄 것이다.

두 번째로, 쉽고 재미있는 부팅booting 행동으로 시작한 뒤 할 일로 옮겨갈 수 있다. 부팅은 사전적 의미로 컴퓨터가 켜지기까지 일정한 스텝의 반복 과정이 필요한데, 이것은 서부 영화 등에서 카우보이들이 말을 타면서 가죽 장화 발로 말을 차서 달리게 하는 데 비유하면서 생겨난 말이다. 일을 시작할 때의 부팅 행동으로, 동기 유발을 돕는 책 한 페이지를 읽거나 좋아하는 시 한 편을 읽고 할 일을 시작할 수 있다. 감사일지를 쓰고 일을 시작한다면 이미 내가 가진 것에 감사하며 할 일에 겸손하게 접근할 수 있다. 또 다른 부팅 행동으로 적절히 긴장감을 주는 옷 입고 일하기, 스마트폰 무음으로 설정하기가 있다.

많은 국민들에게 민주화 운동의 산증인으로 존경받았던 전직 대통령 중 한 분은 집 안에만 머물러야 하는 가택연금[7] 처분을 수없이 많이 받았다. 요즘 코로나19 감염 예방을 위해 전 국민이 가능하면 집에 머무를 것을 권고받는 시점이라 가택연금 상황을 이해하기 어렵지 않다. 집 안에만 머무를 때, 어떤 면에서는 좋을 것 같지만 실제 여러 가지 어려움이 있을 수 있다. 가택연금 처분을 받은 전직 대통령은 개의치 않고 매일 아침 안방에서 서재로 정장을 입고 출근했다고 한다. 그 이야기를 들은 후, 나도 해야 할 일을 하기 싫을 땐 외출복을 단정히 입고 앉아 일할 때가 종종 있다. 편안히 몸이 늘어지고 무언가 하지 않아도 아무도 뭐라고 하지 않을 때, 뭔가 꼭 해야 할 일이 있지만 하고 싶지 않을 때, 쉬고 싶다는 충동이 일어날 때 집에서 외출복 입고 지내기는 생각보다 효과가 있다.

음악을 좋아한다면 인터넷 공유 사이트에서 당신의 기분을 편안하고 차분하게 하여 집중을 돕는 일명 백색소음 같은 음악을 골라 듣는 방법도 있다. 요즘은 AI 스피커에게 좋아하는 음악을 직접 주문하여 들을 수도 있다. 음악 듣기는 여러 가지 할 일에 시작 행동으로 유용하다. 차분히 집중해야 하는 일에는 백색소음을, 매일 밤 취침이 쉽지 않다면 몸과 마음이 편안히 이완되도록 돕는 음악을, 기분 좋은 기상 습관을 만들고 싶을 땐 상쾌한 음악을 들으며 하루를 시작할 수 있다. 내 경우에, 신경 쓰는 일이 있거나 별 이유 없이 잠이 오지 않을 때도 음악을 활용한다. AI 스피커에게 "클**, 클래식 자장가 틀어줘!" 하면 브람스의 자장가부터 작은 별 동요까지 조금씩 맛보기로 주문한 음악을 들려준다. 편안하고 서정적인 음악 덕분에 나도, 300마리의 물고기 구피들도 낮 동안의 긴장을 풀고 꿈나라로 들어가기 쉬워진다.

음악은 하루를 기분 좋게 시작하기 위해 많은 사람이 선택하는 전략이기도 하다. 날씨와 상관없이 곤한 아침잠을 깨워 일어나는 일은 쉽지 않다. 이럴 때 내가 좋아하는 상쾌한 또는 편안한 클래식 같은 음악은 기상의 부담을 기분 좋은 일로 변화시켜주는 것 같다. 인터넷 사이트의 상쾌한 클래식을 작게 틀어두었더니, 나와 남편 모두 음악이 재생된 지 얼마 지나지 않아서 조용히 일어나 출근 준비를 할 수 있었다. 속옷 차림으로 거실을 오가며 출근 준비하는 남편과 눈을 맞추고는 일어나느라 수고했다고 말하듯 포옹해주기도 한다. 음악의 힘 덕분이다.

세 번째로, 할 일에 집중하기 어렵다면, 그동안 해오던 행동을 대체할 새로운 행동을 만들어보자. 일하는 자세를 바꾸어보면 어떨까? 예를 들어, 컴퓨터 앞에 앉고 싶지 않다면 서서 타이핑하며 일하기, 서서 빨래 개기를 하다가 어깨와 팔다리가 피곤해지면 원래대로 앉아서 일하면 될 것이다. 이와 관련한 환경적 지원으로는 노트북 화면이 낮아서 구부정한 자세로 오래 집중하지 못하고 피곤이 누적된다면 도구를 사용해보자. 노트북 높낮이 조절이 가능한 거치대를 사용하면 내 눈높이에 맞출 수 있다. 등과 어깨, 팔도 편안하게 도와 한결 할 일에 집중할 수 있다.

가족과 식사할 때도 생각해볼 수 있다. 가족과 식사하며 즐거운 대화에 집중하기 어렵다면 장소를 바꾸어볼 수 있다. 예를 들어, TV 앞 테이블에서 식사하며 불편한 대화가 오간다면 식사 장소를 옮겨보자. 내 경우, TV 앞 낮은 테이블에서 남편과 저녁 식사할 때면 TV를 좋아하는 남편 때문인지 불편한 감정이 올라와 언성을 높이게 되었다. 그동안 섭섭했던 이야기를 늘어놓으며 나와 남편 둘 다 힘들게 하였다. 이유가 무엇이든 열심히 준비한 식사 자리는 식욕도 사라지고 불편한 감정만 남았다. 저녁엔 자연스럽게 감정적으로 되어서인지 불편한 감정의 불은 쉽사리 꺼지지 않았고, 뜬 눈으로 잠도 이루지 못했다. 이런 일이 몇 번 반복된 후 변화가 필요함을 느꼈다. 식사 장소를 바꾸자고 제안했다. 남편도 동의했다. TV 앞이 아닌 주황색 조명등이 있는 식탁에서 말이다. 이후 남편과 식탁에서 함께 한 저녁 식사의 99%는 편안하고 즐거운 대화로 채울 수 있었다.

해야 할 일이지만 바로 집중할 수 없다면 시작 행동을 만들어라. 할 일을 완료하기란 만만치 않다. 완벽한 결과를 기대하지 않더라도 말이다. 1차 완료의 언덕으로 가는 길에 계단을 만들어보자. 그 계단은 내가 어렵지 않게 발을 디딜 수 있을 만큼의 높이여야 할 것이다. 강인한 의지와 목표의식이 투철한 사람들의 실천 방법은 나에게 의미가 없다. 내 몸을 움직여 집중 습관으로 익숙해지게 실천할 수 없다면 그림의 떡에 불과할 것이다.

 이제 유명한 성공자나 부자의 습관 흉내 내기를 멈추자. 나의 현실에서 실천 가능한 소소한 시작 행동이 내 몸에 집중 습관으로 흡수되도록 해야 할 것이다. 내 일에 집중하도록 돕는 나만의 부팅 행동은 무엇인가.

03

일에서 도망치고 싶다면 일하는 이유를 찾아라

"성공한 사람은 실패한 사람이 좋아하지 않는 일을 하는 습관이 있는 사람이다."
– 토마스 에디슨

누구나 하기 싫은 일이 있을 것이다. 그럴 때 당신은 무엇을 어떻게 하는가? 목사는 교회에 가기 싫고, 교사는 학교에 가기 싫다는 말을 들은 적이 있다. 일단 웃음이 나온다. 하지만 그저 웃어넘기기에는 남 이야기가 아니어서 잠시 웃다가 멈출 수밖에 없다. 왜일까? 나와 당신이 무슨 일을 하든 상관없이 공감되는 이야기일 것이기 때문이다. 지금 당신은 어떤 일에서 도망치고 싶은가? 일을 떠나 조금 더 포괄적으로 생각해보자. 우리는 언제 내가 있는 곳에서 도망치고 싶었던가.

나는 타고난 허약체질 때문인지 유난히 악몽에 시달릴 때가 많았다.

고등학교 3학년 때인가, 한번은 너무 무서운 꿈을 꾸고 일어나 생생한 느낌을 다이어리 수첩에 적어 친구들에게 보여주었다. 친구들은 몰려들어 나의 악몽 이야기를 읽고는 "야~ 이거 책으로 나오면 사람들이 정말 무서워하겠다!" 하던 기억이 아직도 남아 있다. 그 후로도 나이 오십이 넘은 지금까지 주제만 달라졌을 뿐, 악몽은 나에게 가깝고도 멀리하고픈 존재이다. 달라진 것이 있다면, 오십에 가까워진 지금은 내가 악몽에서 벗어나는 전략을 아래와 같이 한두 가지 터득했다는 것이다.

 • 꿈에 무서운 귀신이 나타났을 때: 직접 물리치기

무섭더라도 귀신을 똑바로 바라보며 오른손을 모아 얼굴 앞으로 들어 올린다.

"(십자가 모양으로 세로와 가로 선을 이어서 그으며) 성부와 성자와 성령의 이름으로~"

"(강하게 찌를 듯 손을 앞으로 내밀며 큰 소리로) 물러나! 꺼져, 당장!"

 • 꿈에서 귀신이 쫓아오거나, 꿈에 강도가 집에 들어왔을 때: 빠져나오기

"이건, 꿈이야! 여기서 벗어날 수 있어. 나가면 돼, 나가자!"

악몽은 자신만의 방법으로 벗어나면 될 일이다. 요즘은 조금 돈독해진 신앙 덕분에 귀신보다 강력한 존재가 내 안에 있어서인지 귀신을 만나기 힘들다. 별로 만나고 싶지도 않다. 그렇다면 일은 악몽과 같은 것인가?

내가 악몽을 꾸었던 것은 내 의지와 상관없는 일이었다. 당신이 일에서 도망치고 싶다면 생각해보라. 그 일이 당신의 의지와 상관없이 어쩔 수 없이 하게 된 것인지를. 아마도 그럴 것이다. 당신의 자유의지로 선택한 일이라면 어떤 최악의 상황을 갑자기 맞닥뜨리게 된다 해도 굳이 도망치고 싶지는 않을 것이다. 왜냐하면 그것은 처음에 당신의 자발적인 선택이었기 때문이다. 불가피한 선택이었다 해도 당신은 최선이거나 차선책으로 그 일을 선택했을 것이다.

내가 선택한 일이지만 갑자기 도망치고 싶은 상황을 만난다면? 그냥 도망칠 것인가? 어떻게 할 것인가? 당신은 어떤 경험이 있는가? 도망치고 싶은 정도는 아니지만, 소위 '멘붕' 상태로 멍하니 아무 생각도 할 수 없었던 경험이 있는가? 누구나 정도의 차이는 있겠지만, 별 뾰족한 대책이 떠오르지 않았던 적이 있을 것이다. 내가 할 수 있는 것들을 해왔을 뿐인데, 더 이상 어쩌라고? 이런 생각만 맴돌며 머릿속이 하얗게 멈춘 듯하고 특별히 할 말도 생각나지 않을 때 말이다. 그때 갑자기 지금 상황에서 사라지고 싶은 생각이 잠깐 들 수도 있다. 그냥 도망쳐 나온다면 상황이 빨리 종료될지도 모른다. 하지만 도망치기와 같이 할 일을 회피한 뒤에 오는 결과도 결국 내가 책임져야 함을 이미 경험해보지 않았는가.

만약, 뭔가로 한 대 얻어맞은 듯한 문제 상황에서 바로 도망쳐 나오지 않으려면 어떻게 할까? 정서적 폭력과 같은 학대의 상황이 아니라면, 문제 상황에서 도망치지 않을 수 있는 전략을 찾아보자.

- 매우 당황스럽지만 도망쳐 나오지 않고 일단 생각과 행동을 멈추기
- 도망치고 싶지만, 그럼에도 그 일을 계속해야 할 분명한 이유 찾기

　위 2가지를 생각하고 행동한다면, 당황스럽고 힘겨운 상황에서 무너지거나 도망치지 않고 해결책을 찾을 수 있을 것이다. 괜히 불편해 멀미가 날 것 같고, 도망치고 싶은 일은 내가 싫어하는 일인가? 내가 과거에 너무나 하고 싶었던 일이었을지 모른다. 과거의 내가 지금의 나를 본다면 무척 부러워했을 것이다. 책 쓰고 강의하는 프리랜서인 나. 20대 시절, 직장인으로 매주 평균 6일을 근무했던 나. 아! 얼마나 프리랜서 전문가가 되고 싶었던가? 꽃이 흐드러지게 피었던 아름다운 봄날, 아침부터 후텁지근한 폭염에 정신없이 출근하느라 무엇을 입었는지 오후에야 알아차릴 수 있었던 여름날, 노랗게 빨갛게 단풍이 물들고 드높은 푸른 하늘이 상쾌했던 가을날, 눈이 내려 얼어붙은 차 유리의 얼음을 바쁘게 긁어내던 겨울 아침, 난 프리랜서가 되고 싶다, 다짐했다. 과거의 내가, 지금의 나를 본다면 힘찬 박수와 함께 '좋아요'를 누르며 말할 것이다. "와~ 대단한걸! 부럽다~" 지금 이 일을 할 수 있음에 감사할 뿐이다.
　과연 감사하기가 도망치고 싶은 상황에 해결책이 될까, 의심이 들 수도 있다. 이성적으로는 앞의 2가지 전략을 검토하고, 정서적 태도로는 감사하기를 시도해보자. 살다 보면, 내 의지로 되지 않는 일도 있다. 이성적으로 검토해보아도 나는 잘못이 없다, 생각되거든 일에서 도망치기 전에 한 번만 해보자. 방법이 없다면 시도해볼 만하지 않은가. 초심으로 돌아가 나를 채용한 분들, 나에게 일을 추천한 분들, 나에게 일을 맡긴다

고 결정한 분들, 일의 과정에 함께하는 사람들, 일을 지원하는 사람들, 내 일이 잘 진행되고 잘 지내기를 바라는 가족들, 내 잔소리를 참아주고 온갖 집안일을 감당하며 군소리 한마디 하지 않는 남편, 365일 한결같이 꼬리치며 나를 반기는 300마리 물고기 구피들, 뜨거운 폭염 뙤약볕과 영하를 넘나드는 강추위에도 살아남은 베란다 선반의 아이비들. 감사할 일은 끝이 없다. 생각해보면 지금의 일도 내가 혼자 해낸 것 같겠지만, 주변의 많은 도움과 지원 덕분에 가능한 것들이 많다. 초심으로 주변을 돌아보며 지금 내가 도망치고 싶은 일이 과연 도망칠 일인지 생각해볼 일이다.

습관에 관한 책을 쓰면서, 독자들이 자신의 삶에 동력이 될 좋은 습관을 얻을 수 있도록 돕고 싶었다. 그러나 책을 쓰면 쓸수록 독자들의 습관 관리를 돕는다기보다는 내가 오히려 책의 도움을 받고 있음을 느꼈다. 봉사하러 갔다가 내가 더 큰 위로와 힘을 얻고 돌아오는 느낌이랄까. 그래서 책을 쓰면서 책의 목차별 주제에 맞춰 나 자신의 이런저런 삶의 여정이 정리되는 느낌이 들었다. 하지만 책 쓰기도 목차에 따라 유사한 내용이 겹치지 않게 고심하고 노력해야 한다. 목차 관련 내용이 어렵게 느껴지거나 아이디어와 경험이 떠오르지 않을 때도 있다. 나의 후반부 삶에서 책 쓰기가 얼마나 중요하고, 습관이라는 주제가 나와 독자들의 삶에서 핵심 요소가 됨을 잘 알고 있다고 생각했다. 그러나 아는 것과 행하는 것의 속도가 일치하기란 매우 어려운 것 같다.

솔직히 말하자면, 책을 쓰면 쓸수록 느끼는 것은 박사 논문 쓸 때의 과정과 비슷한 것 같다. 책의 목차에 따라 한 꼭지, 두 꼭지 원고를 채워가면서 나의 마음은 충만해지기보다는 비워져가는 느낌이다. 정신없이 달려온 50여 년의 삶에 붙은 습관들이 가지런히 정돈되면서 여백과 공간이 생겨난 것이다. 그래서 차분해져 좋은데 한편으론 박사 논문 쓸 때처럼 점차 나의 바닥이 드러나는 느낌도 어쩔 수 없다. 원고 진행이 지지부진하면서 국민작가, 조정래가 말한 '글 감옥'[3]이 무엇인지 어렴풋이 짐작할 수 있게 되었다. 조정래 작가는 『태백산맥』에서 『풀꽃도 꽃이다』에 이르기까지 동시대의 작가정신을 대변하는 작가로 잘 알려져 있다. 주업인 강의에 집중해야 하는 상황이 계속되었다. 책 원고를 쓰는 일은 도망칠 수도, 그만둘 수도 없는 그야말로 감옥 같은 굴레를 스스로 만든 것 같았다. 하지만 나는 안다. 책 쓰기가 나에게 추가적인 부업이 아니라, 내 삶과 독자의 삶에서 습관이라는 중요한 키워드를 이야기로 풀어내는 소중한 작업임을. 박사논문을 쓸 때도, 다른 연구와 유사율이 매우 낮은 질적 연구논문을 쓸 때도, 대학 강의 교재를 공동 집필할 때도 그랬다. 실천 과정의 어려움을 직접 체험하게 되면 같은 일을 이미 해낸 사람들을 존경하게 되는 것 같다. 강의교재와 일반인을 위한 책 쓰기는 다르다. 나는 지금 글 감옥에 있지만, 조정래 작가의 말처럼 그야말로 '황홀한 글 감옥'에 있음에 감사한다. '아, 나는 이런 사람이구나!' 하고 새삼스럽게 나를 돌아보게 하는 습관책의 저자가 되어 감사하다.

지금 해야 하는 일에서 도망치고 싶은가? 그렇다면 그 일을 왜 계속해야 하는지 이유를 찾아보자. 당황스럽지만 도망쳐 나오지 않고 일단 생각과 행동을 멈추기, 도망쳐 나오지 않고 그 일을 계속해야 할 분명한 이유 찾기. 이렇게 해보았지만, 여전히 해야 일에서 도망치고 싶다면, 지금 나를 힘들게 하는 일과 관련하여 오히려 감사할 거리를 찾아보는 건 어떨까. 생각보다 나 자신과 내 주변에 끝없이 감사할 것들이 이미 공존하고 있었음을 알아차리고 겸손해지는 나를 발견하게 될 것이다.

당장 도망치고 싶은 일에서 그 일을 하는 이유나 감사할 거리를 찾을 수 없다면, 다른 선택을 할 수도 있다. 그러나 다른 길에는 또 다른 문제가 숨어 있다가 당신이 다시 도망치기를 기다리고 있을지도 모를 일이다. 오늘도 선택은 당신 손에 달렸다.

04

할 일을 미룬다면 목표를 확인하라

"꿈은 단지 꿈일 뿐이다. 목표란 계획과 마감 시한을 가진 꿈이다."
― 하비 맥케이

무언가 미루는 습관만은 기르지 마라, SBS 〈영재발굴단〉과 EBS 〈60분 부모〉 자문 교수를 역임한 가톨릭의대 소아청소년과 김영훈 교수는 미루지 않는 성실한 습관의 중요성을 강조했다. 아울러 국내 최고 명문인 S대 학생들을 대상으로 한 설문 결과를 인용해 월등한 지능보다 성실한 생활 습관이 중요함을 확인했다. 사람들이 이루고자 하는 꿈과 함께, 건강한 사회 유지도 성실한 생활 습관을 가진 사람들을 통해 가능한 것이다.[9]

매일의 일상에서 누구나 해야 할 일을 미루어본 다양한 경험이 있을 것이다. 여러 가지 이유로 지금 해야 할 일을 미루고 있겠지만, 뒤에 따라오는 결과도 내가 결국 감당할 것을 생각해보면 그저 미루고만 있을 수는 없는 일이다.

미룸이 결코 해결책일 수 없다는 것을 수많은 경험을 통해 알지만, 할 일에 바로 집중하기 어려운 이유는 무엇일까? 사람마다 다른 이유가 있을 수 있겠지만, 대개는 두려움과 관련될 것이다. 그와 비슷한 일을 완료하기까지 오랜 시간 힘들었던 기억, 잘할 수 있을까 하는 자기 의심처럼 여러 가지 이유로 지금 당장은 하기 싫다는 막연한 거부감을 느끼게 된다. 미뤄둔 일로 바로 들어가는 방법은 무엇일까? 명상 등 여러 가지 방법으로 일을 시작할 수도 있지만, 우리가 일로 인해 느끼게 될 감정을 예상해보자. 미루고 싶었던 그 일을 완료했을 때의 기쁨과 성취감, 반대로 일을 미루었을 때 느끼게 될 불안과 두려움, 압박감을 상상해보자.

당신은 일과 관련하여 어떤 감정을 느끼고 싶은가? 당연히 긍정적인 감정을 느끼고 싶은 것이다. 일을 미루지 않고 일과 관련한 목표를 이루었을 때의 기분을 오감으로 상상해보라. 오감을 사용한다는 건 잘 기억하기 위한 전략이다. 오감을 활용하여 상상해보았다면, 목표를 기록하여 확인하라. 내가 지금 해야 하는 일을 스마트폰 일정표에 기록해두었지만 당장 시작하지 못하고 미루게 된다면 목표를 추가로 기록해보자. 일의 제목과 목표를 일정표에 함께 기록하는 것은 단순한 할 일의 나열이 아니다. 나 자신에게 그 일을 해냈을 때의 보상을 가시적으로 알려주어 일을 시작하고 싶게 만드는 힘이 된다.

무의식적인 행동을 포함하여 어떤 행동이든 목표가 있다. 해야 할 일에도 목표가 있다면 행동하기 쉬워진다. 따라서 지금 미뤄두고 있는 일이 있다면, 실행력을 높이기 위해 목표를 설정해보자. 목표는, 일의 종류에 따라 다를 것이다. 급여와 경력을 얻게 되는 일과 그렇지 않은 일은 각각의 목표도 다를 수밖에 없다. 급여와 경력을 얻게 되는 일이라 해도 돈과 경력을 바라보며 일하는 사람과 그것을 넘어서 더 큰 목표가 있는 사람의 행동력은 다를 것이다. 돈과 경력을 넘어 더 큰 목표는 무엇일까? 일과 관련하여 만나는 사람들에 대한 기여와 보람, 만족감 같은 것은 분명 돈과 경력을 넘어선 더 크고 심리적인 목표라 할 수 있다. 일의 대가를 돈이나 화려한 경력만으로 생각하며 달리고 달리다 보면 내가 무엇을 위해 이토록 달리고 있는지 혼란스러울 때가 올 수 있다. 당신이 돈 버는 기계가 아니라면 말이다.

어떤 목표든지 각자 삶에 맞추어 설정하면 될 것이다. 지금 할 일을 미루고 있다면 그 목표를 확인해보자. 목표는 거창하지 않게 작고 만만하게 설정하는 게 좋다. 그렇지 않아도 두려움에 위축되어 있는데 거창한 목표는 나를 더 작게 느끼도록 만들 수 있다. 꿈은 원대하게 목표는 소박하게 정하는 것이 어떨까? 소박한 목표를 하나씩 이루어가는 것은 내 자신감의 근거를 하나씩 저축하는 것과 같다. 자신감을 조금씩 쌓다 보면 마음이 튼튼해진 나를 만나게 될 것이다. 할 일을 미루며 불안과 싸우던 과거의 나와 작별할 날이 오고야 말 것이다. 목표의 사전적 의미는 행동을 취하여 이루려는 최후의 대상이다. 따라서 목표는 행동을 통해 기대하는 최후의 보상이라 할 수 있다. 만약 당신이 최후의 보상인 목표를 향해 행동하는 동력을 내 안팎의 보상에서 찾고자 한다면, 자신을 움직이게 하는 것이 무엇인지 알아야 할 것이다.

왜냐하면, 돈과 선물 같은 물질적 보상에 움직이는 사람도 있지만, 그 만족감은 한계가 있다. 아울러 물질적 보상은 늘 자신이 기대하는 것보다 적은 것이 보통이다. 여행과 같은 놀이 체험을 좋아하는 사람도 있을 것이다. 일과 관련한 가장 큰 보상은 역시 일 자체가 주는 즐거움과 보람이라고 말하는 사람도 있다. 이런 사람은 할 일을 미루지 않을 것이고 나름의 전략도 있을 것이므로 예외이다. 내게 일을 미루지 않은 데 대한 보상을 주면서 목표하는 일을 조금씩 해보자. 조금씩 완성되어가는 일을 보며 일하는 보람이 곧 보상 자체인 날이 올 것이다.

요즘 반려동물과 함께 사는 반려인구가 5명당 1명 정도라고 한다. 나도 반려 물고기 구피들과 함께 산 지 5년째 접어들고 있다. 우리 집 거실에 사는 300마리 내외의 물고기 구피들의 집을 주기적으로 청소해주는 일은 나의 몫이다. 이 귀여운 가족 구피들에게 먹이를 주고 함께 춤을 추고 인사를 나누는 것은 즐거운 일과이다. 그러나 구피집을 청소하는 것은 우리 집 청소와 마찬가지로 일이다. 구피들의 수조를 수시로 관리하는 것 이외에 한 달에 한 번 수조 물갈이와 함께 약간의 청소를 한다. 친정 엄마처럼 주 1회 수조 청소를 하는 것도 아닌데, 한 달에 한 번 청소하는 날이 자주 돌아오는 것 같은 느낌이다. 내가 물고기 구피들의 집, 수조 청소를 필요하지만 미루게 되는 이유는 무엇일까?

청소의 필요성은 알지만 귀차니즘이 발동하는 것이다. 한 달은 금방 돌아오고, 청소를 해주어야 할 즈음엔 몸이 더 피곤하게 느껴진다. 물고기 구피네 집을 청소하기 귀찮아지면 내가 청소해주어야 하는 이유를 생각한다. 당장은 피곤하고 할 일도 많아 귀찮지만, 나와 함께 살아가는 작은 생명들이 잘 지내도록 돌보고 있다는 보람과 뿌듯함. 이것이 수조 청소의 이유이자 목표인 것이다. 아울러 더 큰 일 예방하려는 목표도 있다. 작은 물고기 구피들이 하나둘 아프기 시작하면 작은 수조에 분리하여 병실을 운영한다. 병실로 분리한 1~2마리의 구피들은 다른 구피들과 다르게 조금 특별한 돌봄이 필요하다. 따라서 특별한 돌봄에 들이는 정성과 시간을 절약하기 위해 구피들의 건강 유지를 위해 청소를 규칙적으로 하는 편을 선택한 것이다. 우리를 포함하여 살아 있는 생명체라면 누구에게나 안전하고 위생적인 환경에서 먹고 자고 생활하는 것이 건강한 생명 유지를 위한 필수 요소이기 때문이다.

주기적으로 반복하는 일 중에 미루게 되는 일로 상담 기록지 작성이 있다. 상담 후, 바로 작성하면 될 일이지만, 상담 사례가 있을 때만 센터에서 일하므로 바로 귀가한다. 몇 년 전까지만 해도 난 상담 기록지 작성을 매우 부담스럽게 생각하였다. 기록지 서류를 꼭 정리해야 하는 시기가 되기 전에는 그냥 노트에 기록한 상태로 분석하여 상담에 임하곤 했다. 하지만 막상 회기별 상담 기록지를 정리하고 내담 아동과 부모의 변화를 분석하여 완성된 기록지를 출력해보면 기록지 작성의 이유를 분명히 알 수 있었다. 상담 기록지 작성의 이유는 알겠으나, 상담 후 숙제처럼 느껴지는 기록지 작성 방법에는 변화가 필요했다. 목표는 상담 후 기록지가 숙제처럼 밀리지 않게 하여 스트레스 없이 편안하게 지내고 싶다는 것이었다. 아동이나 부모에게 모니터 벽이 주는 단절감을 주고 싶지는 않았다. 게다가 나에게 노트 메모가 더 편하게 느껴져 이중으로 기록을 처리하는 불편을 감수하기로 했다.

일단 상담 후, 30분간 전철을 타고 귀가하는 동안 스마트폰 메모장을 열어 그날 상담의 요점을 메모한다. 메모한 내용은 놀이감 사진과 함께 즉시 내 이메일로 전송하여 저장해둔다. 우리 집이 있는 전철역 게이트를 나오기 전에 상담 회기 기록지에 정리할 내용과 사진 자료가 저장된다. 따라서 월말에 센터로 기록지를 제출할 때, 미리 정리하여 저장한 자료를 조금만 편집하고 아동의 상담 회기별 변화를 분석하면 된다. 매월 말에 반복적으로 하는 일의 부담이 훨씬 적어졌다. 메모의 힘을 새삼 느끼는 순간이었다. 상담 기록지를 한꺼번에 몰아서 정리하기를 반복하다가 기록지 작성의 이유와 제때 정리하는 행동의 목표를 인식한 날부터 달라졌다. 귀갓길, 전철에 앉아 상담에 몰입하느라 소진된 에너지를 졸음으로 충전하던 모습에서 스마트폰 메모장에 조금씩 상담 내용을 기록하기 시작한 것이다. 사실 기록을 시작하는 일이 어렵지, 시작하면 스마트폰을 들고 있는 손목과 팔이 뻐근해지는 것도 모른 채 계속 기록하게 된다. 결국, 상담 후 귀갓길에서 전철에 자리를 잡으면 바로 스마트폰 메모장을 켜고 그날의 상담 내용을 기록하고 분석하는 것이 당연한 일상이 되었다. 그때그때 바로 상담 기록지의 주요 내용을 메모하다 보니, 월말에 당월의 상담 기록지를 모아 센터로 제출할 때 훨씬 수월해졌다.

지금 할 일을 미루고 있다면, 쉽게 결과를 볼 수 있는 작고 구체적인 목표를 정해보자. 목표를 확인하고 행동할 수 있도록 조정하자. 나와 가족의 일상적인 안전과 위생 관리부터 반복적인 업무에 이르기까지 미루고 싶은 일에 목표를 정해보는 것이다. 목표는 원대하고 추상적인 것보다 작고 구체적일수록 좋다. 왜냐하면, 구체적인 목표는 행동하게 하는 힘이 있기 때문이다.

예를 들어 그릇 3개 씻기나 서랍 한 칸만 정리하기처럼 일의 한계가 분명하고 결과를 쉽게 얻을 수 있는 목표로 말이다. 짧은 시간에 조금씩 깨끗해지는 주방과 서랍 덕분에 보람과 자신감을 느낄 수 있다. 내 안에 자신감의 근거를 하나씩 저축해보자. 할 일이 부담스러워 미루거나 두려움 때문에 다른 일로 회피하지 않는 멋진 나를 만나게 될 것이다.

05

실천력이 약하다면 핵심 습관을 만들자

  이런저런 해야 할 일이 있지만 하지 않고 있는 경우는 하루에도 수없이 많이 있다. 할 일을 하지 않고 있으면 어떤가? 마음이 불편하고 머리는 복잡하다. 마음이 불편할 땐 맛있는 음식도 무슨 맛인지 알기 어렵고 체할 때도 있다. '그냥 할 일이 있으면 하면 되지.' 생각하는 사람도 있을 것이다. 그게 마음대로 된다면 살면서 무슨 걱정이 있겠는가? 대체로 우리가 하는 걱정 중에 96%는 걱정해봐야 해결에 도움이 안 되는 일이라고 한다. 그렇다면 매일 머리에 맴도는 해야 할 일들은 어떻게 처리하면 좋을까?

매일 자신의 실천력 부족을 탓하고 있는가? 우리의 에너지는 한계가 있다. 따라서 실천의 결과를 평가하고 더 나은 실천력을 다짐하고 훈련하는 것은 쉽지 않은 일이다. 습관 만들기가 답이다. 자동으로 내가 원하는 행동으로 옮겨갈 수 있도록 핵심 습관을 직접 만들어라. 핵심 습관은 당신이 이루고 싶은 목표로 접근하고 목표를 이룰 수 있도록 행동하게할 것이다. 따라서 핵심 습관은 원하는 일의 일부를 부담 없이 해보도록 이끄는 작은 행동이라고 할 수 있다. 나의 실천력을 키워줄 나에게 잘 맞는 핵심 습관을 찾아보자.

첫 번째 핵심 습관은 메모하기이다. 메모는 일의 사전 준비 작업이며 할 일을 시작하거나 완료할 확률을 높여준다. 메모는 곧 실천이다. '쓰면 이루어진다'는 말이 있지 않은가. 무엇을 하고 싶다면 잘 보이는 곳에 써서 붙여보라. 메모는 그 자체로 실천으로 가는 지렛대가 되어주며, 잘 보이는 곳에 붙여두는 시각화는 내 실천력에 에너지를 불어넣어준다. 내가 이 책을 계획할 때부터 시작한 홈트레이닝, 스쿼트를 9개월째 계속하고 있다. 일일 스쿼트 회수는 최고 340회로부터 한 번도 하지 못한 날까지 다양하다. 하지만 아직도 멈추지 않고 지속하는 나만의 코어 근육 운동이 되고 있다. 비결은 메모다. 내가 홈트레이닝, 스쿼트를 시작한 날부터 9개월간 계속해서 스쿼트 운동을 하고 운동 즉시 횟수를 메모하여 눈에 잘 띄는 화장대 위 같은 곳에 붙여두고 있다. 메모의 시각화에 추가한 한 가지 요소는 운동 횟수를 쓴 다음에 표기하는 +기호이다. 예를 들어 스쿼트를 1세트 하고 나서 '25+'라고 메모지에 적는다. 내가 지금 하는 스쿼트 횟수는 종결형이 아니라 현재 진행형임을 알리는 무언의 메시지인 것이다. 이것이 나에게 압박을 준 적은 없다. 오히려 내가 계속 운동을 하도록 이끄는 강력한 동력이 된다. 자발적인 운동 실적 시각화를 위해 횟수 메모하기와 +기호 붙이기는 잠자리에 들기 전, 하루 동안의 운동 횟수 합산 결과를 추가로 메모할 때 최고의 충만감을 느끼게 한다.

오늘부터 당신이 원하는 행동을 했을 때 즉시 메모하여 잘 보이는 곳에 붙여보라. 메모하지 않고 잠시 뿌듯한 기분을 느끼고 잊어버리는 것보다 훨씬 오랫동안 좋은 기분을 유지하고 다시 원하는 행동을 실천할 확률이 높아진다. 잘 보이는 위치에 붙여둔 당신의 좋은 행동에 대한 기록은 다시 한 번 괜찮은 기분을 느끼고 싶은 욕구를 자극할 것이다. 당신은 몸을 일으켜 그 행동을 실천에 옮길 것이고, 당신이 추가로 해낸 것을 이전 기록에 추가하여 붙여둔다면 뿌듯하고 괜찮은 기분은 계속 유지될 것이다. 어떤가? 계속 운동해야 한다고 부담만 느낄 것인가? 운동하고 있는 괜찮은 당신이 될 것인가? 메모하기는 당신의 실천력을 점프하게 할 지렛대임을 기억하자. 메모의 힘에 관한 구체적인 사례는 4장. 기적의 습관 07과 08에서도 참조할 수 있다.

두 번째 핵심 습관은 한 번에 한 가지만 하기이다. 한 번에 여러 가지를 동시에 처리할 수 있는 사람은 없을 것이다. 주변에서 멀티플레이어형 사람들을 볼 수 있다. 그들의 일 처리를 관심 있게 관찰해보면 여러 가지를 한 번에 처리하려다 마무리가 잘 안 되는 것을 쉽게 발견할 수 있다. 일을 처리할 때는, 결과도 문제없게 어느 정도 만족스럽게 나와야 할 것이다. 이를 위해서 한 번에 한 가지 일 처리하기가 필요하다. 한 가지 일을 한다면 여러 가지 일을 시도하는 것보다 더 잘 집중하게 될 것이다. 먼저 할 일들을 나열해보고 하나씩 해결하면 될 것이다. 무엇을 먼저 할 것인가는, 자신이 선택할 수 있다. 쉽고 만만한 것 또는 중요한 것, 어느 것을 선택하든지 마감이 빠른 것부터 한 가지씩 처리해야 할 것이다.

예를 들어, 집안일을 생각해보자. 내 경우에 저녁 시간이면 밥하기, 밥 먹기, 부서 직원들과 회식하고 오겠다는 남편의 SNS에 답장하기, 설거지하기, 구피들 밥 주기, 운동하기, 샤워하기, TV 시청하기, 내일 할 일 메모하기, 이메일과 SNS에 전송된 학생들의 질문에 답하기, 같은 일들이 있다. 이럴 땐 나의 일 처리가 타인에게 영향을 주는 일부터 처리하려고 노력한다. 따라서 가능한 한 학생들의 질문에 빨리 답장하려고 노력하는 편이다. 물론 질문의 내용에 따라 검토할 시간이 필요한 경우도 종종 있다. 다음으로 내가 먹을 밥과 구피들의 밥, 남편의 메시지에 답하기는 생명 유지 및 관계의 문제가 관련된다. 식사를 준비하고 구피들 밥을 주는 일은 메시지에 답장하기보다 시간이 걸린다. 먼저 사랑하는 남편이 안심할 수 있도록, "밥은 따뜻하게 술은 적게요~"라고 먼저 답장을 보낸다.

다음으로 전기밥솥에 잡곡밥을 하고, 밥솥이 계획한 시간에 맞춰 밥을 하는 동안에 사랑하는 구피들에게 저녁밥을 주곤 한다. 한 번에 한 가지 일만 하자. 당연한 말 같지만, 우리는 종종 여러 가지 일을 마음에 담고 무엇을 해야 할지, 괜히 마음만 바쁠 때가 있다. 한 번에 한 가지 일만 하면 마음이 편안하다. 최소한 갑자기 해야 할 일이 끼어들기 전까지는 그렇다. 다른 일이 갑자기 생겼다 해도 그 일을 지금 바로 해야 할지, 하던 일을 마치고 하면 될지 결정하면 된다. 이렇게 언제든 한 번에 한 가지 일만 한다면 해야 할 일이 하나씩 해결되는 기쁨과 함께 당신의 집중력과 실천력도 쑥쑥 자라게 될 것이다.

세 번째 핵심 습관은 즉시 처리하기이다. 할 일을 즉시 처리할 수 있다면, 해야 할 일에 대한 부담을 줄일 수 있다. 무슨 일이든 즉시 처리할 수는 없을 것이고, 그럴 필요도 없을 것이다. 그러나 미뤄둘 일도 아닐 때는 즉시 처리하기가 효과적일 수 있다. 즉시 처리하기는 다른 일 처리에도 활용할 수 있는 마감 시한 설정의 효과를 적용하면 도움이 된다. 예를 들어, 의자에 앉기 전에, 의자에서 일어나기 전에, 화장실 가기 전에, 외출하기 전에 한 가지 일 마치기는 즉시 처리하기를 통한 실천력 증진 방법이 된다.

외출하기 전, 확인하지 않은 이메일과 SNS가 있는지 확인해보았다. 학과에서 새 학기 개강 관련으로 학사 일정 안내 및 운영 방법 조사에 대한 공지글과 문서가 SNS 단체 톡방에 공유되어 있었다. 이번 학기는 감염으로부터 안전한 거리 유지를 요구하는 사회적 분위기를 반영하여 강의실 강의와 온라인 원격 강의를 병행한다는 공지였다. 아울러 과목 담당 교수들의 과목별 원격 강의 여부에 대한 계획을 제출해달라는 내용이었다. 즉시 처리할 일은 아니지만 미룰 일도 아니었다. 그날 나의 일정은 급한 일이 아니었다. 따라서 학과에서 조사하고 있는 내용을 바로 처리하고 싶었다. 컴퓨터 앞에 앉지 않아도 바로 처리할 수 있는 서서 일하기를 선택했다. 학과의 공지 내용을 정확히 검토 후, 바로 문서 편집에 들어갔고 나의 담당 과목 강의 방법에 대해 간단히 타이핑하여 저장했다.

그러나 학과 SNS로 작업 파일을 전송하려 할 때, 내 문서 찾기에서 작업 파일이 검색되지 않았다. 앱스토어에 들어가 해당 프로그램 앱을 다시 다운로드 후 실행해보니 내가 편집한 파일이 바로 검색되었다. 학과 SNS에 나의 강의 과목에 대한 원격강의 병행 계획을 제출하였다. 이메일로도 제출하여 차질 없이 학사 운영에 반영되도록 했다. 간단한 일이었지만, 외출 전에 선 채로 잠깐 사이에 처리할 수 있었던 것은 디지털 기반 업무 환경이 마련된 덕분이다. 그뿐만 아니라, 디지털 매체를 자발적으로 활용하려는 시작 행동 덕분에 일 처리라는 결과를 만들어낼 수 있었다. 간단한 일도 미루면 부담이 된다. 지금 그 자리에 서서 앱으로 일 처리하여 바로 전송해보라. 나는 빠르게 일할 수 있는 사람, 실천력 있는 사람이라는 괜찮은 나의 이미지를 가질 수 있다.

핵심 습관은 당신이 원하는 행동을 실천할 수 있도록 자연스럽게 그리고 강력하게 안내할 것이다. 할 일 메모하기, 한 번에 한 가지만 하기, 즉시 처리하기와 같은 핵심 습관을 하나씩 내 것으로 만들어보자. 거기에 저항이 있다면 조금만 더 해보자. 아직도 저항이 있는가? 그렇다면 그냥 해보자. 한 번쯤 건너뛰는 날도 있을 것이다. 그래도 다시 해보자. 여전히 저항이 있지만 조금씩 쉬워질 것이다. 쉬워지지 않고, 그날이 그날인 듯 제자리걸음이고 여전히 힘들더라도 그냥 또 해보자. 그러고 나서 내가 실천한 것을 메모하자. 메모해보아도 어제의 나와 다름없게 느껴질 수 있다. 그렇다 해도 원하는 행동 실천하기를 계속해보라.

어느 날, 나의 변화에 살며시 미소 짓게 될 것이다. 내 실천의 흔적은 메모장에 고스란히 남아 있을 것이고, 이제 한 달 전의 내가 아님을 발견하게 될 것이다.

06

포기가 빠른 당신, 3일마다 시작하자

좋은 습관을 만들고 싶은 사람들에게 전문가들은 '21일의 법칙, 만 시간의 법칙, 시간보다 횟수다[10].'와 같은 다양한 조언을 한다. 어떤 방법을 실천해볼 것인지는 당신의 선택에 달려 있다. 중요한 것은, 내가 원하는 것을 이루기 위해 지금 여기에서 아주 작고 사소한 행동부터 시작하고 계속해보는 것이다. 21일을 실천해야 습관이 만들어진다 해도 어려운 사람은 작심 3일마다 시작해보기라도 해볼 일이다.

얼마나 실천하면 원하는 습관으로 만들어질 것인지, 자동 행동으로 습관화되어 쉽게 실천할 수 있는지는 일단 계속해보아야 알 수 있다. 아울러 무엇이든 개인차가 있으니 다른 사람이 습관화에 성공한 방법과 소요 시간도 나에겐 조정이 필요할 수 있다. 그 차이는 직접 행동으로 옮겨 실천해본 사람이 얻을 수 있는 선물일 것이다.

남편은 퇴근 후, 저녁을 먹고 소파에 누워 스마트폰으로 게임을 하거나 SNS 확인하기, 뉴스 검색도 하며 TV를 한 번씩 본다. 멀티플레이어 유형인 남편다운 일상이다. 보통, 한 번에 한 가지를 하는 나와 다른 것은, 서로 다른 사람이므로 그럴 수 있다, 이해하려고 노력한다. 하지만 자신의 습관 때문에 함께 사는 가족이 대신 처리해야 하는 일이 반복된다면 어떨까?

겨울철 한밤중, 화장실에 들렀다가 침실로 가는 길에, 늦게까지 TV를 보던 남편이 거실 소파 위에 깔아둔 전기매트를 껐을까 생각하며 소파 위 깔개를 들어보았다. 역시나 전원을 끄지 않아 붉은 스위치의 불빛이 선명하다. 아, 드르렁드르렁 코를 골며 깊이 잠든 남편을 깨울 수도 없고. 아침엔 어떤가? 매일 아침에 난 식사 준비를 하러 남편보다 일찍 침실을 나온다. 남편이 출근한 뒤, 침실을 정리하며 발견한 또 하나의 붉은 불빛! 남편이 헐레벌떡 아침잠을 깨우며 나오느라 침대 위의 온수 매트 전원도 깜빡하고 끄지 않은 것이다. 아…!

이런 상황은 가정마다 매일 반복되거나, 유형만 다를 뿐 비슷한 풍경일 것 같다. 남편 뒤를 쫓아다니며 전기 스위치 끄기, 침구와 빨래, 쓰레기 정리를 해주느라 너무 집안일이 많다고 투덜대던 나. 그러나 우리의 삶이 어찌 될지는 아무도 모른다. 평소에 다른 사람에게, 특히 가까운 가족을 너무 닦달하며 살지는 말아야 할 것 같다. 얼마 뒤 남편에게 제대로 신세 질 일이 생겼다. 한 달 전부터 오른쪽 팔꿈치 관절이 갑자기 아프기 시작한 것이다.

팔꿈치 관절은 작년 늦가을부터 동네 의원에서 치료받기 시작했다. 이번 봄에 다시 통증이 느껴져 주사 치료를 받았는데, 어느 날 팔꿈치 피부에서 주사 부작용이 발견되었다. 스테로이드 부작용으로 주사를 맞은 팔꿈치 피부 아래 지방과 근육이 빠져버려 보기 흉한 모습이 신경 쓰일 정도였다. 관련 자료들을 찾아보고 주변 사람들과 이야기 나누어본 결과, 병원에 항의하는 것이 성과 없이 시끄럽기만 할 것 같았다. 남들은 신경 쓰지 않을 내 팔꿈치의 피부색과 살 빠진 모습에 속상하고 불편한 마음을 다스리고 있을 즈음이었다. 2년 전부터 아프기 시작한 어깨에 더 큰 통증과 불편함을 느끼게 되어서인지 팔꿈치 통증은 느껴지지 않았다.

팔꿈치 피부에 이해할 수 없는 주사 부작용이 생겨 눈에 띄는 상처를 입은 상황에서, 더 이상 동네 의원에 어깨 치료까지 받으러 가고 싶지 않았다. 1년 전쯤, 남편이 어깨 오십견 치료를 받아 좋아졌다는 병원에서 내 어깨 치료도 받기로 했다. 어깨 치료를 받으러 다닌 지 3개월 만에 오른쪽 팔꿈치에 통증이 느껴지면서 팔을 펴고 구부리는 게 마음대로 되지 않았다. 동네 의원에서 주사 치료와 물리 치료를 받을 때도 집안일이나 나의 일을 평소처럼 계속해온 것이 통증 재발의 원인을 제공한 것 같다. 이번에 전문 병원에서 한방과 양방 협진으로 치료받는 과정에서 주치의는 팔꿈치를 쓰지 않는 것이 가장 좋다고 한다. 오른쪽 팔꿈치를 꼭 써야 하는 일에도 무리하지 말고, 다른 쪽 팔꿈치에도 너무 의존해서 무리하지 않도록 하라는 어려운 주문도 했다.

하는 수 없이 집안일을 대충하였고, 남편이 많은 부분을 감당했다. 하지만 남편이 대신해 줄 수 없는 것들, 양치질과 샤워! 둘 중에 오른쪽 팔꿈치 관절을 집중적으로 사용해야 가능한 것은 양치질이었다. 팔꿈치 관절은 손가락 관절과도 연결되어 있다. 특히 가운데 손 중지가 팔꿈치 관절과 연결되어 가장 자극을 받는 위치여서인지 중지를 사용할 때마다 팔꿈치 통증은 극심해졌다. 이런 상황에서 양치를 하루에 세 번이나(?) 하는 것은 고문이었다. 어쩔 도리가 없었다. 몇 번 사용하다 넣어둔 전동칫솔기를 다시 꺼내 애벌 양치하는 데 사용했다. 온전히 오른손과 팔꿈치를 쓰며 양치질할 수 없는 요즘이다.

1차 양치질은 전동 칫솔기로 전체적으로 닦아준다. 2차 양치질은 칫솔을 들고 주요 부분만 45도 기울여 닦아내거나 평행하게 세워 가볍게 눌러 털어내며 남은 잔여물을 제거한다. 건강한 오른팔을 사용하며 충분히 양치질할 때처럼 꼼꼼하지는 않지만, 그런대로 꼭 필요한 양치질 정도를 하는 것으로 만족한다. 내가 양치질에 결벽이 있는 건 아닐까 생각할 수도 있겠다. 4년째 치아 교정과 유지를 위한 관리 차원에서 양치질에 신경 쓸 수밖에 없는 상황이라 그렇지, 아니라면 나도 이해하기 어려웠을 것이다. 양치질을 세심하게 해야 하지만, 내 팔꿈치는 그런 나를 배려하여 쉽게 좋아지는 것이 아니었다. 양치질에 오른쪽 팔꿈치를 덜 사용하기 위해 왼손을 적당히 훈련해야 했다. 그러나 난 오른손 사용자이므로 왼손의 감각은 무딜 수밖에 없었다. 왼손 양치를 조금 시도하다가 포기했다. 다른 일엔 왼손을 사용하는 일이 많아졌다. 오른손으로 하는 다양한 일에 때로는 왼손을 보조적으로 대신 사용한 지 30일쯤 되었다.

저녁 식사 후, 전동 칫솔기로 애벌 양치하고 나서 칫솔로 마무리 양치를 하려고 오른손으로 칫솔을 들었다. 그런데 갑자기 왼손이 칫솔을 가져가서 마무리 양치를 시작했다. 솜씨는 어설펐지만 기특한 왼손이라는 생각이 들었다. '양치할 때, 오른손과 팔꿈치를 너무 쓰면 안 돼! 왼손으로 양치할 수 있다면 좋겠다. 계속 연습해야겠어.' 하고 늘 생각하고 조금씩 시도해온 덕분인 것 같았다. 팔꿈치 통증은 그야말로 그날이 그날 같았다. 주사 치료 후, 오른쪽 팔꿈치 통증이 다시 시작되어 전문 병원에서 진료받기 시작한 지 3주를 넘어선 어느 날 밤이었다.

팔꿈치 통증에 몸을 좌우로 뒤척이기도 힘든 상황에 너무 지친 나는 침대에 누운 채 큰 소리로 말했다. "(긴 한숨을 내쉬며) 아~! 언제까지 이렇게 살 수 있지?" 단순한 넋두리가 아니라 진심으로 궁금했다. 종일 집안일과 내 일을 하고 다니며 수시로 '힘들어.' 하고 입버릇처럼 중얼거리며 지냈다. 노트에 몇 글자 쓰는 데도 팔꿈치 통증 때문에 대충 쓰고 만다. 가만히 있어도 팔꿈치 부근이 후끈거리며 통증이 느껴졌다. 우리 몸은 이렇게 연결된 것인가, 새삼스럽게 느껴졌다. 수시로 왼손으로 오른쪽 팔꿈치를 감싸 쥐고 마사지한다. 익숙한 집안을 왔다 갔다 하면서 왜 하필 아픈 오른쪽 팔꿈치를 부딪치며 다니는지 자신을 이해하기 어려웠다.

하지만 몸이 아플 땐, 논리적 이해의 차원이 아닌 안전한 환경 제공과 원인 제거에 집중하는 것이 좋을 것 같다. 부딪힐 수도 있어, 부딪혀서 아프구나 하며 부드럽게 알로에 젤을 발라 열을 진정시키며 마사지해주려 노력한다. 한편, 아픈 팔꿈치를 부딪치지 않도록 부딪혔던 벽 모서리를 다시 후진하며 돌아가본다. 그러곤 벽 모서리와 적당히 떨어져 돌며 내 연구실, 큰방으로 다시 걸어간다. 안전한 생활에 필요한 공간 감각을 되살리고자 몸을 움직여 체험하며 연습해보는 것이다.

관절 스트레칭과 관절에 좋은 음식 먹기 등 관절 관리를 2주 정도 반복하던 어느 주말이었다. 대형마트에서 습관적으로 몸에 좋은 음식으로 연어 한 덩이씩 사둔 것을 남편과 함께 샐러드로 만들어 먹었다. 남편이 갑자기, "어~ 이제 팔, 잘 움직이네?" 하였다. 그러고 보니 젓가락을 든 팔이 유난히 가볍게 느껴졌다. 그 이후로 주말엔 연어를 먹기로 했고, 관절에 도움이 되는 연어 먹기는 지금까지 7주째 계속 실천하고 있다.

관절 관리를 시작한 지 3주쯤 된 어느 날, 남편이 잘게 채 썰어 넣어둔 양배추 조각과 몸에 좋다고 해서 사둔 비트를 버리게 될 것 같아 손질해 썰어둔 것을 몇 개 덜어 접시에 담았다. 샐러드 소스는 무얼로 할까 고르다가 식초를 무심코 생각했다. 관절에 좋을까? 생각하며 스마트폰으로 식초의 효능을 검색했다. 아, 그동안 식초를 너무 먹지 않았구나 하고 느끼게 된 순간이었다. 검색 결과, 식초는 만병통치약처럼 몸에 매우 이로운 음식이었고 특히 관절 관리에도 효능이 있다는 것이다. 기분 좋게 양배추와 비트, 블루베리 샐러드에 현미 식초와 올리브유를 넣어 먹었다. 기분 탓인지 팔이 가벼워지는 느낌이었다. 실제로도 식초 샐러드를 먹기 전보다 훨씬 가볍게 팔꿈치를 접고, 팔을 위쪽으로도 올릴 수 있었다. 효과를 확인하고 나니, 그동안 별로 내키지 않아서 가까이하지 않았던 다양한 시큼한 맛에 빠르게 적응하며 즐기게까지 되었다. 내 관절을 유연하게 하고 몸에도 도움이 됨을 느꼈기 때문이다.

　포기가 빠른 당신, 21일 실천이 부담스럽다면 3일마다 시작해보자. 작심삼일을 일곱 번, 더 나아가 매일 시작하기라도 반복해보자. 뭔가를 지속하고 시도하는 것에 지쳤다면 근원적인 질문을 던져보자.

"난 왜 이걸 하려고 하지?"
"왜 이걸 계속해야 하지?"

　당신이 원하는 궤도에 오르기 전에 포기와 좌절을 반복한다면 자기 안의 절실한 동기를 찾아보자.
　당신이 원하는 것이 자신에게 꼭 필요한 것인지 구체적이고 신뢰할 수 있는 근거를 찾아보는 것이다. 아울러 당신의 실천에 장애물이 있는지 살펴보는 것도 도움이 될 것이다. 신뢰할 만한 근거와 장애물 찾기는 당신이 지속해야 할 것을 받아들이는 데 도움을 주고 결국 당신을 움직이게 할 것이다. 당신 안에 잠자고 있는 지속 가능한 힘을 깨워라! 3일을 넘어, 21일도 넘어 당신이 원래 그것을 계속해온 것처럼 익숙해질 때까지.

07

작은 부분에 집착한다?
가장 중요한 것을 먼저 하라

작은 부분에 집착하느라 현재 진행하고 있는 일이 잘되지 않는가? 아니면 제자리걸음을 하듯 더디게 가는 것 같은가? 집착은 사전적 의미로, 어떤 것에 늘 마음이 쏠려 잊지 못하고 매달림이다. 다시 말해 집착은 나도 모르게 무언가에 매달리게 되고, 벗어나지 못하는 심리적 고착 상태를 말한다.

해야 할 일을 진행하는 데 걸림돌이 되는 것들은 심리적, 물리적으로 많은 것들이 있을 것이다. 지금 집 안에 있다면, 눈에 띄는 많은 집안일이 우리의 발목을 붙잡고 먼저 처리해 달라고 아우성칠지 모른다. 집안일 때문이 아니라면, 문밖을 나섰을 때 타인의 눈에 비친 내 모습이 괜찮을지 어떨지에 대해 끊임없이 자기 검열하느라 지체될 수도 있다. 또는 내 안의 목소리들이 지나간 일들, 힘들었던 순간들을 무한 반복 재생하며 부정적인 감정을 유발하여 시간을 지체하게 만들 수도 있다. 이렇듯 내가 습관적으로 집착하는 것들은 그저 작고 별일이 아니라고 치부하기 어려울 수 있다.

하지만 인정할 수밖에 없는 건, 오늘 그리고 지금 처리해야 하는 더 중요하고 시급한 일들이 있다는 사실이다. 그동안 살던 대로 눈에 띄는 것들을 먼저 처리하느라 어느새 오후가 되고 해가 뉘엿뉘엿 지고 있다면 어떤가? 내일부터 다른 선택을 해볼 것인가? 그러기엔 그동안 너무 많은 시간을 그렇게 지내왔고, 내가 원하는 결과와 만족스러운 기분을 느끼지 못한 채 하루를 마감할 때가 많지 않았는지 생각해보자. 그래서 마음이 편치 않으니 불면증에 시달렸을 수도 있다. 시간은 한정되어 있고, 이런저런 일을 하느라 가장 중요한 일을 마치지 못했기 때문이다.

내 경우에, 강의를 준비할 때 초반과 중반까지 여유롭게 디테일한 계획을 가로로 넓게 늘어놓느라 시간이 부족해질 경우가 종종 있다. 마감에 맞춰 급히 마무리하곤 한다. 꼼꼼한 계획 덕분에 놓치는 일은 적지만, 건강에 무리가 오게 되고 가족과 함께하는 시간이 줄어들면서 아쉬움이 남게 된다. 생각해보면, 어떤 일을 할 때 할 일의 전체인 숲을 먼저 보고 꼭 필요한 것을 중심으로 진행하면 될 것이다. 일은 계획한 시간 안에 마무리하면 될 것이다. 그런데 무엇이 부족해서 원치 않는 결과가 벌어지는 걸까? 일의 시작과 진행 과정, 마무리 단계에서 진행을 지체시키는 다양하고 작은 부분들에 집착하기, 가장 적합한 것을 결정하기를 미루고 여러 가지 일들을 나열하기, 마감 시간의 부재와 같은 요소들이 소요 시간과 에너지를 낭비하게 만든다.

강의 준비를 마치고 강의를 하러 갈 때는 무엇을 무시하고 무엇을 먼저 한다면 계획한 시간에 문제없이 도착할 수 있을까? 아니면 조금 일찍 도착하여 여유롭게 강의를 시작할 수 있을까? 지난주 강의 때보다 더 일찍 일어났지만 결국 지각 직전에 헐레벌떡 강의 장소에 도착한 적도 있다. 왜 그럴까? 이 경우 무엇에 집착하느라 일이 지체되고 만족스럽지 않은 결과가 남게 된 것인지 생각해볼 필요가 있다. 그리고 작은 일들에 대한 집착 대신 가장 중요한 무엇을 먼저 챙기는 것이 필요했을지, 점검한다면 결과는 달라질 것이다.

강의를 준비할 때, 어떤 과정을 거치는지 살펴본다면 무엇을 생략하고 집착하지 않는 것이 필요한지 알 수 있을 것이다. 강의 준비 과정은 먼저, 자료를 준비해야 한다. 자료에는 주제와 관련하여 준비할 자료와 이미 준비된 자료의 확인이 있다. 두 번째로, 교재를 참고하며 전체 강의의 순서와 내용의 개요를 구성해야 한다. 세 번째로, 교재 내용에 대한 요약 및 보충 자료, 추가 참고 자료 준비를 한다. 네 번째로, 전체 강의 자료와 단계별 내용의 적절성 확인하기, 다섯 번째, 강의 진행 순서 재확인하기, 여섯 번째, 두 곳 이상 매체에 강의 자료 저장하기, 일곱 번째, 가방에 필요한 준비물 챙겨 넣기로 진행될 수 있다.

이상의 과정 중에서 세 번째인 교재 내용에 대한 요약 및 보충 자료, 추가 참고 자료를 준비하며 필요 이상의 시간이 소요될 수 있다. 보충 자료는 강의 교재의 내용과 관련된 사례 영상이나 논문 자료를 통해 다루고자 하는 내용을 충실히 이해하고 실제에 적용할 수 있도록 준비해야 할 것이다. 이때 자료의 중요도에 따라 우선순위를 정해 준비하되 학생들의 흥미 유발을 돕는 자료도 함께 준비하는 것이 좋다. 학생들의 집중도에 따라 흥미로운 자료가 추가로 필요할 수도 있다. 그러나 강의를 마감할 시간이라면 이런저런 작은 부분에 집착하지 말고 남은 부분 중에 가장 중요한 내용을 다루며 마감해야 할 것이다.

강의 준비를 마쳤다면, 다음으로 강의 장소에 도착하기는 강의 준비와 무관하지 않다. 강의 준비가 지체되면, 출발도 바쁘게 된다. 따라서 강의 준비와 강의 장소에 도착하기는 전체 일정에 함께 계획되어야 한다. 강의 준비 단계에서 다양한 자료를 넘치게 준비하느라 집에서 출발해야 하는 시간이 촉박해질 수 있다. 강의 경력이 쌓여가면서 강의 준비뿐만 아니라 강의 장소에 제시간에 도착하여 정시에 강의를 시작하고 마치는 일이 내용 못지않게 중요함을 잘 알고 있다. 평상시에도 그렇지만, 특히 강의 준비할 시간이 넉넉지 않을 때면 다음 날 강의에 입고 갈 옷과 가방을 미리 챙겨두는 것은 필수이다. 전날 밤에 다음 날 입을 옷과 가방을 챙겨두는 것은, 당일 아침 일하다가 허둥지둥 출발하는 것과는 천지 차이다. 여성이라면 더더욱 그렇다. 아침에 외출 준비는 만만치 않다. 그중에 중요한 2가지는 외출복과 가방 속 소지품 챙기기인 것이다.

사람 간 거리 두기가 필요해진 요즘 같은 경우엔 집 안에 머무르는 시간이 많아지면서 집안에서 해결해야 할 일들도 많아졌다. 그중에 설거지와 빨래는 여전히 부담스럽다. 설거지와 빨래를 할 때도 작은 부분에 집착하지 않고 가장 중요한 것에 집중하는 것이 도움이 될까? 집안일을 할 때도 가장 중요한 것을 먼저 해보자. 해결하기 복잡하고 어려운 것, 시간이 걸리는 것, 부피가 큰 걸 먼저 해볼 수 있다. 중요한 것은 일을 끝마쳐 보는 경험이 필요한 것이다. 일을 빨리 끝마치는 데만 집중한다면 원하는 결과에 못 미치거나, 사람들과 소통이 부족하여 해결해야 할 뒷일을 만드는 결과를 가져올 수도 있다. 그럼에도 불구하고 일단 일을 끝마쳐 본다면, 무엇을 더 보완해야 할지에 대해 한결 여유롭게 돌아볼 수 있게 된다.

작은 부분에 집착하지 않고 중요한 것을 먼저 하려면 연습이 필요하다. 한정된 시간 안에 만족스러운 결과를 얻기 위해 연습은 필수이다. 요즘 집안을 정리하는 데 1시간 이상 걸린다. 어떤 날은 웬일인지 오전부터 오후 4시까지 왔다 갔다 하며 집안 이곳저곳을 정리할 때도 있다. 오늘 마쳐야 할 일을 정하지 않은 날의 풍경인 것이다. 내 친구와 동료는 새벽까지 서랍장을 정리할 때도 있다고 한다. 출근 시간이나 외출할 때, 무심코 내가 사용한 물건들을 제자리에 넣느라 시간이 걸릴 때가 있다. 왜 그럴까? 퇴근 후 집에 들어서며 잘 정리된 집안 풍경을 기대하는가? 잘 정리된 집, 가족의 휴식을 위해 준비된 집은 생각만 해도 상쾌하다. 그런데 뒤에 올 기쁨을 위해 현재에 반복적으로 문제를 만들 수는 없다. 예를 들어, 집안을 조금 더 정리하느라 출근이 늦어질 수도 있고, 집안 정리로 피곤해져 오후 시간에 만난 동료 또는 가족에게 예민하게 반응할 수도 있다.

외출 전, 거실 소파의 깔개 정리를 시간이 남으면 하기로 마음먹고 못 본 척하였다. 결국, 카페에 앉아 책을 쓰며 생각해보니, 남편이 드러누운 흔적이 그대로 남아 있던 소파 깔개가 생각났다. 괜찮다. 소파 깔개가 아니었다면, 또 다른 정리하지 못한 주방 바닥의 깔개가 생각났을 것이다. 어차피 집안 정리는 끝이 없다. 끝이 없는 소소한 집안일들에 집착하느라 오늘 계획한 우선순위의 일들을 미룬다면 어떨까?

중요한 것을 먼저 하는 연습은 작은 부분에 집착하기를 버리는 것에서 작게 시작할 수 있다. 작은 부분은 정말 작아서라기보다는, 오히려 완벽하게 끝낼 계획을 버리기 위해서라 할 수 있다. 완벽하게 하려고 하면 작은 부분에 집착하게 되는 것 같다. 작지만 중요한 일의 시작을 만만한 부분이나 재미있어 보이는 것부터 시도한다면, 중요한 일은 어느 정도의 성과를 넘어 절반을, 그러다 보면 결국 그 중요한 일을 끝마치는 순간은 반드시 올 것이다.

내 주변의 이런저런 일들을 처리하고 싶은 충동으로 산만해지기 전에 가장 중요한 것을 먼저 하라. 지금도 당장 눈에 띄는 일을 하고 있다면, 잠시 멈추어보자! 오늘, 그리고 지금, 이 순간 가장 중요한 것은 무엇인가? 무엇이 중요한지 잘 알고 있지만 소소한 다른 일들을 계속하고 있다면 잠시 멈추어보자. 멈춤만으로도 나에게 더 중요한 것을 알아차리는 데 도움이 될 것이다. 즉시 처리할 일과 중요한 일, 중요한 일 중에도 바로 처리해야 하는 일과 시급하지 않은 일이 있음을 발견할 수 있을 것이다.

지금 해보자, 중요한 데다 즉시 처리를 요구하는 일을 해보자. 이전에는 느껴보지 못한 일과에 대한 자기 통제감과 만족감이 흐뭇하게 다가올 것이다.

08

반복되는 실수, 메모하고 체크하자

실수하지 않고 사는 사람은 아마 없을 것이다. 그러나 그 실수가 내 시간을 낭비하고, 다른 사람의 시간도 낭비한다면 생각해볼 일이다. 실수가 돈을 낭비하게 할 때도 있는가? 그렇다. 하루에 오만 가지 생각을 하면서 살아가는 우리에게 실수는 그저 인간적인 모습이라 여겨질 수도 있다. 그러나 우리가 무심코 하는 실수가 반복되어 습관이 되면, 나와 타인의 소중한 시간과 돈을 낭비하게 된다.

이렇게 반복되는 실수는 나의 행동에 충분히 주의를 기울이지 않을 때 일어나게 되며 원치 않는 결과로 이어진다. 내가 매일 반복하는 실수들은 다양하다. 작고 쉽게 알아차릴 수 있는 실수가 있는가 하면, 이것도 실수라고 할 수 있을까 싶을 정도로 인식이 쉽지 않은 습관화된 행동들도 있을 것이다.

쉽게 알아차릴 수 있는 실수는, 집 안에서 여기저기 부딪히는 사소한 것으로부터 집 밖에서 바쁘게 이동하며 발생하는 것까지 다양하다. 무척 바쁘고 중요한 일을 위해 외출할 때, 엘리베이터에 타자마자 안심하며 휴대폰으로 시간을 확인하고, 밤새 폰에 도착한 SNS와 이메일을 본다. 문득 엘리베이터의 움직임이 심상치 않음을 감지하며 현재 층을 알려주는 엘리베이터 위쪽 화면을 본다. 화면엔 여전히 12층! 아, 이런 일이. 어이가 없어 할 말이 안 나온다. '바보 아냐?' 하는 자동사고가 올라오지 않은 게 다행일 뿐이다. 집 밖에서는 전철을 타고 이동할 때, 전에는 주로 책을 들여다보느라 목적지에 내리지 못할 때가 있었다. 이제는 휴대폰에 메모한 일정 확인과 조정, SNS와 이메일 확인, 습관 사례와 감사일기 메모하기, 전자책 읽기를 하느라 내려야 할 전철역을 지나쳐버리는 실수를 종종 하곤 한다.

한편, 쉽게 인식하기 어려운 실수는 지금 해야 할 일이 있는데도 생각이 멈추지 않고 꼬리에 꼬리를 물고 계속 이어지는 경우에서 찾아볼 수 있다. 이럴 땐 계속 이어지는 생각 때문에 할 일을 시작하지 못하거나, 시간 부족으로 허둥지둥 일을 마감해야 한다. 생각이 꼬리를 물고 이어져 멈추기 힘든 상황은, 샤워할 때, 잠이 오지 않을 때나 자다 깼을 때,

그리고 화가 났을 때 벌어진다. 이러한 상황에서 멈출 수 없는 생각들은 대개 나를 화나게 하는 타인의 불편한 말과 행동들에 대한 것이다. 그렇지 않은 경우엔, 내가 했던 말과 행동이 타인에게 불편하게 들리지 않았을까 하는 자기 검열과 같은 생각들도 있다. 성격이 소심한 탓도 있겠지만, 타인과 무리 없이 지내고자 하는 나의 욕구도 관련될 것이다.

예를 들어, 샤워를 시작할 때 처음엔 빨리 샤워를 마치고 개운한 기분으로 욕실을 나가 출근 시간에 미리 도착하겠다고 다짐한다. 그러나 점차 샤워 전에 동생과 SNS로 대화하던 내용이 생각나 조금 전의 불쾌한 감정으로 돌아간다. 지인의 거친 말에 기분 상했던 이야기를 동생과 하고 있었다. 지인이 나에게 거칠고 부정적인 말을 다시 하지 못하게 하려면 뭐라고 말할지 생각해본다. '이렇게 말해야겠군.' 생각이 나면 샤워 중에 큰 소리로 말해본다. 비슷한 상황이 반복되어 불쾌할 때 꼭 말해야지, 아니 미리 말해서 불쾌한 상황을 예방해볼까 생각하기도 한다. 그러다 문득 시계를 보며 얼른 나가야 할 시간임을 알아차린다. 대충 정리하고 나가자 마음먹고 빨리 샤워를 마무리한 후 급히 욕실을 나올 때가 종종 있다.

샤워하며 이런저런 생각에 잠겨 40분 샤워하기는 다음 일과에 막대한 지장을 준다. 40분 샤워는 별일 아니라 생각할 수도 있다. 하지만 여성들의 출근 준비는 샤워 이후에도 여러 가지 할 일들이 있어서 1시간쯤 걸려야 식사를 제외한 준비를 마치게 된다. 예상했던 출근 준비 시간이 부족해졌으니, 출발 전에 할 일들을 허둥지둥 처리하고 당장 나가야 한다. 300마리 물고기 구피들에게 먹이 주기는 출발 직전의 가장 마지막 일로 미뤄진다. 원래는 나의 가족인 300마리 구피들과 함께 전신을 움직이는 체조와 챈트 노래, 그리고 작은 종소리를 수조마다 들려준 후 비타민과 3종 밥, 간식까지 주어야 하는데 말이다.

내가 아침에 허둥지둥 집 안을 왔다 갔다 하면, 구피들은 나와 몇 년간 함께 살다 보니 상황을 빠르게 파악한다. 구피들은 '이렇게 졸고 있을 때가 아니지, 우리 맘이 저렇게 옷을 들고 왔다 갔다 평소와 다르게 빠르게 움직이는 걸 보니 정말 바쁜 거다, 우리가 여기 있음을 알려야지, 밥 주고 가는 걸 잊지 않게.'라는 듯 움직임이 빨라진다. 구피들의 행동을 보면 이런 추측이 무리가 아닌 것을 금세 알 수 있다. 내가 지나갈 때 수조 앞쪽 수면 가까이에 떼를 지어 경쟁적으로 헤엄치면서 '내가 여기 있어요, 나를 잊지 말아요.'라고 외치듯 나를 간절한 눈빛으로 바라보며 헤엄치기 때문이다.

대충 뒷정리를 마치고 옷을 걸친 후 가방을 메고 나가 엘리베이터 하향 버튼을 누른다. 바쁜 날엔 평소에 우리 집이 있는 12층에 멈춰 있던 엘리베이터가 17층 고객을 모시러 달려 올라가거나 내가 도착하기 조금 전 이미 1층에서 예약한 손님을 태우러 내려간 다음이다. 12층에서 엘리베이터를 기다릴 수밖에 없는 난, 앞쪽 벽에 걸린 대형 거울을 보며 급하게 나오느라 정리하지 못해 튀어나온 옷을 마저 정리하고, 가방 속 물건도 다시 확인한다. 휴대폰 알람 설정에 메모해 둔 한 문장 '30분 일찍 도착해요!'가 무색해지는 순간이다. 40분 샤워 중 꼬리를 물고 이어지는 생각을 멈추게 한다면 나 자신과의 약속을 지킬 확률이 높아질 것이다. 보이지 않는 알람 문구 설정이 아니라 눈에 보이는 습관 리스트에 메모해서 확인하라, 무엇이 내 시간을 낭비하는지!

지난 1월 초, 엄마의 생일이 주말에 있었다. 매주 토요일 오전에 아동과 부모 상담이 있었고, 저녁 시간까지 교육이 있었다. 토요일 아침, 정신없이 1시간 거리의 상담센터까지 전철을 타고 이동하여 상담하느라 엄마 생신에 갈 때 챙기는 개인용품을 확인할 여력이 없었다. 남편이 여행가방을 챙기기로 해서 저녁에 갈아입을 옷 정도만 꺼내 거실 탁자 위에 두고 나왔다. 저녁 시간까지 할 일은 모두 마쳤지만, 일 관련된 사람들과의 관계 스트레스로 경황이 없었다. 생신 모임 여행에 필요한 것을 확인할 의욕도 없었다. 확인할 물건들이 있다는 생각을 아예 할 수 없는 멍한 상태였다.

엄마 생신 모임엔 내 형제들이 자녀를 두 명씩 두어서 부모님 포함 총 20명이 모였다. 친정집에 모두 모여 생신 모임을 하기엔 아무리 단독주택이어도 무리였다. 그래서 친정집에서 가까운 콘도에서 생신 모임을 하곤 한다. 엄마 생신을 맞아 콘도에 오랜만에 모인 가족들과 이런저런 이야기를 나누고 이동형 마이크 노래방으로 노래도 한 곡씩 교대로 부르며 수다를 떨었다. 어느덧 새벽 3시였다. 뒷정리를 마치고, 각자 방으로 돌아갔는데 아뿔싸! 세수하려고 보니 화장품 가방을 챙겨오지 않았음을 알게 되었다.

엄마는 진작에 꿈나라로 가셨고, 언니가 방금 침실로 들어갔다. "언니, 클렌징폼 있어?" 하니 "아니, 하나 가져와서 내가 썼는데." 했다. 다른 호실에 취침 중인 여동생에게 전화했다. 여동생은 선뜻 가지고 오겠다, 한다. 문득 내가 여러 사람을 피곤하게 하는구나 싶어 다시 전화했다. 가져 오지 않아도 된다고. 큰소리쳤지만 별 방법은 없었다. 세면대 위에 언니가 세수하고 조금 남은 일회용 클렌징폼을 쥐어짜서 간신히 세수했다. 그래도 언니가 일회용 클렌징폼을 완전히 쓰지 않았고, 게다가 휴지통에 버리지 않아서 얼마나 다행이었는지 모른다. 그런데 다음 문제는 로션이 없다는 사실이었다. 다시 생각해보아도 한심스러운 마음이 든다. 내가 집에서 출발했더라면 99% 잊지 않고 챙겼을 물건들인데 말이다.

문득 내가 요즘 가방에 가지고 다니는 핸드 로션이 생각났다. 살다 보니 핸드 로션을 얼굴에 바를 일이 다 있구나 생각하며 그 새벽에 혼자 피식 웃고 말았다. 아무튼, 얼굴에 바를 것이 있다는 것을 다행으로 여기며 얼마 남지 않은 핸드 로션을 짜서 얼굴에 발랐다. 얼굴 전용 로션이 아니라서 수분이 적고 빨리 흡수되었다. 대충 뭔가를 발랐구나 하는 느낌과 함께 낯선 자스민 향이 코를 찔렀다. 얼굴이 사방으로 당기는 느낌이 들었지만, '이거라도 있어 다행이지.' 생각하며 잠을 청했다. 새벽 3시 40분, 잠들기에 너무 이른(?) 시간 때문인지, 강렬한 자스민 향 때문인지 잠이 오지 않았다. 다음엔 20대 때 그랬듯이, 여행 소품을 메모하며 챙겨야지!

이제 더 이상의 실수를 반복하지 말자. 메모는 당신의 소중한 자원 낭비를 줄인다. 마치 시험에서 틀린 문제를 노트에 메모하여 오답 노트를 복습하지 않으면, 같은 문제를 계속 틀리게 되고 자신감 저하로 이어지는 것과 유사하다.

물론 실수는 기억력의 한계뿐 아니라 스트레스 상황에서 에너지 소모로 집중력이 낮아지는 것과도 관련될 것이다. 오답 노트처럼 내가 반복하는 실수와 이유라는 일상의 문제를 풀어보자. 어떤 상황에서 실수하고, 그것은 어떤 결과를 낳는가? 대체 행동은 무엇이 있을까?

실수일지를 기록하고 점검하다 보면 자연스럽게 내가 원하는 대체 행동을 발견할 수 있을 것이다. 실수를 반복하고 싶지 않다면 메모로 체크할 때 대안을 찾을 수 있을 것이다.

Miracle 8 Habits

인생을 기적처럼
변화시키는 8가지 습관

기적의 습관 1

운동으로 아침을 시작하라

"늦게 일어난 사람은 종일 총총걸음을 걸어야 한다."

— 벤자민 프랭클린

매일 아침, 기분 좋게 잠을 깨우기 위해 기상 운동을 한다. 운동의 동작들은 그동안 여러 곳에서 배운 요가와 복식 호흡, TV 프로그램에서 본 동작들을 넣어 스트레칭 체조로 구성한 것이다. 아침 기상 체조는 바닥에 편안히 누운 자세로 시작한다. 동작 사이엔 휴식이 짧거나 없어야 아침 체조로 적합하다. 동작 간에 복식 호흡도 1회 정도만 깊이 있게 하도록 한다. 그렇지 않으면 너무 이완되어 아침 기상에 실패하고 다시 따뜻한 이불 속으로 들어갈 수도 있기 때문이다.

구체적인 동작은 상체부터 시작한다. 누운 자세에서 양손을 모아 깍지 낀 채 손바닥을 바깥쪽으로 향하며 끝까지 밀어낸다. 깍지 낀 양손을 유지한 채 발 쪽으로 강하게 밀어 상체가 약간 위로 올라오게 3회 반복한다. 계속해서 깍지 낀 손바닥을 바깥으로 향하며 머리 위로 스트레칭을 하면서 두 다리도 몸 안쪽에서 바깥쪽으로 뻗치듯 충분히 스트레칭을 한다. 다음으로 양팔 팔꿈치를 접어 올려 머리 옆쪽 좌우 바닥에 내려놓는다. 접은 양팔을 뒤쪽으로 밀어 등 날개 뼈를 3회 접었다가 편다. 양팔을 편안히 내려 복식 호흡을 1회 한다.

잠이 어느 정도 깼으므로 전신 운동을 준비한다. 양손을 맞대고 위아래로 열 번 정도 반복하여 비벼 열감이 생기게 한다. 열감이 느껴지는 손을 양쪽 눈 위에 살짝 얹고 하나, 둘, 셋… 열까지 센다. 손에 남은 열감으로 머리부터, 팔과 몸통, 다리와 발까지 부드럽게 마사지하거나 머물기도 하며 열감 마사지를 한다.

이제 하체 동작이다. 양쪽 무릎을 접은 후 양팔로 무릎을 감싸 안아 가슴 쪽으로 당기기, 좌우 교대로 3회씩 한다. 팔과 다리를 펴고 복식 호흡을 1회 한다. 다음으로 무릎을 접어 올려 좌우 교대로 바닥에 닿기 직전까지 내리다가 천천히 올라오기를 3회씩 반복한다. 시선은 무릎과 반대쪽을 바라본다. 팔과 다리를 편안히 내리고 복식 호흡을 1회 한다. 왼쪽 다리를 위로 들어 올려 오른편 바닥 직전까지 내렸다가 천천히 올라와서 바닥으로 내린다. 오른쪽 다리도 왼편으로 같은 동작을 반복하며 좌우 교대로 3회씩 한다. 이때 호흡은 다리를 들어 올릴 때 들이쉬고, 반대편 바닥으로 내려갈 때 천천히 내쉰다. 내렸던 다리를 올리면서 숨을 들여 마시고 제 자리로 내릴 때 천천히 내쉰다. 팔과 다리를 편안히 내리고 복식 호흡을 1회 한다.

다음으로 양쪽 다리를 위로 들어올려 두 다리를 교대로 움직이며 자전거 타기 동작을 한다. 왼쪽 다리를 올려 뻗으며 하나, 오른쪽 다리를 올려 뻗으며 둘, 이렇게 셋, 넷… 여덟까지 세며 2세트를 반복한다. 이제, 두 다리를 위로 모아 뻗으며 발끝을 당긴 상태에서, 양손으로 두 발의 끝을 각각 잡은 채 좌우 무릎을 교대로 접었다가 펴기를 3회 반복한다. 만약, 양손으로 양발의 끝을 잡는 것에 무리가 있다면, 수건을 양발바닥에 걸어 수건의 양쪽 끝을 잡고 무릎 운동을 해도 된다. 팔과 다리를 편안히 내리고 복식 호흡을 1회 한다.

마지막으로 양쪽 다리를 90도 위로 올리고 팔도 다리 앞쪽으로 올린 후, 팔과 다리를 동시에 좌우로 흔든다. 다리 뒤쪽을 양팔로 감싸 안으며 다리를 아래로 내리면 자동으로 상체가 일어나게 된다. 일어나면 즉시 침대 밖으로 나온다. 스트레칭 체조에 걸리는 시간은 10분이다. 동작의 종류와 반복 횟수는 당신의 아침 시간에 따라 조정할 수 있다. 스트레칭 체조 덕분에 즐겁게 잠에서 깨어날 수 있고 상쾌한 컨디션으로 하루를 시작할 수 있다.

이렇게 가벼운 운동으로 아침잠을 깨운 지 7년이 넘었다. 운동으로 아침 일과를 시작하다 보니 알람에만 의하던 이전의 방식이 매우 수동적이었다는 생각이 든다. 무리하게 이른 시간에 맞춰 둔 알람이 아직 피곤한 시간에 울리면 나도 모르게 끄고 다시 잠이 들었다. 어떤 날은 남편에게

"오빠가 내 알람 껐어?"라고 물어볼 때도 있다. 물론 이불을 뒤집어쓴 남편은 "아니~" 하고 귀찮은 듯 시큰둥하게 대답하곤 한다. 알람에 의존하는 수동적 태도에서 운동과 같이 적극적인 방법으로 아침을 맞도록 나만의 변화를 만들어보자.

20대 중반 무렵, 어느 여름날 아침이었다. 출근 전에 헬스장에 다닐까 하고 생각하며 상가 안에 있는 헬스장에 가보았다. 이른 시간이라 그런지 넓은 헬스장에 다양한 운동기구들만 줄지어 있었고 운동하는 사람은 아무도 없었다. 아마도 그때부터 아침 헬스는 재미없다고 생각한 것 같다. 그래서 엄마에게, 집에서 15분 거리의 사찰까지 매일 아침 함께 산책 다녀오자고 제안을 했다. 엄마는 3일 동안 함께 산책하시더니 "아침마다 차라리 성당을 다녀오는 게 어때?" 하셨다. 엄마는 사찰을 그냥 산책하러 가는 곳이라 생각하기 어려우셨던 것 같다. 나는 엄마와 함께 아침 산책을 하며 상쾌하게 하루를 시작하고 싶었을 뿐이다. 엄마와의 아침 산책은 이렇게 3일 만에 막을 내리게 되었다.

아침에 기상과 함께 명상 시간을 가지며 오늘의 중요한 우선순위 일들과 목표를 생각하는 시간을 갖는다는 부자들의 이야기를 종종 듣게 된다. 나도 성공한 부자들의 습관을 따라 해본 적이 있다. 하지만 아침 명상 후 피곤하여 쉬고 싶었고, 결국 2시간이나 추가로 잠을 자며 오전 시간을 낭비하게 되었다. 바닥이나 등받이 없는 의자에 앉은 채 명상을 해서 몸이 불편했을 수도 있다. 사람마다 하루를 여는 아침 시간을 보내는 방법이 다를 수 있고 변화되기도 한다. 내 경우에도 그동안 스트레칭으로 아침잠을 깨우고 활력을 얻었는데 이 책을 쓰는 동안 스트레칭과 명상을 병행하는 것으로 변화되었다.

매일 아침 중요한 일과 중 하나는 물고기 구피들에게 밥을 주는 것이다. 이때도 거실 암막 커튼 덕분에 숙면하고 있던 물고기들을 깨우기 위해, 그리고 나의 아침 운동을 보충하기 위해 체조를 한다. 일단 거실 수조 앞을 천천히 걸어 다니며 내가 만든 노래를 들려준다. "귀여운 구피가 우리 집에 왔어요! 구피~ 구피~ … 오오오~" 체조는 선율이 없는 리듬 노래인 찬트와 함께 수조 안의 구피들을 바라보며 동작을 진행한다. 동작은 팔을 편안하게 하고 좌우로 몸을 움직이며 한 번씩 스텝을 밟는다. 노래는 "밥 먹자~ 밥 먹자~ 똥 치우고 밥 먹자~"를 반복하며 동작을 함께한다. 노래와 체조를 하는 동안 잠자던 구피들은 하나 둘 깨어나 수조 앞쪽에 헤엄쳐 와서 밥을 가능하면 많이 먹을 수 있는 위치를 선점하려고 서로 경쟁한다.

이렇게 각자 환경에 따라 반려동물과 함께 살고 있다면, 동물과 함께 집안에서 체조하기, 집 근처 공원에 산책하고 돌아오기 같은 아침 운동을 즐길 수도 있다. 자녀가 있다면, 부드러운 손길로 토닥이며 아침잠을 깨운 후 간단한 스트레칭을 함께 해볼 수도 있다. 아침잠이 많은 남편은 알람을 끄고 다시 설정하기를 몇 번쯤 반복하다가 간단한 스트레칭 후 바로 욕실로 들어간다. 아침에 일어나 현관문으로 나가기까지 남편의 출근 준비가 매우 빠르므로 잔소리를 할 수는 없다.

아침을 운동으로 시작하기 어렵다면, 많은 이들의 선택처럼 샤워로 대체할 수도 있다. 아침 운동을 통해 잠자던 뇌가 깨어나는 기분이 든다면, 샤워 후에 느끼는 상쾌함은 몸이 깨어나는 기분이 들어 비슷한 효과가 있다. 나는 개인적으로 아침 운동 후 샤워까지 하고 나면 다시 태어난 듯 몸이 가벼움을 느끼곤 한다. 감기 기운이 있거나 샤워가 번거롭게 느껴질 수도 있다. 이때는 따뜻한 물에 적신 수건으로 몸을 닦거나, 옷을 갈아입는 것만으로도 어느 정도 개운한 느낌으로 일과를 시작할 수 있다.

알람을 설정하고 *끄기*를 반복하며 의존적인 아침이 될 것인지, 나의 몸과 환경을 활용하여 능동적인 아침을 열 것인지는 당신의 선택에 달려 있다. 아침마다 시간을 확인하고 깜짝 놀라 튀어 나가는 출근 풍경이 반복되는가? 당신이 원하는 기분 좋고 활기찬 아침은 천천히 가벼운 스트레칭을 하며 시작할 수 있다.

아침 운동이 건강에 무리가 된다는 이야기가 있어서 꺼리는 사람들도 있다. 물론 무리가 될 정도의 운동은 밤새 이완되어 있던 몸에 부담을 줄 수도 있다. 하지만 뇌가 깨어날 정도의 가벼운 스트레칭과 체조, 산책 정도의 움직임은 일과를 즐겁게 시작하도록 돕는 윤활유가 된다. 당신의 하루를 부담 없이 상쾌하게 시작하고 싶은가? 이미 알고 있는 쉬운 움직임에 몸을 맡겨보자. 부드럽게 움직이다 보면 잠에 취한 당신의 몸이 서서히 깨어나며 살짝 미소 짓게 될 것이다.

기적의 습관 2

우선순위를 정하고 실행하라

"습관은 최고의 하인이거나 최악의 주인이다."
– 나다니엘 에몬스

매일 휴대폰 캘린더에 일정을 등록해둔다. 잊지 않고 처리하기 위해서이다. 그런데 하루에도 이런저런 할 일들이 생겨나는 탓에 어제 못해서 오늘로 밀려온 일들이 있다. 오늘 일과 후에는 일주일 뒤로 밀려나는 일들도 생길 것이다. 하루에 할 일을 7개 이상 등록해둘 때가 있다. 그 일들을 오늘 모두 마칠 수 있을까 걱정해서가 아니라 그냥 잊지 않기 위해 메모해둔다. 여기저기 메모해서 놓치는 일이 없도록 하루 일정 모두를 휴대폰 캘린더 한 곳에 메모해두는 것이다.

메모한 일 중에 무엇을 먼저 할까. 캘린더에 수시로 메모한 오늘의 할 일을 보며 마감 기한과 중요도에 따라 1, 2, 3… 순위를 정한다. 매일 아침에 할 일의 우선순위를 정하는 부자들도 있다고 한다. 나는 수시로 일정을 메모하고 중요도가 높은 일은 메모 즉시 순위를 적어둔다. 매일 저녁, 다음 날 할 일들을 확인하며 순위를 재조정하기도 한다. 일의 중요도와 상황에 따라 이전에 메모한 일들의 순위가 바뀌기도 하는 것이다.

휴대폰 캘린더에 메모해 둔 일들은 공적인 것과 사적인 것으로 나눌 수 있을 것이다. 공적인 일은 개인에 따라 다양하겠지만, 나의 경우에 책이나 강의 원고 쓰기, 상담 기록지 쓰기, 강의와 상담 준비하기와 같은 일들이 있다. 사적인 일은 가족과 지인들 관련된 것으로 직업과 상관없이 유사한 일들일 것이다. 남편과 부모님 용돈 이체하기, 카드결제 내역 확인과 계좌 간 송금하기, 인터넷 쇼핑으로 주기적인 장보기, 가족이나 지인에게 선물 보내기, 시시각각 쏟아지는 이메일과 SNS에 답하기, 가족과 친구 만나기, 연말연시나 명절에 인사 글 보내기, 각종 모임의 날짜 의논하기, 주말에 있을 가족 모임을 위해 식당 예약하기, 가족여행을 위해 항공편이나 숙박업소 예약하기 등이 있다.

이렇게 매일 해야 할 일들을 문제없이 처리하려면 우선순위를 정하고 필요에 따라 조정해야 한다. 할 일들의 중요도에 따라 순위를 정하고 순위가 높은 일부터 먼저 처리하면 될 것이다. 그런데 어떤가? 순위가 가장 높은 일부터 처리하는 것이 생각만큼 쉽지 않다. 왜냐하면 순위가 높은 일일수록 중요도가 크고 우리가 좋아하지 않는 일일 가능성이 크다. 좋아한다기보다는 필요한 일일 가능성이 크며 중요도가 높으므로 좋은 결과를 기대하는 일일 것이다. 따라서 우선순위가 높은 일은 좋은 결과를 기대하는 필요한 일이므로 부담스러운 일이라 할 수 있다.

우선순위가 높아 부담스러운 일들을 처리하는 방법은 3장 '02. 시작 행동 만들기'와 '04. 목표 확인하기', 그리고 4장 '기적의 습관 03. 마감 시간 정하기'를 참조하기 바란다. 1순위의 할 일이 너무 부담스럽다면, 2순위와 4순위를 먼저 처리하는 것도 방법이다. 그러나 이것은 1~3순위의 일들을 처리하기 위한 과정임을 기억하자. 하루를 마감할 때 1~3순위의 일들이 처리되어 있다면 한정된 시간 안에 중요한 일들이 해결되어 내일로 미루는 일이 없게 된다. 해야 할 일을 제때 처리함으로써 신뢰할 수 있는 승자의 삶을 살 수 있는 것이다. 일상생활에 대한 자기 통제감과 뿌듯한 만족감은 덤으로 선물처럼 따라올 것이다.

한편 4순위 이하의 일 중에도 중요한 일이 있다. 주기적으로 또는 갑자기 발생한 일이 여기에 해당한다. 나의 경우엔 가족 같은 물고기 구피들의 수조에 매일 물 보충하기가 시급한 일은 아니지만 중요한 일이다. 병실에 분리하여 돌보고 있는 아픈 구피의 상태를 점검하는 일은 캘린더에 메모하지 않아도 매일 수시로 할 일이다. 매월 중순쯤 200마리 물고기 구피들의 집인 수조를 청소하는 일 역시 정기적인지만 특별히 메모하지 않아도 3순위 안에 포함하여 처리하고 있다. 물고기 구피가 노환이나 병으로 사망할 때는 갑자기 생긴 일이지만 다른 구피들의 건강한 환경 관리를 위해 1순위로 처리할 일이 된다.

물고기 구피들이 내 가족이 된 지 4년이 넘었다. 엄마의 권유로 칙칙한 무채색의 어린 치어들을 기르기 시작한 것이다. 엄마는 "구피 새끼 10마리 가져왔어." 하며 손잡이가 달린 간장병을 씻어 말렸다가 윗부분을 잘라내고 치어들을 담아 왔다.

치어들은 강원도 고향 집 거실에서 여행 채비를 마치고 엄마의 힘찬 손에 들려 흔들리는 우등버스에 올라탔다. 2시간여를 버스로 달려 남동생네 집에 먼저 도착했다. 남동생이 집을 샀다며 집들이에 가족들을 초대한 것이다. 남동생의 새집에서 건네받은 치어들은 다시 나의 차를 타고 우리 집으로 왔다. 간장병 안에서 1박 2일을 보내며 버스와 승용차를 타고 이집 저집을 다닌 구피들이 지칠 만도 한데 여전히 활기차게 좁은 간장병의 수면 부근을 헤엄치며 돌아다녔다. 다음 날, 강의를 다녀와서 거실 등을 켜니 어둡던 주방 식탁 위 간장병에서 헤엄치던 치어들이 내 쪽으로 일제히 몰려들며 나를 반겼다. 갑자기 뭔가 가슴 한편에 뭉클하고 올라오는 것이 있었다.

밥을 달라고, 마치 내가 밥인 듯 나에게 몰려드는 칙칙한 회색의 어린 생명들이 내 어린 시절 형제들 같았다. 엄마에게 우리도 이런 아이들이었을까? 이렇게 밥때만 되면 밥 달라고 몰려드는 우리 5남매를 어떻게 키웠을까? 엄마는 "쌀자루가 줄어들면 깜짝깜짝 놀랐어." 하시며 이제는 웃으시지만 얼마나 앉을 새 없이 고단하셨을까? 어린 구피들이 열심히 먹이를 쫓아다니며 저녁밥 먹는 것을 바라보며, 밥 안 먹어도 배부르다는 엄마들의 말을 조금이나마 이해할 수 있었다. 엄마가 10마리를 세어 가져왔다는 치어들은 자세히 보니 12마리였다. 엄마에게 소중한 치어들이라 열심히 수를 세어주었을 텐데 노안인 엄마에게 빠르게 퐁퐁 헤엄치는 치어 녀석들을 센다는 건 어려운 일이었을 것이다.

엄마에게 우리 5남매 밥 먹이는 일은 0순위였을 것이고, 나에게 물고기 구피 12마리, 이제는 300마리로 늘어난 녀석들을 먹이는 일 역시 캘린더 일정에 없어도 0순위이다. 이처럼 매일 반복되는 일상이지만 우선순위의 일이 계획한 것에만 존재하는 것은 아니다. 주기적으로 갑자기 발생한 일에는 보다 다양한 '돌발 상황'이 포함되는데 우선순위와 상관없이 바로 처리해야 한다. 예를 들어 물고기 구피 같은 반려동물에게 상처가 생겼을 때, 청소와 정리가 필요한 상황 같은 것이 있다.

수조 안의 물고기 구피가 머리를 흔들며 눈 맞춤을 하지 못하고 여기저기를 부산스럽고 거칠게 헤엄치며 다닌다. 이런 경우, 내가 '도리도리병'이라 이름 붙인 병에 걸린 구피이므로 바로 뜰채로 건져 병실로 분리해야 한다. 그렇지 않으면 며칠 안에 수조 안의 구피들이 모두 사망에 이르게 된다고 한다. 다른 수조에서는 수초들이 어우러진 수조 안의 숲에 아주 작은 치어가 도망 다니고 있다. 암컷 중 누군가가 수조 안의 숲에서 치어를 낳은 것이다. 가족 개념이 없는 구피 성어들의 먹이가 되기 전에 얼른 뜰채로 건져 치어 방에 옮겼다. 휴, 성공했다. 가족이 한 마리 더 늘었다, 오늘도 열심히 일해야 한다고 다짐한다.

이렇게 반려동물에게 갑자기 도움이 필요한 일과 같은 돌발 상황은 계획에 없었지만, 생명을 다루는 일이므로 1순위가 된다. 우유를 쏟은 것과 같이 음식물을 바로 닦아내야 하는 경우도 여기에 해당이 될 것이다. 아침에 커튼을 열고 베란다에 나가보니 건조기 안에 밤새 건조된 빨래들이 뒤엉켜 있거나, 남편의 서랍을 여니 이런저런 속옷들이 뒤엉켜 있을 때도 가능한 한 즉시 해결하는 편이다. 왜냐하면 결국 나중에도 내가 할 일이기 때문이다. 청소와 정리는 반려동물의 일처럼 생명을 다루는 시급함은 없지만 미루었을 경우 더 큰 일이 된다.

오늘 할 일이 많은가? 우선순위를 정해서 하라. 계획은 목적지와 같다. 우선순위의 일은 가장 먼저 가야 할 목적지이다. 가장 중요한 거래처의 일을 먼저 처리하는 것은 자연스럽고 꼭 필요한 일일 것이다. 하루를 마감할 때 1순위부터 3순위까지 처리되어 있다면 일상에 대한 자기 통제감과 뿌듯함을 선물로 받을 수 있다.

하지만 갑작스러운 상황에서 우선순위와 상관없이 바로 처리해야 할 일도 있다. 생명과 관련한 일. 그리고 나와 가족들의 중요한 순간에는 일과 일 사이에 시간을 내어 함께해야 할 것이다. 일 중독자가 되어 나와 가족을 소외시키는 일은 나중에 후회할 일을 만드는 것임을 기억하자. 한정된 시간 안에서 하루에 할 수 있는 일의 양과 질은 한계가 있을 수밖에 없다.

매일 가장 중요한 일 3가지를 끝마쳐보자. 융통성을 가지고 시작해보자. 승자의 미소가 함께할 것이다.

기적의 습관 3

일의 마감 시간을 정하라

지난해 가을, ○○전자의 제품을 설치 후 그 회사의 물류센터로부터 SNS 알림 문자를 받았다. 내용은 설치한 전자제품의 만족도를 묻는 설문 참여 요청이었다. 설치 공간 문제에도 불구하고 식기세척기를 무사히 설치했던 당시에는 만족스러운 기분이었다. 설치기사는 복잡한 문제가 발생했을 때도 해결책을 제시하며 중재해주었다. 만약 제품 설치가 완료되었을 때 바로 설문 요청이 있었다면 '매우 만족'에 체크했을 것이다.

하지만 식기세척기 설치 시점의 생생한 감동이 당연한 일상으로 생각되기 시작한 지 3일째 되던 날이었다. 그것도 일요일 점심 때쯤 설문 요청이 온 것이다. 설치 후 3일째 되는 일요일 오후엔 상황이 달랐다. 요즘은 주말에 무엇을 했는지 누가 갑자기 물어보면 생각이 안 날 때가 많다. 일요일은 종교 생활 이외에도 주중에 미뤄두었던 일들과 가족과의 일정이 있어 정신없이 지나간다.

설문에 답하는 것이 번거롭게 느껴졌고 여러 가지 일들에 밀려가며 언제 시간 내서 설문에 답해야지 하고 지나쳤다. 그렇게 3개월쯤 지난 후, 습관에 관한 책을 쓰면서 나 자신의 습관에 관심 가지게 되었다. 그 설문에 이제라도 답해야겠다고 생각했다. 그 사이에 시간이 많이 흘렀고 휴대폰도 바꿔서 지나간 SNS 설문을 찾는다는 것이 쉽지 않았다. 겨우 설문을 찾아 열어보니 '설문 기간이 지났습니다. 감사합니다.'라는 문장이 보였다. 안내문은 나에게 기간 만료 안내와 감사 인사를 하고 있었다. 자주색 글씨로 된 문구는 차분해보였지만 경고 메시지도 담고 있는 것 같았다. 마치 '마감 시간 안에 들어오셔야 설문에 참여하실 수 있습니다.'라고 말하는 것 같았다.

어떤 상품을 구매하거나 설치 받으면 만족도 설문 요청이 자연스럽게 따라온다. 그때마다 보통 설문을 못 본 척하며 지나치게 되는데 설문에 답해야지 생각하더라도 이 사례처럼 미루게 될 때가 있다. 나는 위 사례에서 실제로 제품을 설치 받고 3개월이 흐른 뒤, 설문에 참여하고 싶었지만 할 수 없었다. 설문은 이미 마감된 상태였다. 마감 기한은 SNS 페이지의 끝에 눈에 띄지 않게 서술형 문장으로 쓰여 있었다. 분명한 목적과 기한을 글의 앞쪽에 제시하지 않으면 글쓴이의 목적을 이룰 수 없다. 마감 기한은 구체적인 날짜로 쓰고 시간까지 명확히 기재해야 상대방이 잊지 않고 답할 가능성을 높일 수 있을 것이다.

　지난해 초여름 무렵, 어린이집 교사와 원장을 대상으로 직무교육을 준비할 때의 일이다. 교수 매체 관련된 강의여서 현장에 근무하는 원장 친구에게 자료를 부탁해서 받았다. 친구의 자료와 내가 준비한 몇 가지 자료를 가지고 본격적인 강의 준비를 시작했다. 강의 준비는 전날 오전부터 시작하였는데 예상보다 많은 시간이 걸렸다. 오후에는 아동 상담이 있어서 다녀와야 했다. 시간에 쫓기며 상담을 다녀와서 다시 컴퓨터 앞에 앉았다. 저녁밥은 컴퓨터 옆에 놓고 간단히 먹었다. 강의 자료의 핵심을 요약하고 주제 관련 활동 계획과 참고자료 정리를 했다. 마지막으로 강의용 파워포인트를 만드는데 다음 날 새벽이 환하게 밝아왔다. 강의 당일 오전엔 초등 아동들과 그들의 부모 상담이 있고 오후에 직무교육 강의가 있었다. 전혀 잠을 자지 않고 상담과 강의를 하는 것은 무리였다. 그래서 겨우 1시간 30분간 눈을 붙이고 일어나 상담과 강의 일정을 무사히 소화했다.

　일의 마감 시간을 정하는 것은 이미 많은 사람이 알고 실천하고 있을 것이다. 그러나 이 사례에서 보듯 무리한 일정으로 계획한다면 건강과 일정 모두에 문제가 생길 수 있다. 계획한 일을 무사히 마쳤다 하더라도 현저히 부족한 수면시간 때문에 일의 진행 과정에 차질이 생길 수 있기 때문이다. 건강에도 무리가 있어서 그다음 날 아무것도 하지 못하거나 주말 내내 끙끙 앓느라 시간을 낭비하게 될 수도 있다. 따라서 마감 시간을 정하되 융통성 있게 계획해야 일에 차질이 없고 완성도 높은 일 처리가 가능할 것이다. 건강 유지를 위해서도 여유 있는 마감 시간 계획은 중요하다.

내가 대학원 박사 과정을 수료하고 박사학위 청구논문 심사를 받을 무렵의 일이었다. 박사논문의 마지막 심사를 마치고 심사위원들이 수정할 것을 지시한 사항들을 토대로 논문을 정리해야 했다. 논문심사 종료의 기쁨보다는 논문 수정의 부담이 컸다. 박사논문을 준비하고 심사받는 과정에서 '내가 시작했으니 끝까지 할 일을 잘 마쳐야지.'라고 힘들 때마다 생각하며 버텨왔다. 드디어 박사논문 심사를 모두 마쳤는데 또다시 논문을 수정하고 보완하는 일은 쉽지 않았다. 그렇지만 논문을 최종적으로 정리해야 박사논문을 제출할 수 있고, 박사논문을 제출해야 박사학위를 받으며 졸업할 수 있었다.

다시 컴퓨터 앞에 앉았다. 최종 논문 제출일로부터 거꾸로 역산하여 논문을 수정할 목록들에 각각 마감 날짜를 써넣었다. 논문의 항목마다 설정해둔 날짜까지 기계적으로 밥 먹고 컴퓨터 앞에 앉아 논문을 수정한다는 것은 무척 인내를 요구하는 일이었다. 논문 제출일까지 날짜도 많이 남지 않았다. 어렵지만 해내야 하는 일이므로 마감 기한과 세부 내역별 일정을 계획하였다. 계획보다 시간이 더 걸리는 부분도 있었지만 5일간 계속해서 집 안에만 머무르며 수정이 어려운 부분을 정리했다. 이후 나머지 부분은 도서관에 가서 편집을 마치고 결국 논문 수정을 완료했다. 덕분에 제출일에 맞춰 수정이 완료된 박사논문 파일을 대학원에 제출할 수 있었다.

박사논문은 나에게 큰 의미가 있었다. 나는 20대 시절, 공무원으로 일하며 막연히 대학원 진학의 꿈을 꾸기 시작했다. 대학원 졸업 후 무슨 보상이 있을지 잘 몰랐지만, 그저 틀에 박힌 일상이 아닌 자유로운 삶이 가능할 것 같았다. 프리랜서의 자유로운 생활을 원했던 나는 대학원을 통해 꿈을 이루고자 했다. 요즘 프리랜서로 살며 혹독한 현실과 마주해야 할 때가 많지만 후회하지 않는다. 그것은 내가 원하는 삶을 내 손으로 선택했으므로 달콤하지 않은 결과도 내 몫임을 잘 알고 있기 때문이다. 그리고 또 하나, 어떤 선택이든 양면성이 있어서 달콤한 결과만 기다리는 경우란 없다. 쓰디쓴 실패와 좌절, 공짜가 없는 차가운 현실도 함께 오는 것이다.

그렇게 내 20대의 꿈, 프리랜서가 되기 위해 대학원에 진학했고 대학원 과정과 박사논문을 쓰면서 마감 시간 설정의 중요성을 절감했다. 5일간 집 안에만 머무르며 논문을 수정하는 것은 어려운 일이었다. 5일을 계획한 것은 아니었고 논문 수정이 완료되어야 다음 일을 할 수 있는 상황임을 기억했다. 논문 수정을 끝마칠 때까지 계속하다 보니 5일간 집에 머물게 된 것이다. 글을 써본 사람은 누구나 알겠지만, 자신이 쓴 글을 다시 읽으며 수정 보완하는 것은 지루하고 숨 막히는 작업이다. 차라리 새로운 글을 쓰는 것이 더 쉬울 것이다.

내 글을 다시 읽고 수정하는 힘든 과정은 수정 목록마다 하나씩 마감 시간을 정함으로써 해결되었다. 마감 시간 설정은 체력이 바닥난 나에게 적절한 긴장감을 유지하게 도왔다. 세부 항목들을 하나씩 완료할 때마다 성취감도 생겼다. 물론 마감 시간과 정신력만으로 일할 수 없으므로 아침 기상 시간과 일을 시작할 때, 그리고 틈새 시간에 간단한 스트레칭 운동을 추가하였다.

이제 내 나이 50이 넘어 나만의 습관을 정리해보고 원하는 행동의 습관화에 도움이 되는 방법도 탐색하는 책을 쓰고 있다. 혼자 논문을 쓰기도 어렵지만, 혼자 책 쓰는 과정 역시 만만치 않다. 수시로 일정표에 나만의 마감 시간을 정하고 실행한 후, 다시 새로운 마감을 계획하여 실행하기를 반복했다. 책 쓰기에만 몰입하고자 다른 일은 아주 조금만 하면서 지낸 지 거의 1년이 되었다. 결국, 초고 완성이라는 작은 열매가 눈앞에 보이기 시작했다. 매일 공유 사무실에 자부담으로 출근하며 책을 쓴 결과이다. 나의 좋은 습관과 좋지 않은 습관을 돌아보며 습관 커뮤니티를 구성하여 멤버들과 함께 스터디도 진행했다. 지인 30여 명에게 각자의 습관을 성찰해보도록 돕는 간단한 서술형 설문지 연구도 진행했다. 나와 지인들의 경험과 통찰, 습관 관련 참고문헌을 종합하여 습관 점검용 체크리스트도 제시했다. 나 자신에게 매일 초고 완성 마감일을 제시하고, 오늘 할 일을 일정표에 제시하여 실행에 옮기도록 격려한 덕분이다.

어렵고 부담스럽지만 해야 할 일이 있을 때 마감 시간 계획하기는 유용하다. 마감 시간 계획은 전체적으로 최종 마감할 시간과 세부 사항들에 대한 각각의 마감 시간으로 이루어진다. 할 일 전체를 마감 시간을 향해 진행하더라도 우리가 실제로 경험하는 하루하루에는 세부적인 작은 일들을 하나씩 마감해야 한다. 그렇게 할 때 할 일 전체를 마감하여 최종 제출하는 기쁨을 맛볼 수 있다. 이때 최종 마감한 일을 제출한 후의 뿌듯함을 느끼지 못하고 건강을 유지하기 힘들 정도가 되면 곤란할 것이다.

최고의 성과를 위해 온전히 몰입하는 것이 중요하지만 마감 시간을 융통성 있게 계획하는 것이 필요하다. 할 일을 마친 후, 선물 같은 인생을 계속 살아갈 권리와 의무가 있지 않은가.

자투리 시간을 활용하라

　바쁘게 처리할 일들을 끝내고 시간이 남으면 책을 좋아하는 나는 독서를 한다. 아니 할 일에 집중하기 어려울 때도 내가 좋아하는 작가의 책을 읽는다. 작가는 책 속에서 나에게 위로와 격려의 말을 건네기도 하고 힘과 용기를 주기도 한다. 이메일을 정리하다가 출판사에서 제공하는 책 서평을 훑어보며 사보고 싶은 책들의 목록을 메모하기도 한다. 퇴근하면서 집 근처 카페에 앉아 남편이 귀가할 때까지 가방에 있던 책을 몇 페이지 읽을 때도 있다.

　친구나 지인과 약속이 있을 땐, 20대 시절부터 책 한 권을 들고 다니는 습관이 있었다. 먼저 도착하여 친구를 기다리거나 친구가 화장실 갈 때와 같이 짧은 시간이지만 내가 좋아하는 책을 읽어볼 수 있어 좋았다. 요즘은 뭘 손에 들고 다니기 부담스럽고 귀찮아져서 가방에 책을 넣어서 다닌다. 책 한 권도 무겁게 느껴지는 날엔, 인터넷 서점에서 구매해 스마트폰에 저장해 둔 e-book을 읽는다.

이렇게 자투리 시간에 책 읽는 습관은 최근 가장 관심을 받는 독서 도구로 등장한 인터넷 유튜브로 확장되었다. 유튜브는 동영상 서비스를 제공하므로 영상 시청이지 독서라고 할 수 있는지, 반문할 수도 있다. 그러나 많은 유튜버가 영상을 통해 사람들이 필요로 하는 다양한 주제의 책을 읽어주고 핵심 메시지를 전달하고 있다. 따라서 삶의 다양한 문제 해결을 돕는 유익한 영상들은 시청각을 활용한 독서라고 생각한다. 나도 인쇄된 책과 e-book만큼 자주 유튜브 영상을 시청한다. 경제적 자유, 대인관계, 교육 관련 콘텐츠를 영상으로 만나는 것이다. 유튜브 영상 시청으로 알게 된 책의 내용을 더 알고 싶을 땐 직접 책을 구매해 읽는 독서의 선순환이 일어나기도 한다.

이처럼 독서가 우리 삶에 중요하지만 매일 반복되는 일과를 보내며 생각보다 책 읽을 시간을 내기 어려워 자투리 시간을 활용하게 되었다. 바쁠수록 많은 일을 할 수 있다는 말이 있다. 나는 바빴던 20대 시절, 자투리 시간에 책 읽기를 훨씬 많이 한 것 같다. 책을 좋아해서 직접 사서 보는 책도 많았지만, 도서관이나 친구에게 빌려서 볼 때도 많았다. 어떤 날은 친구에게 빌린 책을 돌려주려고 출근 전 새벽 6시부터 일어나 2시간

동안 읽고 요점을 메모한 후 퇴근길에 돌려주기도 했다.

독서 못지않게 중요하지만, 일정표에 등록하지 않고 실천도 어려운 것이 운동인 것 같다. 젊은 시절에는 운동의 필요성을 느끼기보다 친구나 동료들과 함께 어울리는 활동을 좋아했던 것 같다. 따라서 운동을 시작해도 계속하기는 쉽지 않았다. 테니스는 팔에 힘이 없어서, 등산은 산에 오르는 것보다 뒤풀이에만 관심이 있어서, 헬스는 지루해서 계속할 수 없었다. 이러다 보니 숨쉬기와 눈 깜빡이기, 친구 만나고 쇼핑하며 걷기, 출퇴근하며 짧게 걷기, 근무 시간에 조금씩 걷기 정도만 하며 지냈다. 그런데 나이가 들어 건강에 문제가 생기기 시작하면서 나 스스로 운동이 필요함을 느끼게 되었다. 지인들도 만날 때마다 운동해야 한다고 말하면서 정작 운동을 열심히 하는 사람은 만나기 어려웠다.

어느 날, 집에서 버스로 네 정거장 정도 떨어진 거리의 단골 병원에 다녀올 때, 날씨도 좋고 짐이 별로 없어 슬슬 집 쪽으로 걷기 시작했다. 걸어보니 생각보다 먼 거리는 아니었고, 운동 효과 덕분에 상쾌한 기분이 들었다. 예를 들어, 출퇴근 시간에 기본적으로 대중교통을 이용하며 많이 걷기, 전철역에서 계단과 에스컬레이터가 나를 고민하게 할 때, 이제는 거의 계단을 선택하여 헬스장에서 운동하듯 걸어서 올라간다. 어떤 날은 집 부근 전철역에서 네 개의 출구 중에 긴 계단만 있는 출구를 골라 계단 올라가기를 충분히 할 때도 있다. 우리 집이 12층에 있어서 아파트 계단도 걸어서 올라가면 운동이 되겠다 싶었다. 하지만 관리사무소에서 꼭 필요한 곳에만 제한적으로 등을 켠 탓에 저녁 귀갓길에 계단으로 걸어서 12층 우리 집까지 가보니 어두워서 마땅치 않았다.

헬스센터 회원 등록은 기간이 길면 길수록 할인율이 높았다. 그래서 남편과 함께 각각 1년씩 등록했다. 그런데 헬스에 재미를 느끼지 못한 나는 개인 운동 수업에만 간신히 의무적으로 참여했다. 개인 운동 수업은 고비용이어서 남편과 교대로 참여하다가 14개월 만에 그만두기로 했다. 운동 수업이 종료되어도 평소에 하지 않던 개인 운동을 하러 자발적으로 헬스장에 가지는 않았다. 그렇게 3개월의 시간이 흘렀다. 헬스 3개월 비용이 낭비된 것이다. 남편과 함께 대책을 세웠다. 적어도 주 2회 헬스장에 가지 않는다면 회원계약 기간 만료 후에 재계약하지 않기로 말이다. 때는 연말이라 쉽지 않았다.

그래서 헬스 계약이 종료되기 2주 전부터 집에서 자투리 시간에 간단한 운동을 해보자고 결심했다. 그동안 수없이 시도해보았지만, 운동을 집에서 하는 것이 생각보다 쉽지 않았다.

거실 수조에 물고기 구피 300마리를 키우고 있다. 문득 구피들을 허리를 약간 구부려서 보려고 하다가, 이럴 때 스쿼트 운동을 하면서 보면 어떨까 생각이 들었다. 마침 습관에 관한 책을 쓰고 있으니 자투리 시간을 활용한 좋은 습관을 만들어보면 좋을 것 같았다. 스쿼트squat는 양발을 어깨만큼 벌리고 등을 편 채 무릎을 구부려 수직으로 앉다가 다시 일어나는 동작이며 근력 운동이다.

한 번, 두 번, 열 번… 다음은 열한 번일 것 같지만 이십 번, 삼십 번…

이게 웬일일까. 그동안 개인 운동 수업을 '지옥의 PT'라고 불렀던 이유 중 하나는 힘든 스쿼트 때문이었던 것 같다. 물론 트레이너가 요구했던 것처럼 매우 엄격한 동작을 나 자신에게 요구하지는 않았지만 나름대로 기본자세를 유지하려 애썼다. 일과 일 사이의 자투리 시간에 스쿼트 동작으로 운동하는 횟수는 매일 계속했더니 점점 더 늘어났다. 거실을 오가며 사랑하는 가족 물고기들이 잘 놀고 있는지 볼 때, 약간 낮게 화장대 위에 얹힌 거울을 볼 때, 이제는 심지어 욕실에서 머리를 말릴 때도 스쿼트 운동을 반복한다.

집 안에 있을 때는 자투리 시간에 스쿼트 운동을 하고, 집 밖에서는 엘리베이터에서 내릴 때와 타기 전 짧은 시간을 활용하여 운동한다. 11층 엘리베이터 앞에는 누군가 기증한 대형 거울이 벽에 걸려 있다. 그 대형 거울 덕분이라고 말할 수 있을 것 같다. 엘리베이터에서 누군가 내리기 전까지, '데드리프트dead lift' 동작을 열 번 반복한다. '데드리프트' 동작은 두 발을 어깨만큼 벌리고 서서 무릎은 편 채로 상체를 앞쪽으로 내리다가 90도쯤에 머리와 가슴을 천천히 들어 올리면 된다. 그다음, 한 발로 서서 뒷다리를 들고 위아래로 움직이는 '런지lunge'의 변형 동작도 열 번 반복한다. 컨디션이 좋거나 엘리베이터에서 내리는 사람이 없을 땐 동작들을 더 반복하기도 한다. 이때 남편이 하는 말, "빨리 와! 뭐 해?" 두 달이 지난 지금, 남편은 아무 말 없이 먼저 집에 들어가며 현관문을 살짝 열어둔다.

자투리 시간을 활용한 독서는, 내가 좋아하는 것을 하기 위해 작은 시간을 모아서 가능하게 한 것이다. 이와 달리, 걷기와 계단 오르기 운동은 내가 좋아서 할 때보다는 어차피 이동할 시간을 활용하는 경우가 많다. 스쿼트 운동은 나에게 필요한 운동이어도 그동안은 실천할 수 없었다. 너무 힘든 동작이어서 운동하기 싫었다. 이번에 스쿼트 운동과 친해진 계기는 내가 사랑하는 가족 같은 구피를 어차피 돌보아야 하는 시간에 운동을 활용한 덕분이다. 다른 일을 주목적으로 하면서 스쿼트는 부수적인 움직임 정도로 여겼다. 이제 스쿼트 운동은 나에게 힘들지 않거나 덜 힘이 드는 움직임일 뿐이다. 게다가 내 몸에 필요한 운동을 위해 자투리 시간을 활용한 것이다. 자투리 시간은 내가 습관 만들기를 위해 사용하지 않았다면 그냥 흘러버릴 수 있는 작은 천 조각 같은 시간인 것이다.

자투리 시간을 활용하라. 독서, 운동, 집안일과 같이 꼭 필요하지만, 일정표에 등록하지 않아 우선순위에서 밀리는 일들이 있다. 이런 일들을 일과 일 사이의 자투리 시간에 처리해보자. 자투리 시간을 무시한다면, 늘 시간 부족에 허덕일 것이며 자투리 시간이 주는 선물을 받을 수 없게 된다.

물론 자투리 시간에 후 순위의 일들을 처리하다가 우선순위의 일들을 내일로 미루는 일이 없도록 유의해야 한다. 피곤함, 시간 부족, 다음 일을 할 시간과 같은 이유로 중요도가 높은 일들을 다음 날로 미룬 적이 있는가? 자투리 시간을 사용해보자.

우선순위의 일에 영향을 주지 않으면서 당신에게 중요한 일에 자투리 시간을 써보자. 할 일의 압박과 시간 가뭄에 허덕이던 당신의 하루가 자기 통제감과 만족감으로 채워질 것이다.

기적의 습관 5

돈과 시간은 소비하지 말고 투자하라

건강 관리는 20대부터 해온 나의 오랜 습관이다. 건강을 유지하고 병을 예방하기 위해 돈과 시간을 충분히 투자해 왔다고 자부할 수 있다. 건강을 유지하기 위해 건강한 식습관과 생활 태도, 운동을 해왔다. 아울러 아프지 않기 위해 환절기같이 기후가 변동될 땐 특히 실내 환경과 호흡기 관리처럼 내가 할 수 있는 환경 관리에도 관심이 많다. 요즘처럼 대기질이 좋지 않은 날이 많거나 바이러스가 유행하는 때는 누구나 건강한 환경 관리에 신경을 쓰고 있을 것이다.

엄마의 건강이 약할 때 내가 태어났다는 이야기와 함께, 10대 후반부터 20대 초반 사이의 여러 가지 경험들 덕분에 건강 관리의 중요성을 알게 되었다. 기본적인 하루 세끼 밥 잘 챙겨 먹기는, 결혼하고 나서 남편의 식사도 준비하며 더 신경 쓰게 되었다. 30대 시절엔 바쁘고 생활비도 빠듯했지만 잘 챙겨 먹으며 지내려고 노력했다. 한편 자녀가 없다 보니 남편과 나의 건강한 식단에 늘 관심을 가졌다. 40대에 접어드니 건강이 예전 같지 않았다. 그래서 건강에 도움이 되는 식재료를 충분히 활용하고 보조식품도 필요한 만큼 섭취하려고 노력했다.

50대에 접어들고 보니, 이제 건강은 생존에 필수적인 요소라는 생각이 든다. 건강하지 않다면 열정적이고 보람된 삶을 살 수 없을 뿐만 아니라, 예상치 못한 막대한 지출을 부르게 된다. 따라서 식재료와 음식이 싼 것도 많지만, 가능하면 조작이 덜 되고 농약 같은 유해 요소가 덜 처리된 식재료를 구입하고 있다. 식당에서 외식할 때도 맛 위주로 선택하기보다는 단백질과 같은 중요한 영양소가 균형 잡힌 메뉴인지, 조리 방법이 건강한지를 고려한다.

사람들이 정수기에 큰 관심을 가지지 않던 20년 전부터 정수기를 임대하거나 구입하여 몸의 70% 정도를 구성하는 물에 관심을 가졌다. 요즘도 외출할 때, 정수된 물을 병에 가지고 다니며 수시로 수분 섭취를 한다. 정수기가 어디서든 제공되니 내 물병에 수시로 물을 보충할 수도 있다. 물을 비롯한 건강 관련 요소들을 챙기며 불필요한 지출을 예방함으로써, 가장 필요한 지출에 집중하는 나는 오늘도 건강을 투자 대상으로 생각하며 산다.

건강 관리 못지않게 사람들이 돈과 시간을 들이는 일이 여행일 것이다. 신혼여행을 태국으로 다녀온 후로 해외여행은 생각지도 못하며 19년 동안 정신없이 살았다. 남편과 나의 박사학위 취득을 위한 긴 여정 이외에도 지출 요인이 많았다. 자녀를 원하지만 별다른 이유 없이 자녀가 없는 다른 부부들처럼, 우리도 평범한 부부들이 자녀 양육에 들이는 비용 못지않게 많은 지출이 있었다. 요즘은 다양한 가족 형태에 대해 이전보다 조금은 편안한 분위기가 된 것 같다. 그동안 학업과 자녀를 얻기 위한 지출, 안정된 주거와 할 일을 준비하는 기간의 지출이 많아 국내 여행과 캠핑 정도로 여가를 즐겼다. 그러던 중 상담 자격 과정에서 함께 공부한 지인이 본가인 미국으로 돌아갈 때 섭섭한 마음이 들어 한 번 여행을 가겠다고 약속했다.

미국 워싱턴에 지인이 있다는 것을 빌미로 해서 언젠가 미국에 가봐야지, 생각은 했지만, 마음처럼 선뜻 실행에 옮기기 어려웠다. 그래서 지금의 아파트로 이사하고 2년 뒤, 짐도 정리되고 재정적 출혈도 회복될 즈음, 미국 여행을 결심했다. 남편은 좋아하는 표정과 걱정스러운 표정이 뒤엉켜 묘한 반응을 보였다. 워싱턴 주변의 여행지 선정, 숙박과 항공권 예약, 여권 신청으로 준비할 것이 많았다. 남편은 늘 '알아서 하세요.' 하며 방임의 느낌이 들게 하곤 했다. 그랬다, 남편은 우리의 첫 번째 집을 살 때도, 13년간 쓰던 작은 차를 처분하고 더 안전하고 편안한 차로 바꿀 때도, 빌라를 팔고 더 나은 위치의 아파트로 이사할 때도 같은 말을 되풀이했었다.

지인을 만날 겸해서 남편과 다녀온 미국 여행. 그때가 아니었다면 워싱턴과 뉴욕 여행을 언제 단행할 수 있을지 요즘처럼 지출이 많을 땐 예측할 수 없다. 여행 이후에도 미국의 세계적인 위상 덕분에 뉴스와 영화에서 워싱턴과 뉴욕의 거리를 오가는 사람들의 모습을 TV에서 자주 볼 수 있다. 그때마다 다녀오길 잘했지 하는 생각이 들었다. 해외여행은, 다른 나라를 경쟁 상대나 두려움의 대상보다는 우리와 다름없는 사람들의 소중한 삶이 이어지는 곳으로 이해하게 돕는다. 따라서 여행 후 TV를 통해 그 나라를 다시 보게 되면, 여행지에서 거닐었던 거리와 공원의 따끈한 햇볕, 가게에서 국산 라면을 보고 신기했던 일, 숙박지에서 현지 사람들과 나눈 이야기를 추억 속에서 다시 만나게 한다. 여행 경험이 있는 나라와 사람들은 이전보다 친숙하게 느껴지는 것 같다. 기회가 된다면 시간과 돈을 투자하여 해외여행의 매력을 느껴보는 건 어떨까.

결혼 후, 주말에 외출 계획이 없을 때나 날씨가 적당하지 않을 땐, 남편과 TV 시청을 한다. 저녁을 먹고 식탁을 정리하며 왔다 갔다 하면서 남편이 틀어 놓은 테니스 경기를 조금씩 보게 되었다. 현재 세계 1위인 스페인의 나달 선수가 그 특유의 강박적 행동을 반복하며 경기에 집중하고 있었다. 나달의 강박적 행동은 경기 시간뿐만 아니라 휴식 시간에도 나타난다고 한다. 나 역시 중요한 일의 과정과 종결 이후에도 긴장된 순간에 나타나는 강박적 행동이 있어서인지 나달의 경기를 시청할 때마다 응원하게 된다. 나달은 이러한 강박적 어려움에도 불구하고, 세계 최고의 선수답게 최악의 순간에도 포기하지 않고 몸을 던져 경기에 임한다. 현재 상태에 안주하며 시간을 소비하는 경우란 없는 것이다.

나달의 경기를 우연히 시청하고 며칠이 지난, 2월 2일 저녁이었다. JTBC 스포츠 채널에서 생중계하는 호주 멜버른에서 열린 호주오픈 테니스 대회의 남자 단식 결승전을 시청했다. 세르비아의 조코비치와 오스트리아의 도미니크 팀이 결승에서 맞붙게 된 것이다. 조코비치는 워낙 세계적인 선수다. 현재 세계 2위, 세계 메이저급 테니스 대회에서 통산 16회 우승한 전적이 있다. 호주오픈만 해도 7회의 우승 경력이 있는 세계 최상급 선수였다. 도미니크 팀은 세계 5위 선수이며, 본 대회에서 당시 세계 1위인 스페인의 나달 선수를 이기고 결승에 올라왔으므로 만만한 선수가 아니었다.

이전에도 남편과 함께 팀의 경기를 TV로 시청한 적이 있는데, 그때보다 체력과 기술, 자신감에서 훨씬 성장한 것이 보였다. 경기는 3세트까지 팀이 더 우세한 경기를 펼쳤다. 조코비치는 왠지 평소와 달리 어딘가 불편하고 피곤해보였다. 휴식 시간이 되자 조코비치는 개인 라카로 들어가 경기가 다시 시작될 즈음에 코트로 돌아왔다. 휴식 시간 동안 경기복을 새로 갈아입고 나왔다. 조코비치는 점차 평소 컨디션을 회복하며 세계 최상급 선수의 기량을 유감없이 보여주었다. 결국 조코비치는 3:2로 팀을 이기고 호주오픈 최후의 승자가 되었고, 동시에 세계 1위의 자리도 되찾았다.

내가 20대 중반이었을 때, 직장 동료들과 함께 테니스를 배워보려 하다가 팔의 힘과 체력이 부족해 포기했었다. 결혼한 후로는 남편과 함께 테니스 경기를 TV 시청하는 것으로 대신했다. 이번에 호주오픈 테니스 대회의 여러 경기와 결승전을 관람하면서 호주에 여행을 가야겠다고 다

집했다. 그것도 호주오픈 테니스 대회 결승전 기간에 맞추어서 말이다. 남편은 "결승전은 몇백만 원은 할 텐데…." 하며 말끝을 흐렸다. 난 미국 자유 여행 때도 그랬듯, 한마디로 가볍게 대화를 마무리했다. "그렇겠지. 그래도 한 번쯤 가보는 게 좋겠어. 돈은 어차피 써야 할 곳에 쓰는 거니까, 준비하지 뭐!"

　남편의 말대로 몇백만 원을 내고 해외 스포츠 대회의 결승전을 관람하거나 좋아하는 선수의 경기 관람을 하는 것이, 비용으로만 본다면 부담스럽고 낭비일 수 있다. 하지만 그 비용은 어차피 이런저런 경험이나 쇼핑과 같이 나의 즐거움과 필요를 위해 쓰게 될 것이다. 만족도가 낮거나 일시적인 만족을 위해 여러 번 소비할 것인가? 아니면 강렬하고 일회적이지만 시간의 가치와 열정을 경험하는 기회에 투자할 것인가? 각자의 선택이지만 나의 경우는 시간의 가치와 열정을 생생하게 경험하여 내 몸에 그들의 열정이 전이되는 기회에 투자하고 싶다. 세계 최고 선수들의 열정적인 경기가 눈앞에서 펼쳐지는 생생한 경험은 오래도록 내 가슴을 뛰게 만들어 나 역시 열정을 다해 살도록 주문할 것이다.

　삶의 만족도를 높이는 방법은 다양하겠지만, 부자는 경험에 투자한다고 했던가. 나도 소유보다 경험에 투자하는 부자가 되고 싶다. 생생하고 감동적인 경험은 몸이 기억한다. 아울러 생생한 경험의 장면들은 무한 반복 재생이 가능하므로 경제적이고 충만한 삶을 가능하게 할 것이다.

　돈과 시간은 소비하지 말고 투자하라. 돈과 시간은 부자에게도 한정된 재산이다. 1조 원을 가진 부자에게도 월급으로 생활하는 직장인에게도 돈과 시간은 한계가 있다. 그렇다면 나와 당신의 한정된 재산을 소비하여 사라지거나 효용이 제한되는 것이 좋을까, 아니면 부가가치가 높은 것에 투자하여 지속적인 이익을 얻을 것인가. 선택은 당신의 몫이다.

기적의 습관 6

가치가 있다면 비싸도 투자하라

돈과 시간이 한정된 재화라는 데 동의하는가? 돈은 우리 생활에 필수적인 물건이고 수량을 제한하여 관리하므로 쉽게 이해할 수 있다. 그렇다면 시간은 어떤가. 원하는 만큼 소유가 가능한가? 시간은 눈으로 볼 수 없고, 누구에게도 소유되지 않으며, 반복되면서 동시에 끝없이 계속 미래로 흘러간다.

돈과 시간의 서로 다른 특성에도 불구하고, 모두 한정적이며, 운동성이 있으므로 관리가 필요하고, 누구나 더 많이 갖고 싶은 재화라는 공통점이 있다. 수량이 한정적이라면 당연히 가치가 높은 것에 투자해야 더 큰 이익이 돌아온다. 이익은 돈만을 의미하는 것이 아니다. 이익은 정신적 가치도 포함하며, 편리함과 유익함이라는 사전적 의미를 담아 편익이라 부르기도 한다. 나의 소중한 재화를 투자할 만큼 가치 있는 것은 무엇일까?

사람들은 모두 부자가 되어 경제적 자유를 만끽하고 싶어 한다. 그렇다면 부자들은 자신들이 어렵게 이룩한 부를 어디에 투자할까? 그들은 현재의 모습보다 미래가치를 기준으로 구매한다. 이것은 다른 말로 투자라 할 수 있다. 그래서 주식 투자 관련 책에서 종종 '성장 잠재력이 있는 가치 주에 투자하라'라는 문장을 보게 되는 것 같다. 이것이 무슨 의미인지는 주식을 몰라도 대략 이해할 수 있을 것이다. 현재의 미미한 성과만 보지 말고 미래의 성장 가능성에 주목하고 투자하여 더 큰 이익을 얻도록 하자는 의미일 것이다.

주식 투자뿐만 아니라, 개인의 재화 관리에 있어서도 이 명제는 유용하다. 다음의 3가지 사례들은 돈과 시간을 충분히 들여 투자할 만큼 가치 있는 일이 무엇인지 생각해보게 한다.

보통 개인의 이름으로 책을 출간하는 사람들은 작가, 전문가, 아니면 자신의 영역에서 성공하여 자서전을 펴내는 사람들일 것이다. 살아가면서 책 한 권 출간하는 것이 평생 꿈인 사람들은 흔히 만날 수 있다. 70대 할머니가 뒤늦게 한글을 배우며 시집을 냈다는 뉴스도 들은 것 같다. 우리는 한글을 배운 지, 꽤 오래되었는데 왜 내 이름으로 된 책 한 권을 갖기 어려울까. 나는 개인적으로 10여 편의 연구논문을 썼고, 박사논문을 포함한 9편의 논문이 한국연구재단에 등재된 학술지에 게재되었다. 지도교수님과 공저로 대학 교재도 출간했고, 교육부에서 지원하는 연구 프로젝트에 참여하여 글을 쓰기도 했다. 하지만 일반인을 독자로 하는 책을 출간한 경험은 없었다.

어느 날 동네 도서관에서 대여할 책을 검색하다가 『서른여덟 작가, 코치, 강연가로 50억 자산가가 되다』라는 책을 발견했다. 책 제목이 거창하고 자신감이 넘치는 느낌이었다. 작가 프로필과 목차를 훑어보니 〈한국책쓰기강사양성협회〉라는 책 쓰기 코칭 기관의 대표 코치인 김태광 작가의 책이었다. 〈한책협〉이라는 기관은 '성공해서 책을 쓰는 것이 아니라 책을 써서 성공한다'는 모토 아래 일반인 누구나 자신만의 책을 쓸 수 있도록 코칭 프로그램을 개설하고 있었다.[11]

반복되는 정적인 삶에서 동적이고 살아 있는 삶을 원했던 난, 바로 등록하고 일반인을 위한 책을 쓰기 시작했다.

지금 쓰고 있는 습관에 관한 책이, 자신의 삶을 원하는 방향으로 변화시키고 싶은 사람들에게 작은 도움이 되길 바라는 마음이다. 아울러 내가 50년 이상 살아오면서 이루고 발전시켜온 습관 관련 경험과 지식을 공유해주기를 원하는 사람들이 있다면 아낌없이 제공하고자 한다. 아울러 습관 만들기에 관심 있는 사람들과 만나 이야기 나누고, 그들에게 필요한 정보를 전달하면서 습관 관련 통찰과 지혜가 더불어 성장하는 선순환이 가능할 것이라 믿는다.

브렌든 버처드는 그의 저서 『백만장자 메신저』에서, 메신저는 자신의 경험과 지식을 메시지로 만들어 다른 이들에게 전달하는 사람이라 정의한다. 다른 사람들에게 실천적인 조언을 제공하고 그 대가를 받는 사람이 메신저라는 것이다. 책 한 권으로 시작하는 메신저의 삶은 강연과 워크숍, 코칭, 컨설팅, 두 번째와 세 번째 책 쓰기로 이어져 해당 분야 전문가로 살아가게 한다.[12]

따라서 책 쓰기는 돈과 시간을 분명한 미래가치에 투자하면서 보람과 부를 동시에 창출하므로 비용이 들더라도 충분히 시작할 만한 가치 있는 일인 것이다. 내 이름으로 된 책 쓰기는 이렇게 무한한 가치를 지닌 일이다. 혼자 시작하기 어렵다면, 신뢰할 수 있는 최고의 코치와 멘토를 만나라. 무한한 가치를 현실화할 수 있다면 비용은 소비가 아닌 투자이다. 책 쓰기는 당신 자신을 명품으로 만들 기회인 것이다. 그렇다면 돈 이상의 한정된 재화인 시간을 낭비하지 않도록 지금 투자하라. 돈을 조금 더 아끼려다 당신의 소중한 인생인 시간을 낭비하지 않길 바란다.

습관에 관한 책을 쓰면서 인터넷 자료를 검색하던 중, 이색적인 기사를 읽었다. "1조 원 기부 '관정 이종환'의 96년 '큰 구두쇠' 인생"이라는 제목으로 진행된 인터뷰였다. 이종환 삼영화학그룹 명예회장은 100세 가까운 고령에도 불구하고 여전히 출근하여 현업에 종사하고 있다. 그는 '돈이 아니라 사람이 열쇠더라'라는 신념을 가지고 2000년 6월, 현금 10억 원으로 관정이종환재단을 설립했고, 현재 1조 원 규모로 아시아 최대 장학재단이 되었다. 이 회장 재산의 97%를 재단에 출연한 것이며 19년간 장학금을 받은 국내외 학생들은 1만 명에 이르고 있다. 2022년부터는 한

국판 노벨상이라 할 수 있는 '세계관정과학상'을 제정하여 5개 분야에 총 75억 원의 상금을 주겠다는 계획을 발표하였다. 이는 노벨상보다 상금에 있어서 더 큰 규모이며, 과학 인재 양성에 독보적으로 기여할 것으로 기대된다. 이렇게 이회장의 재산 97% 사회 환원은 쉬운 결정이 아니었다. 그는 10년간 자신의 재산 처리에 대해 고민하며 잠을 이루기 어려웠다고 한다. 사업을 하면서 겪은 억울한 일들의 상처로 편안히 기부를 결정하기 어려웠을 것이다. 하지만 마음을 비우고 좋은 일을 위해 모든 것을 바쳤다는 게 건강 비결인 것 같다고 하였다.[13]

사례의 주인공, 삼영화학그룹 이 회장은 체면을 위한 겉치레를 좋아하지 않았다. 그의 신념, '개인은 소박하고 사회는 윤택해야 한다'는 생각을 삶을 통해 실천해온 것이다. 본인은 비행기 탈 때 이코노미석을 이용하면서도 세계적인 기업으로 도약하기 위해 기술 개발에 필요한 최신 기계와 최고 인재 영입에는 투자를 아끼지 않았다. 아울러 한국을 세계 속의 부국으로 이끌 인재 양성을 위해 교육재단과 '세계관정과학상'을 통해 아낌없는 지원을 계속하고 있다. 이를 통해 개인의 신념에 적합하고 사회적으로 가치가 있다면 돈과 시간을 무엇에 투자해야 하는지 생각해볼 수 있다. 96년간 기업인으로서 사회에서 받은 억울한 상처를 딛고 일어나 자신에게 상처를 준 이 사회에 재산의 97%를 돌려주기로 한 것이다. 그가 사회의 윤택함에 기여하는 모습은 많은 것을 생각하게 한다.[14]

우리가 속한 사회는 열심히 일하는 우리에게 길을 열어주기도 하고 좌절을 안겨주기도 한다. 아울러 사회는, 주어진 환경에 적응하며 성심껏 일하고 도전하는 사람에게 부를 안겨주고, 그 부는 다시 사회와 사람들이 성장하도록 밑거름이 된다. 결국, 우리가 축적하고자 하는 부는 사회 안에서 순환될 때 그 생명력이 계속 이어지는 것 같다.

내 이름으로 된 책을 써서 나의 가치 높이기, 그리고 명품과 함께 나 자신이 명품 되기와 같은 소망은 누구나 원하지만 쉽게 이루기 어려운 것들이다. 그러나 최고의 코치와 멘토를 만난다면 그렇게 어려운 일이 아닐 수도 있다. 사회에 기부하기는 재산뿐만 아니라 재능 기부와 같이 마음만 먹으면 할 수 있는 봉사의 길이 활짝 열려 있다. 돈을 기부하는 것 못지않게 소중한 시간과 재능을 필요한 사람들에게 나누어주는 것 역시 기부 행동의 하나인 것이다.

물론 혹자는 이렇게 말할지 모른다. 지금은 여력이 없고, 열심히 매달려 살기에도 바쁘다고. 언제쯤 책을 쓰고, 명품과 함께 살고, 사회에 기부할 수 있을지 모르겠다고 말이다.

시간은 당신을 기다려주지 않는다. 돈은 가치 있는 것에 투자하면 나에게 더 많은 것을 되돌려준다. 지금 당장 가치 있는 일에 비싸도 투자하라.

기적의 습관 7

작은 성공을 반복하라

"가장 작은 것, 가장 조용한 것, 가장 가벼운 것,
바스락거리는 도마뱀 몸짓, 숨결 하나, 휙 하는 소리,
한순간. 작은 게 최상의 행복을 만든다."
– 프리드리히 니체

강의를 17년째 하면서 소소한 성취감을 느낄 때가 있다. 그 가운데 기억에 또렷하게 남아 있는 강의가 있다. 강의한 지 9년 차에 접어든 해, 1학기가 시작된 3월 첫 주였다. 갑자기 지도교수님에게서 전화가 왔다. "교육대학원 수학 강의가 있는데 할래?" 하셨다. 몇 가지 부담이 있었지만, 강의를 수락했다. 이유는 거절할 상황이 아니었기 때문이다.

당시, 난 박사학위를 마친 지 6년째에 접어든 데다 강의를 병행하기 어려운 현장에서 원장으로 근무하고 온 터라 강의 섭외에서 어느 정도 멀어진 상태였다. 원장으로 근무 후, 현장의 혹독한 스트레스에 지친 몸과

마음을 회복하느라 한 학기를 쉬기도 했으니 어렵게 들어온 강의 추천을 거절할 명분은 없었다. 이미 1학기가 시작된 강의를 서둘러 계획하고 며칠 후부터 바로 강의하는 것은 쉽지 않았다. 게다가 강의해본 적이 없는 새로운 과목이고 임용고시 출신의 학생들을 대상으로 강의한다는 게 부담스러웠다. 그동안 교육대학원에서 강의했던 경험으로 볼 때 만족스러웠던 기억이 거의 없었던 터라 더 부담이 있었다.

대학원 동료들과 교수법에 대해 의논하며 강의를 준비했다. 강의는, 교육대학원이므로 퇴근 후에 수업에 오는 유아 교사들이 수강할 수 있도록 야간에 개설되었다. 강의 며칠 전부터 강의 주제를 생각하며 지냈다. 아이디어가 떠오르면 바로 휴대폰 메모장에 메모해두었다. 교사들이 일상 속 문제들을 수학적 사고를 통해 해결하는 활동 아이디어를 얻게 하고 싶었다. 일상적 상황은 유아들도 함께 경험하므로 활용 가치가 있었다. 유아들이 생활 중에 직접 경험하는 문제가 아니라 해도 비슷한 문제 상황으로 연계할 수 있었다.

예를 들어, 수와 연산의 경우, 출석한 아이들의 수를 유아들이 한 명씩 자리에서 일어나며 함께 수를 세어 숫자를 칠판에 쓴 후, 그 숫자가 우리 반 아이들 전체 수와 같은지 작은지를 비교하는 것이다. 그렇게 하면 오늘 결석한 친구는 몇 명인지 알아보면서 자연스럽게 연산을 경험할 수 있다. 측정도 아이들이 궁금해하는 우리 반 천정까지의 높이를 블록으로 재보는 활동을 통해, 수학이 지루한 공부가 아니라 자신이 해결하고 싶은 문제를 해결하는 도구로 생각하도록 도울 수 있다. 이러한 교수법은 아이들의 수학적 개념 습득뿐만 아니라 문제 해결력과 같은 효능감 형성에도 긍정적인 영향을 줄 수 있다.

강의가 부담스러웠던 만큼, 교재에서 다루는 개념들을 일상 속 문제 해결과 관련하여 활동 아이디어를 정리하는 데 많은 시간을 들였다. 강의를 준비하다 보면 어느새 강의를 위해 출발할 시간이 되어 있었다. 강의를 시작할 때, 강의 주제인 수학 개념과 관련하여 내가 생각하고 정리한 일상 연계 수학 활동 아이디어들을 파워포인트로 띄우면 학생들은 현장에서 활용할 아이디어로 참고하고자 빠르게 사진을 찍어두었다. 학생들이 강의에 관심을 가지고 재미있게 참여하니 강의를 준비하는 시간이 힘들어도 보람이 있었다.

강의 중에 학생들의 체험 활동이 필요할 때에도 준비물을 학생들에게 공지할 수도 있었지만, 간단한 준비물은 전체 학생들이 동시에 활동할 만큼을 준비했다. 준비물이 많을 때는 한 그룹이 활동할 만큼 준비하여 시연을 보여주고 토의하는 식으로 진행했다. 온종일 학급 유아들과의 일과 진행뿐 아니라 공적인 업무도 처리하느라 지친 상태에서 강의에 오는 학생들이었다. 수업 준비물을 개별로 챙기지 않아도 되어 편안해보였다. 아울러 다음 날 유아들과 해볼 활동 아이디어도 얻으며, 동료들과 함께 고민스러운 딜레마 상황을 이야기 나눔으로써 공감과 시사점도 얻는 수업에 만족감을 보였다. 나 역시 학생들의 열의에 힘입어 더욱 열심히 강의를 준비했고, 이 강의는 여러 번의 교사 연수와 특강으로 이어졌다. 시작은 부담스러웠으나 끝은 보람 있는 강의였다. 앞으로의 강의에도 긍정적 시사점을 제공한 소중한 경험이었다.

강의 외에 내 시간을 가장 많이 할애하는 것은, 남편이 아닌 물고기 구피들이다. 물고기 구피는 남편과 달리 자신들의 삶을 온전히 나에게 의존하는 존재이기 때문이다. 그렇지만 물고기 구피들이 수동적인 존재가 아니라 필요한 만큼의 지능을 가지고 능동적으로 살아가는 존재임을 자신 있게 말할 수 있다. 처음엔 전문가의 책을 사보거나 인터넷 구피 맘과 파파들이 구피를 돌보며 공유하는 구피 돌봄에 관한 글과 사진들을 참고하였다.

소금물 목욕이 구피들의 질환에 도움이 된다는 자료가 많으므로 별도의 병실로 분리한 아픈 구피들에게 적용해보았다. 인터넷 자료에서 알려주는 대로 매일 점차 소금의 농도를 더하며 소금욕을 시키다 결국 염장된 듯한 모습을 보이며 생을 마감한 구피, 너무도 씩씩했던 녀석이라 가슴이 아팠다. 매일 병실에서 소금물 목욕하기와 본가로 돌아가기를 몇 시간씩 반복하며 치유와 아픔을 겪다가 생을 마감했던 구피들도 생각난다. 이렇게 시행착오를 거치며 매일 구피들이 건강하게 지낼 수 있도록 다각도의 방법을 찾는 노력을 계속하였다.

가끔 머리를 흔드는 녀석들은 따뜻한 비타민 치료실로 분리하여 하룻밤을 지내고 본가로 돌아가게 한다. 면역력이 회복된 구피는, 내게 고마운 듯 수조 앞쪽으로 헤엄쳐 나와 나를 한번 보고는 다시 뒤돌아가 아무 일 없었다는 듯 신나게 헤엄친다. 노환인 구피는 병실이 아닌 자기 집에서 편안히 여생을 마감하도록 돕고 있다. 마지막 얼굴도 사랑을 충분히 받아 그런지 예쁘고 편안해 보인다. 나름대로 노력했지만 결국 구할 수 없어 화분으로 돌아간 구피들이 생각난다. 그들의 희생 덕분에 오늘 300

마리의 구피들이 건강하게 지낼 수 있게 되었다.

오늘도 나는 구피들에게 밥을 주기 전에 찬트chant 노래와 체조를 하고, 작은 종을 울려 식사 시간임을 알려준다. 식사는 먼저, 전날 받아 두었던 물에 비타민을 섞어주고, 이어서 3종의 밥과 간식도 준다. 밥을 준 다음 열심히 물에 떨어진 밥을 먹으러 이리저리 헤엄쳐 다니는 구피들에게, 손동작과 함께 노래를 불러주며 사랑의 마음을 전한다. 구피들은 자유롭게 나의 식후 노래와 동작에 반응하기도 하고 밥 먹기에 전념하기도 한다. 내 기분이 우울할 때, 밥을 기대하며 희망을 품은 구피의 표정에서 위로받는다. 오늘 할 일을 즐겁게 해낼 에너지를 얻는 것이다. 구피들과 나는 서로에게 위로와 힘이 되어주는 가족인 것이다.

내가 습관에 관한 책을 쓰면서 시작한 습관 프로젝트를 통해 실천한 스쿼트 운동 과정은 아래의 그래프를 보면 쉽게 이해할 수 있다. 첫날 30 회로 시작한 것이 둘째 날 80회, 셋째 날 110회를 기록했다. 매일 스쿼트 하며 틈틈이 운동하는 것에 몸이 익숙해져 갔지만, 힘들지 않은 것은 아니었다. 하지만 내가 100번의 스쿼트를 해냈다는 가슴 벅찬 뿌듯함이 더 컸다. 나는 오늘도 무릎과 하체의 뻐근함을 즐기며 계속 스쿼트를 하고 있다. 헬스 트레이너들이 추천하는 하루 100회의 스쿼트를 처음 해낸 날, 그날의 비현실적인 기쁨은 아직도 생생하다. 내 몸이 스쿼트 운동에 거부감이 없고, 자투리 시간에도 운동하는 몸으로 변화된 것이다.

매일 운동한 스쿼트 횟수의 흐름을 보여주기 위해 아래에 제시한 그래프를 보자. 운동 일수가 지속되면서 오른쪽 위로 완만한 우상향 곡선을 그리고 있다. 날짜별로 스쿼트 운동 횟수는 기복이 있다. 하지만 운동이 습관화되면서 점차 횟수가 많아지는 것을 볼 수 있다. 자투리 시간에 운동하는 생활 패턴이 생기고, 동작이 몸에 익숙해지면서 스쿼트 횟수도 증가하는 변화를 확인하니 뿌듯하고 기쁘다. 스쿼트를 시작한 지 72일째다. 하루 평균 116회의 스쿼트를 했다. 하루 325회나 스쿼트를 한 적이 있지만, 적게는 하루 1회밖에 할 수 없던 날도 있었다.

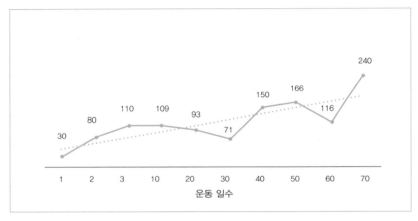

그림 2. 스쿼트 횟수 변화

사람들은 큰 성공을 거둔 승자의 삶을 부러워하며 괴리감이나 초라함을 느끼기도 한다. 그러나 처음부터 큰 성공을 거둔 사람은 없다. 오늘 내가 해낸 작은 성공을 메모장에 기록해보고 계속 반복하고 싶은 것을 찾아보자. 지루한 날에도 딱 한 번만 해보자. 하루 또 하루 반복하다 보면 어느새 더 나은 나를 만나게 될 것이다.

뭔가 처음 시작할 땐 누구든, 무엇을 하든 쉽지 않다. 하지만 계속해서 하다 보면 어느새 힘들었던 일을 쉽게 해내는 나를 발견하게 될 것이다. 일이 쉬워진 게 아니라 당신의 능력이 발전한 것이다. 매일 당신이 반복해온 사소하고 작은 성공이 더 큰 성공으로 이어지는 황금의 다리가 되어준 것이다.

오늘 잠자리에 들기 전, 뿌듯한 마음으로 거울 속 나에게 '엄지 척!' 하고 싶은가? 지금 당장 아주 작은 성공을 경험해보자. 그리고 반복해보자. 기적은 생각보다 가까이에 있다.

기적의 습관 8

감사와 기쁨을 매일 기록하라

"아무것도 성취하지 못했을지라도 자신을 존경하라.
거기에 상황을 바꿀 힘이 있으니. 자신을 함부로 비하하지 말라.
멋진 인생을 만드는 첫걸음은 바로 자신을 존경하는 것이다."
– 프리드리히 니체

기록의 힘은 누구나 알고 있고 다양하게 실천도 하고 있을 것이다. 무엇을 기록할지와 기록한 것들을 어떻게 활용할 것인지가 중요하다. 나의 경우, 과거에는 작은 수첩에 메모해오다가 이제는 스마트폰 메모장 기능을 활용하고 있다. 기록할 때 유의점은 커다란 변화와 성공을 기록하려면 기록할 게 별로 없을 수도 있다는 것이다.

지금 내가 가진 것과 함께 여기 존재하는 모든 것에 감사하기, 그리고 작은 성공의 기쁨을 찾아 기록할 수 있을 것이다. 어제보다 조금 더 노력하여 성과가 있는 것, 어제와 같은 수준이지만 오늘도 꾸준히 노력한 것,

기록 자체로 성과를 얻을 수 있는 것처럼 작고 사소한 것부터 기록해보자. 노력하여 성과가 있는 것과 성과는 없으나 꾸준히 노력한 것에는 운동, 습관, 감사, 아이디어 기록 등이 있다. 기록 자체로 성과를 얻을 수 있는 것은 주로 나열형으로 목록을 기록할 수 있다. 예를 들어 보고 싶은 책, 오늘의 식사, 장보기, 지출 내역 등은 목록 형태로 기록할 수 있다.

이렇게 작고 사소한 것에도 감사하며 작은 성공의 기쁨을 기록하는 힘은, 역시 매일 기록한다는 데 있다. 사실 매일 무언가를 기록하기는 생각보다 쉽지 않다. 나의 경우 운동처럼 매일 반복하지 않으면 효과가 눈에 띄게 적어지고 습관으로 자리 잡기 어려운 것은 매일 실천하고 나서 결과를 기록하고 있다. 반면 감사와 소소한 기쁨, 매일의 습관들에 대한 기록은 운동보다는 융통성 있게 실천하고 있다. 당신도 선택과 집중을 통해 감사와 작은 성공의 기쁨들을 실천하고 기록해보면 어떨까.

습관에 관한 책을 쓰기 시작하면서, 내가 원하는 좋은 습관 하나를 만들고 싶었다. 의도적으로 습관 만들기를 하면서, 과정에서의 어려움과 성취를 기록하고 분석하고자 한 것이다. 습관 만들기의 과정을 직접 경험해보면, 독자들이 원하는 습관을 만들 수 있도록 도울 수 있기 때문이다. 내가 선택한 습관은 계속 숙제처럼 습관으로 만들기 어려웠던 운동이다. 고비용의 개인 운동 수업을 14개월 동안 받았지만, 헬스장에서 개인 운동할 땐 하고 싶지 않았던 운동 동작이 있었다. 게다가 집에서 운동하기는 트레이너 선생님도 쉽지 않다는 사실을 알게 되었다. 그래서 이번 기회에 그렇게 힘들어서 하고 싶지 않았던 스쿼트squat 동작을 집에서 해보기로 했다.

 습관에 관한 책들은 습관이 형성되기까지 매일 실천하지 않으면 언제 원래대로 무너질 수 있는지에 대해 강조한다. 그래서 나는 집에서 운동 일지를 기록하며 매일 스쿼트 운동을 해서 습관으로 자리 잡게 하자고 다짐하며 운동 프로젝트를 시작했다. 스쿼트 운동을 하며 스쿼트 횟수를 기록했다. 기록 방법은 포스트잇 메모지를 활용했다. 이유는 포스트잇 메모지의 경우, 내가 메모한 것을 일정한 공간에 붙여 두고 언제든지 메모를 추가할 수 있기 때문이다. 기록을 한곳에 모아 보관할 때도 계속 누적하며 붙여두고 분석을 위해 수첩처럼 넘기며 내용을 확인할 수 있으므로 유용하다고 생각했다.

 스쿼트 운동의 시간과 장소는 일정하게 정하지 않았다. 이유는 헬스장 등록을 하고도 몇 달씩 가지 않는 나의 성향으로 볼 때 엄격한 일정을 통해 운동을 습관화하는 것은 불가능해보였기 때문이다. 운동 시간은 나의 할 일 사이의 자투리 시간에 하기로 했다. 자투리 시간 활용법은 4장 '기적의 습관 04. 자투리 시간을 활용하라'에서 참조하기 바란다. 운동 장소는 기본적으로 집 안의 다양한 공간, 예를 들어 큰방의 화장대 앞, 거실의 물고기 구피들 수족관 앞, 옷을 넣어둔 방의 거울 앞 그리고 가끔 욕실 거울 앞도 운동 장소가 되었다.

 나는 운동 후 매일의 기록을 확인할 수 있도록 포스트잇 메모지에 횟수를 기록하는 방식을 선택했다. 즉 집 안을 왔다 갔다 하며 자투리 시간에 운동하고, 그때마다 수시로 기록할 수 있도록 메모지를 큰 방 화장대 위 잘 보이는 곳에 붙였다. 그리고는 스쿼트 운동을 할 때마다 그 횟수를 메모지에 즉시 기록하였다.

> 2019. 12. 12. 목.
> (2일째: 총 110회) -> 100회를 처음으로 넘겨 매우 기쁘지만 힘듦.
> 10+10+10+1+20+3+11+1+20+1+10+1+10+2=110

　스쿼트 운동일지는 위와 같이 운동 직후 바로 메모하다가 취침 전까지 운동한 횟수를 합산하는 방식으로 진행했다. 이때 유의할 점이 있다. 예를 들어, 지금 10번의 스쿼트를 했다면 메모지에 '10'이라고만 쓰지 않고 '10+'라고 적어야 한다. 이유는, '내가 지금 운동하고 있다, 운동 중이다' 하고 계속 생각하도록 돕기 위한 것이다. 운동 횟수에 플러스를 표시하는 방식은 생각보다 효과가 있는 것 같다. 그와 함께 내가 집안에서 가장 많이 머무는 공간의 가장 눈에 띄는 곳에 기록용 메모지를 붙여두는 것도 도움이 된다. 운동을 취침 전까지 지속하게 하는 효과를 가져오는 것이다.

　운동의 횟수를 기록했다면 기록한 내용을 분석해보자. 운동을 평소보다 많이 한 날은 이유가 뭘까 생각해보았다. 생각해보니, 그날은 내가 가장 중요한 일이라고 1순위로 기록해둔 일이 여러 가지 이유로 잘 진행되지 않은 날이었다. 할 일을 어떻게 처리할 것인지에 대해 곰곰이 생각해보거나, 일에 집중하기 위한 에너지를 얻으려고 운동을 더 하기도 했다. 반면, 운동을 다른 날보다 확실히 적게 한 날은 이유가 무엇인지 유추해보았다. 운동 횟수가 30회 미만인 날은, 심리적 스트레스로 운동하고 싶은 동기가 부족했던 것 같다. 바쁜 일정으로 집 밖에 계속 머물 때, 운동 횟수는 3회에 그쳤다. 아울러 고도의 심리적 스트레스로 운동할 의욕을 잃어버린 날은, 내가 운동 프로젝트를 진행하고 있다는 사실을 겨우 생각해낼 정도였다. 따라서 의도적으로 운동을 1회 실시한 것만으로도 다행이라 여겼다.

운동일지와 함께 습관일지에도 당신의 사소하고 작은 성공을 기록할 수 있다. 습관일지는 이름 그대로 내가 매일 반복하고 있는 습관을 기록하고 싶을 때 수시로 기록한다. 운동 기록과 달리 성과보다는 '내가 이런 습관을 갖고 있구나, 매일 꾸준히 노력하는 게 있구나.' 하고 자각하기 위한 것이다. 기록 방법은 운동 기록과 마찬가지로 휴대폰 메모장에 수시로 메모하여 이메일로 즉시 전송해두고, 필요할 때 활용한다. 습관일지 기록을 다시 읽다 보면, 내가 반복해서 살아가는 하루하루가 새롭게 느껴지고 살짝 미소 짓게 된다. 아울러 습관책에 인용할 생생한 사례도 얻을 수 있었다.

2020. 1. 18. 토.
- 7분 일찍 출발했더니 목적지에 7분 일찍 도착! ^^*
- 중간에 예상치 못한 상황 발생. "(안내 방송 후 순찰대원이 들어서며) 혹시 싸운 사람 없었어요, 이 칸에?" 휴, 미리 출발하지 않았다면 늦게 도착했을 수도 있음. 지하철 승객 사이에 일어난 민원을 해결하기 위해 정차시간이 3분이나 지연됨.

2020. 1. 27. 월.

- 연휴 아침이라 7시 30분에 잠이 깸. 하지만 지난 주말에 평소보다 일찍 일어나 조조할인 사우나 후, 백화점에 갔다가 남편에게 왕짜증 냈던 기억이 남.

- 지난 주말처럼 예민해지지 않기 위해, 일부러 1시간 더 쉬며 스트레칭도 하고 사우나에 감. 남편과 쇼핑하며 짜증 내지 않음. 기분 좋게 돌아옴. 내 옷을 사서 기분 좋았던 것 같음. 지난 주말, 남편에게 짜증 낸 건 평소보다 일찍 일어나서가 아닐 수도 있음.

매일 당신이 이미 가진 사소한 것들에 대한 감사와 작은 성공도 기뻐하며 기록해보자. 나의 건강, 가족과 동식물, 당연한 듯 느껴온 물건들에도 감사하다 보면 당연한 건 아무 것도 없으며 이미 많이 가졌음에 살짝 미소 짓게 된다. 충만감의 여유와 함께 겸손해지는 순간이다. 내가 해낸 것도 스마트폰 메모장에 기록해보자. 기록은 내가 매일 성취하고 변화를 시도한 것들, 내가 지금 하는 일들과 먹고 있는 음식들, 사고 싶은 책과 물건들을 자각할 수 있게 한다. 기록은 내가 매일 조금씩 앞으로 나아가고 있음을 객관적으로 말해준다.

도전해보자! 오늘부터 내 곁에 말없이 존재하는 생명과 물건에 감사하고 작고 사소한 나의 성공도 진심으로 기뻐하며 기록해보자. 당신이 오늘 여기에 존재함에 감사하며 작은 성공도 기뻐하는 모습, 승자의 미소를 지으며 잠자리에 드는 상상은 생각만으로도 설레지 않는가.

Miracle 8 Habits

STEP 5

오늘 할 일을
내일로 미루지 말라

01

지금 당장 할 일을 적어보라

"내일이 주중에 가장 바쁜 날이기 쉽다."
— 덴마크 속담

지금 해야 할 일을 메모장에 적어본다면 어떤 이점이 있을까? 만약 적지 않으면 어떨까. 혹시 지금 무엇을 해야 할지 알고 있다 해도 눈에 들어오는 다른 일들, 나를 부르는 SNS와 전화에 괜히 바쁜 건 아닌지 생각해보자. 지금 해야 할 일을 알아차리고 집중하고 싶다면 당장 할 일을 적어보자. 할 일을 미루고 싶지 않다면 메모해보자. 메모한다면 해야 할 일을 정확히 알게 되고 각각의 일에 시간을 배분할 수 있다. 메모는 계획이고 계획은 실천의 디딤돌이 될 것이다. 할 일을 메모하면 생각만 할 때보다 실천 가능성을 높일 수 있다. 메모는 실행의 도구요, 미루는 행동을 멈추게 하는 힘이 있기 때문이다.

요즘 습관에 관한 책을 쓰다 보니 뭐 눈엔 뭐만 보인다는 말을 실감하게 된다. 길을 걸을 때나 교통수단을 이용할 때, 그리고 만나는 사람들의 말과 행동을 습관의 필터로 보게 된다. 얼마 전 대학원 때 지도교수님 S와 만난 자리에서 자연스럽게 책의 주제인 습관에 관한 이야기를 나누게 되었다. S는 30년 가까이 대학교수로 재직하며 강의와 특강, 논문과 교재 집필, 논문지도와 학생상담뿐만 아니라, 학회 운영과 학술지 출간 등의 역할도 역임하며 눈코 뜰 새 없이 바쁘게 지내는 분이다. 메모의 중요성에 관해 이야기 나누던 중 S는 갑자기 자신의 커다란 달력 다이어리를 보여주었다. 거기엔 7월 달력처럼 날짜가 칸으로 구획되어 있었고, 매일의 일정이 간단히 적혀 있었다. 당일인 7월 6일엔 긴 포스트잇이 붙어 있었다. 당일의 일정은 다른 날보다 구체적으로 메모가 되어 있었다. 공적, 사적으로 S를 찾는 수많은 사람에 관련된 할 일들을 차질 없이 처리할 수 있는 것은 바로 메모의 힘 덕분일 것이다.

언젠가 남편의 본가로 가는 택시 안에서 라디오 사연이 흘러나왔다. 어떤 학교 교수로 재직 중이었던 출연자는 다이어리 메모를 특별하게 쓰고 있었다. 공적, 사적 다이어리 2개를 쓰고 있다는 것이다. 공적 다이어리엔 학교 업무 관련 일을, 사적 다이어리엔 개인적인 약속이나 제사 날짜 등을 메모하는 식이었다. 공적, 사적 일들이 뒤섞여 머릿속이 복잡하지 않게 예방할 수 있다는 것이다. 내 경우에 다이어리 2개를 동시에 관리하는 것은 생각해보지 않았다. 공무원과 어린이집 교사 및 원장으로 재직했던 시절엔 업무용 다이어리에 할 일을 메모했다. 사적인 일은 주로 개인적인 다이어리나 수첩에 메모했다. 그러고 보니 나도 라디오 사연 속 교수님처럼 아주 자세하지는 않았지만, 공적, 사적 다이어리를 분리해서 쓰고 있었다. 메모하기가 오래된 습관이었고 별로 인식하지 못했을 뿐이었다. 프리랜서로 강의와 책 쓰기를 하는 요즘은, 스마트폰 일정표에 공적, 사적 일들을 우선순위에 따라 메모해두고 필요에 따라 조정한다. 할 일을 하나씩 완료했을 때 '완료'라고 써넣음으로써 일을 마무리한 나 자신에게 시각적 성취감을 주는 것도 잊지 않는다.

지난 2월 중순, 드디어 로봇청소기를 구입했다. 매주 청소를 해주는 남편에게 앱 설치부터 사용을 맡겼다. 남편은 앱 설치 후, 가상 벽을 설정하여 청소 테스트를 마쳤다. 가상 벽은 청소기가 집 안의 문턱 아래로 떨어지거나 진입이 어려운 곳까지 청소하지 않도록 설정하는 선이다. 남편은 로봇청소기가 청소할 때마다 바닥의 물건을 치우거나 가상 벽 조정을 하더니 귀찮아졌는지 기존의 청소기로 가끔 청소했다. 내가 로봇청소기 재가동을 위해 나설 수도 있었지만, 남편이 집 청소를 맡은 데다 시작한 일을 마무리해보도록 격려하기로 했다. 가상 벽 재설정이 잘 안 된다면 앱 재설치나 가상 벽 설정 방법 재검토 등 방법을 찾아보자고 하였다. 바닥 물건 치우기가 힘들다면 아예 바닥 물건을 넣어둘 장소를 정해 바닥에 물건이 없게 할 수도 있다고 제안했다. 하지만 남편은 기존 청소기로 청소하는 게 간단하고 신경 쓸 것이 없다고 생각하는 듯 보였다. 덕분에 우리 집 로봇청소기가 매일 하는 일은 남편과 내가 실수로 건드렸을 때 "충전 중입니다!"라는 멘트를 들려주는 것뿐이었다.

로봇청소기를 구입한 지 3개월째 되던 날, 더는 안 되겠다고 생각한 나는 식탁에 메모지를 붙였다. '2021. 5. 24. 로봇청소기, 가상 벽 설정 재검토. 쉽게 작동할 방법 찾기'라 썼다. 이후 한 달 넘게 남편과 로봇청소기에 관해 이야기 나누었다. 로봇청소기 사용을 위해 메모한 지 40여 일이 지난 어느 주말이었다. 남편이 청소기 앱과 가상 벽 설정을 검토하고 청소 테스트를 거쳐 드디어 로봇청소기가 본격적으로 청소를 시작했다. 매일 저녁엔 로봇청소기 바닥 면에 설치할 물통과 부착용 청소 걸레를 세척 후 건조해서 다음 날 청소를 위해 세팅해주었다. 귀가 전, 예약 청소로 말끔하게 바닥 청소가 되니 저녁에 귀가하면 상쾌하게 관리된 집에 들어서는 느낌이 좋았다. 더불어 바닥의 작은 물건들을 수납장에 넣거나 정리공간을 정하여 바닥 공간이 넓어지니 정말 만족스러웠고 마음의 여유도 생겼다. 남편과 난 하이파이브를 하며 기뻐했다. 메모하면 시간이 걸려도 결국 실천에 옮기게 됨을 새삼 느끼는 순간이었다.

어느 날 저녁 식사 후, 왔다 갔다 식탁과 주방을 정리하다가 남편을 보며 "로봇청소기 물통과 걸레를 분리해서 씻어둬야지~ 내가 할게!" 하고 잊어버렸다. 식탁 위에 메모했다면 잠들기 전에 완료했을 것이다. 아침에 두부 쉐이크를 만들려고 주방과 냉장고 사이를 오가다 전날 저녁에 하지 않은 일이 생각났다. 쉐이크 재료를 주방 식탁에 꺼내놓고 바로 로봇청소기가 충전 중인 방으로 갔다. 물통과 걸레를 로봇청소기에서 분리해 식탁 옆 수납 상자 위에 눈에 띄게 얹어두었다. 먼저 아침 쉐이크를 만들고 나서 물통과 걸레를 씻어 베란다에 널었다. 쉐이크를 마시고 출근하기 직전, 씻어 널어둔 물통과 걸레를 로봇청소기에 다시 장착해주었다. 베란다에 널어둔 물통과 걸레가 아침부터 뜨거운 여름 볕에 어느새 거의 말라 있었다.

내가 아침 식사 준비와 로봇청소기 세팅을 위해 오가는 동안 소파에 누워 스마트폰을 들여다보던 남편에게 대형마트에서 장 볼 목록을 확인해달라고 했다. 난 요즘 책 쓰기를 위해 토요일에도 출근하기 때문이다.

남편은 "뭐 살지 알아!" 했다. 난 장 볼 목록을 스마트폰에 메모하는 게 좋겠다고 했다. 남편은 적어두었다며 계속 스마트폰으로 무언가를 검색했다. 집을 나서기 전, 남편에게 장 볼 목록 적은 것을 읽어달라고 부탁했다. 가끔 뭔가 하나둘 빠뜨리고 장을 본 남편에게 나중에 뭐라고 말하느니 미리 확인하는 게 나을 것 같았다. 역시나 남편이 메모한 목록엔 견과류와 토마토처럼 주기적으로 구매하는 것이 빠져 있었다. 매주 반복되는 장보기도 2주나 4주에 한 번씩 구매해야 하는 식재료와 상황에 따라 추가되는 것들이 있다. 메모하지 않으면 추가로 장을 보는 번거로움과 가족 간에 불편한 말이 오갈 수도 있다. 지금 할 일을 메모하는 건 기억의 한계를 넘어 빠짐없이 실천하기 위한 도구이다. 수시로 메모하며 보완하고 최종 실행 직전에 다시 한번 확인한다면 할 일을 꼼꼼하게 마무리하는 지름길이 될 것이다. 매일의 할 일을 메모할 때와 생각만 할 때의 차이를 아래와 같이 한 편의 시로 정리해보았다.

생각과 메모는 동전의 양면 같다
생각은 보이지 않는 그림
메모는 보이는 글

생각과 메모는 한 몸에 두 얼굴
생각은 전체로, 메모는 하나씩

긴 생각은 마이너스, 짧은 메모는 플러스
메모하면 움직인다, 내 몸이 움직인다

메모는 실행력, 미루지 않는 나

오늘 일을 내일로 미루고 싶지 않다면 지금 당장 할 일을 적어보자. 어제와 다른 삶을 원한다면 말이다. 할 일을 메모해보면 마감 시간과 중요도에 따라 지금 당장 할 일과 오늘 안에 처리할 일, 내일 해도 되는 일로 분류할 수 있다. 메모할 때, 일단 머리를 복잡하게 하는 이런저런 일들을 무작정 메모지나 스마트폰 메모장에 적어보자. 왜냐하면 할 일을 생각만 하고 있다면 다른 할 일이 떠오르는 순간 잊게 되거나 실행 확률이 낮아지기 때문이다. 할 일의 시각화는 미루지 않고 실천에 옮기기 위한 실행력이 되어줄 것이다.

자기 스스로 지금 무엇을 해야 할지 분명히 하지 않는다면 일을 시작할 수 없게 된다. 따라서 할 일과 마감일을 적어 당장 해야 할 일을 시각화한다면 미루지 않는 승자의 삶이 시작될 것이다.

02

오늘 할 일을 내일로 미루지 말라

"내일은 없다고 생각하고 살아라. 오늘이 내일이다."
– 앤드루 카네기

해야 할 일이나 원하는 행동을 제때 하지 않는 경우가 있다. 여기에는 마감이 있는 일도 있고 마감이 특별히 정해지지 않은 것도 있을 것이다. 마감이 있는 일은 어떻게 마무리되든 일을 끝마치게 되는 것 같다. 그러나 일의 완성도와 만족감은 마감까지 미루던 일에서는 얻을 수 없는 보상일 것이다. 반면 마감이 없는 일은 대개 개인적으로 계획한 일이어서 실행에 옮기지 않아도 외부의 압력이 없다. 외부 압력이 없는 일은 대부분 금전적 보상도 없을 것이다. 일에 대한 보상과 압력이 없다고 해도 실행하지 않을 때 마음은 편치 않다. 왜일까?

어떤 일을 미룰 때 기분이 어떤가? 당장 할 일을 미루어 시간과 마음에 여유가 생길 것 같지만 그렇지 않다. 감정이 불안정해진다. 현실에 대한 자기 통제력 감소와 함께 자존감이 낮아짐을 느낀다. 여유는커녕 오히려 조급한 마음이 생겨 짜증도 난다. 일을 미루어 마감이 임박하여 서둘러 일 처리 하면 완성도는 낮아질 수밖에 없다. 이렇게 미루는 행동이 반복되면 패턴화되어 습관이 된다. 하나의 일을 미룸으로써 관련된 다른 일에도 부정적 영향을 주게 된다. 당신은 어떤 사람인가? 보상이나 벌이 있으면 움직이는가, 아니면 보상과 상관없이 할 일의 때를 알고 자발적으로 움직이는가? 어떤 사람이 되고 싶은가? 숙제처럼 미루어둔 일 때문에 불안한 삶을 살고 싶은가. 아니면 숙제 없는 마음 편한 삶을 원하는가.

매일 반복하는 집안일 중에 빨래와 관련된 일들이 몇 가지 있다. 건조기를 사서 빨래를 널고 걷는 과정이 줄어들었다고 기뻐했다. 하지만 빨래가 건조되었다고 할 일이 없는 게 아니다. 건조된 빨래를 하나씩 개고 차곡차곡 개어둔 빨래는 서랍장으로 들고 걸어가 종류별로 나눠 넣어야 한다. 남편은 틈틈이 빨래 바구니에 든 빨래를 세탁기에 돌리면서 세탁 바구니를 비우고 나서 "다 했다!" 하며 조용히 성취감을 표현한다. 세탁기가 세탁을 마쳤다고 음악이 나오면 남편은 건조기에 넣어 말릴 것과 베란다 건조대에 널어서 말릴 옷을 분류하여 처리한다. 건조기가 빨래를 다 말렸다고 경쾌한 음악을 들려주면 남편은 따끈하게 건조된 빨래를 한 아름 안고 들어와 거실 바닥에 놓는다. 남편이 좋아하는 예능이나 스포츠 TV를 보면서 탁자 위에 따뜻하게 건조된 빨래들을 하나둘 개어 종류별로 쌓아놓는다. 요즘은 남편이 조금 더 신경 써서 개어둔 옷들을 옷방의 서랍장 바로 앞까지 가져가 바닥에 쌓아둔다. 남편의 아름다운 모습은 여기까지다.

내 경우엔 무슨 일을 끝까지 마무리하지 않으면 일을 마치지 않은 것과 같다고 생각한다. 나와 달리 남편은 집안일의 종류를 불문하고 어느정도 할 만큼만 하고 나머지는 남겨두는 스타일이다. 물론 일의 마무리에 대한 기대치가 서로 다른 것이리라. 남편이 한두 번 옷방 서랍장 앞에 쌓아둔 세탁 완료된 옷이 어느덧 20개 정도가 되었다. '집안일이 많잖아, 그 정도는 괜찮아.' 하고 지나치기엔 내 게으름의 민낯을 보는 것 같아 조금씩만 정리해보기로 했다. 서랍장과 다른 수납장에도 옷이 가득 차서 넣을 곳이 마땅치 않을 땐 하나를 버리고 개어둔 옷을 하나 넣는 방식으로 정리했다. 잘 입지 않는 옷이라 버릴까 하고 꺼내둔 옷 중엔 다시 입어보니 요즘 입기에 늘어난 허리에 알맞고 질감도 괜찮아 구제해준 것도 있다. 하나둘 서랍장에 넣다 보니 어느새 정리를 마쳤다. 일주일이 넘도록 서랍장에 기대어 쌓여 있던 옷들이 서랍장 안으로 사라졌다. 서랍장 앞에 넓은 바닥이 드러났다. 기분이 좋았다. '그래 이거야, Yes!' 하며 조용히 손을 들어 주먹을 불끈 쥐었다. 비워낸 공간에 새로운 에너지가 채워지는 느낌이었다.

지난 2월, 남편은 내 생일 선물로 D 헤어 스타일러를 구입해 주었다. 내가 1년여 동안 구매를 미루어 온 것이다. 오랜 시간 고민하며 망설이는 걸 지켜보다가 나 대신 남편이 "필요하면 사야지." 하며 구매를 결정한 것이었다. 헤어 스타일러의 외관을 일주일 동안 지켜보았다. 홈쇼핑 광고나 인터넷에서 검색한 그대로 정교하고 멋진 외관이 돋보였다. 욕실 오픈 수납장 중간에 자리 잡은 헤어 스타일러는 욕실을 고급스러운 분위기로 만들었다. 하지만 그림의 떡. 헤어 스타일러가 도착한 지 일주일 만에 그냥 사용해보기로 했다. 사용 설명서를 살펴보기 귀찮은 마음은 그렇게 오랫동안 고민하여 구입한 멋진 제품도 일주일이나 시도하지 않게 만들었다.

그냥 제품을 써보면서 궁금한 것이 있을 때 해당 페이지만 찾아보는 방식으로 하루 만에 제품의 기능을 파악할 수 있었다. 저녁에 퇴근한 남편에게 D 헤어 스타일러 사용법을 직접 시연을 해줄 수 있을 정도로 사용법은 간단했다. 간단한 사용법에 비해 기기가 만들어내는 바람은 혁신적이었다. 기존 드라이어보다 강력한 바람과 손상이 거의 없는 안전성, 머리카락을 말리면서 동시에 원하는 스타일링도 가능하다는 것이 놀라웠다. 미리 별도로 구입해 사용하고 있는 같은 회사 제품, 엉키지 않는 빗 세트와 함께 이번 D 헤어 스타일러 제품을 사용했다. 거의 완벽하게 내가 원하는 스타일과 모발 관리까지 가능했다. 매일 반복되는 헤어 스타일링을 집에서 만족스럽게 처리할 수 있는 일상의 변화는 자신감으로 이어졌다.

나 대신 구매 결정을 내린 남편은 정작 새로운 스타일러에 적응하기를 5개월째 미루고 있다. 기존의 단순한 드라이어를 계속 사용하며 지낸다. 새로운 기기에 익숙해질 때까지 견뎌야 하는 시간이 귀찮기도 하고 시간과 에너지를 쓸 일이 하나 더 늘어나는 게 두려운 것 같다. '우리가 두려워해야 할 것은 내 안의 두려움 그 자체'라는 말이 있다. 남편에게 두려움을 만족감으로 바꿀 시간을 조금만 써볼 것을 권했다. 그것은 특별하고 엄청난 투자가 아니라 그냥 조금 경험해보는 것으로 충분한 것이다. D사와 같은 세계적인 전문회사에서 사용하기 어려운 제품을 만들겠는가? 쉽게 접근하고 강력한 효과를 볼 수 있어야 바쁜 아침에 매일 사용하게 된다는 것을 제조사에서 너무 잘 알고 만든 제품이라 생각한다. 사두고 써보기를 회피하고 있는 제품이 있다면 일단 써보라. 새로운 제품 덕분에 쉽게 멋진 스타일을 만들 수 있음에 만족감을 느끼게 될 것이다. 적응하기까지 요구되는 약간의 노력에 저항하느라 더 큰 만족감이라는 보상을 회피하고 미루는 것은 실수가 아닐까.

누군가를 돌보는 일에도 미루고 싶은 갈등의 순간이 있다. 귀여운 물고기 구피들을 돌보는 일도 마찬가지다. 녀석들이 귀엽고 내 가족인 것은 분명하지만 즉시 문제를 해결해주지 못할 때가 있다. 하지만 생명과 건강이 관련된다면 귀차니즘으로 갈등이 생기는 순간에도 바로 몸을 일으킨다. 나중에 후회하는 어리석음을 더 경험하고 싶지 않기 때문이다. 출근길에 구피들에게 먹이를 주면서 보니 아가미 옆쪽 피부에 일자로 긁힌 상처와 핏자국이 선명하다. 아! 내가 구피 쉼터를 만들어준다며 넣어준 커다란 검은 플라스틱 용기 옆면의 마감이 거칠게 처리된 것이다. 어젯밤 다른 수조에서 옮겨 넣은 두 마리 구피가 플라스틱 쉼터 아래쪽으로 들어갔다가 급히 헤엄쳐 나오면서 긁힌 것 같다. 둘 다 같은 부위에 긴 상처가 생겼다. 내가 간식용으로 쓰는 짙은 청록색 플라스틱 접시를 새 쉼터로 넣어주기로 했다. 옆면이 부드럽게 마감되어 안전한 구피 쉼터로 적당할 것 같았다.

자갈돌과 황토 화분으로 플라스틱 접시를 눌러 수조 물에 뜨지 않게 고정해주었다. 다른 쪽에 놓여 있던 화분 2개도 둥근 자갈돌, 기존 화분과 함께 접시 위에 모아 두었다. 둥근 자갈돌 3개와 작은 황토 화분 3개를 적당한 간격으로 배치했다. 구피들이 쉼터에서 헤엄치면서 잡기 놀이, 유연성 훈련, 데이트와 출산, 휴식이 가능하도록 배려한 것이다. 이사 온 지 하룻밤 만에 상처 입은 녀석들과 함께 기존 구피들도 자신들을 돌보아 주는 내가 있어서 든든하다는 눈빛으로 열심히 이리저리 헤엄치며 새 쉼터의 곳곳을 탐색하고 다녔다.

새로 이사 들어간 녀석들 두 마리는 얼굴 옆쪽에 긴 일자 모양으로 상처가 생겨 많이 아팠을 텐데 아무 일 없다는 듯 신나게 헤엄쳐 다녔다. 이리저리 마음을 다쳐도 다시 일어서고 아무 일 없다는 듯 열심히 살아가는 나를 보는 듯해 마음이 짠하고 대견했다. 출근길이었지만 바로 도움을 주어야겠다고 마음먹고 안전한 쉼터 공사를 했다. 난 아무리 바빠도 동식물이나 가족 등 생명 돌봄이 우선인 사람이다. 이것이 내 삶의 첫번째 기준이다. 그런 내가 좋다!

오늘 할 일을 내일로 미루지 말라. 내일은 새로운 오늘이다. 오늘 미루는 행동은 내일도 미룰 가능성의 씨앗을 품고 있다. 당신의 행동은 어떤 씨앗을 가졌는가? 내일 미룸의 싹을 틔울지, 제때의 싹을 틔울지는 오직 자신만이 결정할 수 있다. 미루고 싶지 않다면 일단 제때 시작만이라도 해보자. 기분이 좋아질 것이다.

물론 일단 시작한다고 해도 만족스러운 결과가 보장되지는 않는다. 하지만 예상보다 많은 시간이 걸린다는 사실을 빨리 파악할 수 있다. 소요 시간을 알 수 있다면 마감까지 필요한 시간을 생각하며 문제없이 마무리할 방법을 찾게 될 것이다. 미루지 말고 시작해보자. 결국 마감 안에 자신이 원하는 결과를 만들어내게 될 것이다.

03

매일의 일정표로 시간을 관리하라

"하지 못하고 죽어도 괜찮은 일만 내일로 미뤄라."
ㅡ 파블로 피카소

누구나 할 일을 잊지 않고 제때 미루지 않고 하기를 바란다. 하지만 깜빡 잊고 처리하지 못해서 다음 날로 미루어지는 일들이 있다. 우리가 평균적으로 깨어 있는 16시간 동안 처리해야 하거나 매일 하려고 생각한 일들을 모두 완료할 수는 없을 것이다. 기계처럼 16시간을 사용하지 않는 한 말이다. 자신이 중요하다고 생각하는 일이 있다면 일정표에 메모하여 놓치지 않도록 돕는 것이 자신에 대한 배려가 아닐까. 생각한 일을 깜빡하고 놓쳤던 경험이 있었다면 일정의 시각화 필요성을 깨닫는 소중한 과정이다. 일정표에 중요한 일들을 메모하여 놓치지 않고 처리함으로

써 누구나 편안한 일상을 지낼 수 있기를 바랄 것이다.

일정표에 1순위로 기록한 일이 있다면 다른 일보다 먼저 시작하는 데 도움이 된다. 설사 부담스러워 빠르게 진행되지 못한다 해도, 오늘 완료하지 못할 것 같다 해도 1순위의 일을 하루 동안 가장 집중해서 완료하기를 목표로 하게 될 것이다. 우리는 아무리 바빠도 밥을 먹는다. 바빠서 제때 식사하지 못했다면 일정과 일정 사이에 어떻게든 시간을 내어 식사하지 않는가. 원하는 행동을 밥 먹듯 할 수 있다면 좋겠지만 생존 본능처럼 무의식적으로 하기까지는 많은 시간이 필요하다. 원하는 행동을 무의식적 자동 행동으로 할 수 있을 때까지 쉽게 실천할 수 있는 환경을 마련한다면 도움이 될 것이다.

그렇다면 원하는 행동을 오늘 일정에 넣자. 시간이 없어서, 피곤해서, 급한 일이 생겨서 하지 못했던 적이 있는가. 여러 가지 상황에도 불구하고, 당신이 원하는 운동과 독서. 오늘의 할 일 목록에 넣으면 시작할 수 있다. 일정표 목록에 넣었다면 우선순위에 따라 하나씩 하면 된다. 1순위 할 일을 마치고 나서 2순위 할 일을 시작하면 좋겠지만 마음처럼 쉽지 않다. 틈새 시간에 소소한 일 처리를 할 수도 있다. 하지만 가능하면 일정표에 적은 1순위 일을 완료하는 데 가장 많은 시간을 할애하는 것이 필요하다.

만약 2, 3, 4순위의 일을 모두 완료했다고 하자. 자신에게 가장 중요한 1순위의 일이 매일 밀린다면 어떤가. 몸은 바쁘지만 할 일은 마치지 못해 불편한 마음일 수밖에 없다. 일과 후에 불편한 마음이 남는다면 공적인 일뿐 아니라 사적인 관계에도 불편함이 영향을 주게 된다. 일정표의 1순위 일에 집중함으로써, 몸도 마음도 가볍게 퇴근할 수 있어야 할 것이다. 일정표에 따른 일 처리 후 과정과 결과에 대한 기록과 평가를 통해 만족도를 평가해보자. 일의 결과를 객관적으로 성찰해보고 시사점도 얻는다면 다음 날 한결 수월하게 일할 수 있을 것이다.

오늘 할 일을 일정표에 기록할 때 모든 일정을 나열한 후 우선순위에 따른 재정렬이 필요하다. 먼저 하루 일정을 일정표에 시간순으로 기록해보자. 예를 들어 'ㅇㅇ년 ㅇ월 ㅇㅇ일 ㅇ요일, 아침 6시 기상, 아침 식사, 출근, 오전 할 일, 점심 식사, 오후 할 일, 퇴근, 저녁 식사, 집안일, 밤 11시 취침'처럼 작성할 수 있다. 기상과 취침 시간, 그사이에 식사와 할 일, 그리고 실천과 그만두기를 반복하는 운동이나 물 마시기 같은 바람직한 습관 미션을 적어보자.

하루 일정을 모두 적었다면 하나의 일정마다 하나의 시간을 짝지어주자. 시간이 정해지지 않은 일은 하지 않을 확률이 높기 때문이다. 종종 지인들에게 "언제 식사 한번 해요~" 말하곤 한다. 이런 말을 실천에 옮기는 일은 거의 없다. 일정표에 일정과 시간 계획을 작성해도 모두 마치기는 어려울 수 있다. 계획한 일정 중에 생존과 관련된 기상과 취침, 식사와 운동 등은 시간표대로 매일 실천하도록 노력하자. 운동이 식사만큼 생존에 중요하다는 생각을 한다면 운동에 일정한 시간을 배분할 것이고 자투리 시간도 활용하게 된다.

일정표에 계획했지만, 실천하기 어려운 것 중에 원하는 시간에 일어나기가 있다. 아침 기상은 개인적인 욕구, 기상 루틴, 매체의 활용처럼 여러 가지 요소와 방법이 관련된다. 많은 사람이 '아침형 인간'이 되고 싶어 한다. 나의 지인 역시 자신의 업무가 회사 특성상 밤늦은 시간에야 마무리될 때가 많아 늦게 취침하는 것이 자연스럽지만 아침형이 되고 싶어 한다. '아침형 인간'은 실제로는 아침보다 더 이른 새벽에 기상하는 유형의 사람들을 일컫는 말이다. 사람들이 아침형 인간에 열광하는 이유는 부자와 성공한 사람들 가운데 아침형이 많다는 것 때문일 것이다.

하지만 아침 기상은 시간보다는 기상할 때 핵심 행동에 초점을 두면 어떨까. 쉽게 할 수 있는 구체적인 일로 하루를 시작하는 것이다. 예를 들어, 알람이 울리면 10분 스트레칭, 몇 시에 물 한 잔 마시기, 공복에 오일 한 스푼, 사과식초 꿀물 마시기처럼 기상과 함께 실천할 핵심 행동 하나를 정해보자. 이 행동을 아침 기상 루틴으로 쉽게 할 수 있도록 취침 전에 준비해두고 잠자리에 들자. 아침에 일어나 가장 먼저 무언가 몸에 좋은 것을 마시기로 했다면 물과 컵이 필요할 것이다. 식탁 가운데에 물과 컵을 쟁반에 준비하고, 그 옆에 핵심 행동을 적은 메모지를 잘 보이게 붙여 둔다. 아침에 일어나서 먹을 재료는 냉장고를 열면 바로 보이는 위치에 준비해두자. 냉장이 필요하지 않다면 컵 옆에 놓아두어 더 쉽게 아침 미션을 실천하도록 돕자. 간단한 기상 준비로 자신의 기상 미션 실천에 도움계단이 되어주는 것이다.

〈굿모닝 루틴 만들기 1일 차〉

– 기상 후 맨 처음 할 일을 전날 밤, 미리 준비하고 잠자리에 든다. 예) 아침에 사용할 머그잔 2개와 포트는 식탁에, 일찍 출근할 땐 외출복도 골라 걸어둔다.

– 식탁에 준비한 도구들 옆에 할 일도 메모해 붙여둔다. 예) 6시. 사과식초 꿀물 마시기

6:00 알람, 복식 호흡과 스트레칭 체조, 침실 정리

6:30 준비된 전기 포트에 물 끓이기, 따뜻한 사과식초 꿀물 만들기 ※조명은 최소한 간접 조명으로! 거실에 사는 300마리 물고기들의 숙면 배려하기.

6:40 따뜻한 사과식초 꿀물 마시기, 남편에게 식초 꿀물 한잔 서비스, 명상하기

7:30 아침 식사 준비: 두부 쉐이크 2잔 만들기

– 굿모닝 루틴 만들기 1일 차 소감: "내 책상이 카페가 되었다. 따뜻한 사과식초 꿀물이 내 몸과 마음을 상쾌하게 깨운다. 300마리 물고기들이 깨지 않게 조용히 차 두 잔을 준비했다. 물고기들의 숙면을 배려하고 나와 남편의 기분 좋은 아침을 준비하는 내가 좋다. 내가 마음에 든다. 남편도, 물고기들도 아마 그럴 거야. 난 참 괜찮은 사람이야! 하하."

매일의 일정표에 그날 할 일을 적어두지 않고 막연히 생각만 한다면 어떨까. 뇌는 내가 해야 할 일을 구체적인 말과 글로 표현할 때 행동하도록 명령할 수 있다. 지금 할 일을 생각뿐 아니라 글로 언어화하여 책상 위와 스마트폰에 보이게 메모한다면 어떨까. 가장 중요한 일을 매우 분명하게 알려주므로 갈등 없이 행동으로 옮기기 쉬워진다. 습관에 관한 책을 쓰면서 진행한 〈습관 만들기〉 온라인 스터디에서, 멤버 C는 습관 만들기의 어려움을 이렇게 말했다. "자투리 시간을 이용했더니 규칙적으로 안 되더군요." 책 읽기나 외국어 공부, 운동 등 자신이 원하는 일에 자투리 시간을 활용할 수 있다. 하지만 일정표에 명확하게 메모하여 오늘 할 일 목록에 넣은 일과 그렇지 않은 일은 다를 것이다. 자투리 시간에 뭔가 해야지 막연히 생각한다면 매일 규칙적으로 실행하기 어렵기 때문이다.

하루 16시간이 긴 것 같지만 실제로는 '오늘 내가 뭘 했지?' 할 때가 있다. 그럴 때면 자신을 산만하게 만들고 시간 부족을 초래하는 일들을 조정하게 된다. 다른 멤버 K는 만 보 걷기를 미션으로 실천하며 매일 지속하기의 어려움을 토로했다. "뭘 계속하는 건 어렵구나 하는 생각이 들었어요. 노력이 요구되는 것 같아요." 그렇다. 한 번만 해보기도 노력해야 할 수 있는 것이 있다. 하지만 원하는 행동을 매일의 습관으로 만들고 싶다면 전략이 필요하다. 여러 가지 방법 중에 으뜸은 역시 뭔가를 하기로 했다면 나 자신에게 시각적으로 알려주어야 한다는 것이다.

매일의 일과에 내가 원하는 새로운 습관의 자리를 마련하고 빠짐없이 수행하길 원하는가? 할 일을 메모한 일정표는 지금 할 일이 무엇인지 나에게 글로 말해주는 매니저와도 같다. 일정표에 할 일을 기록하지 않는다면 내 안의 매니저는 할 일이 없다고 생각할 수도 있다. 글로 언어화되지 않은 생각을 나의 뇌가 알아서 결정하고 행동하기를 바라는 건 무리일 것이다.

하루를 마감할 때, 계속 생각했는데도 마치지 못한 일들이 있을 것이다. 할 일을 일정표에 우선순위를 정해 써보자. 할 일을 메모해서 나에게 보여주지 않는다면, 과연 생각만으로 실천할 수 있을까? 하나의 일에 하나의 시간을 배정하지 않는다면? 매일 일정표에 기록한 1순위 일에 충분한 시간을 들여 처리하고 평화로운 저녁을 맞이하기 바란다. 가장 중요한 일에 집중하는 효율적 시간 관리, 일정표 관리로 시작해보자.

04

분명한 목표가 나를 움직인다

목표는 나 자신과의 약속이다. 우리는 친구와 약속을 하면 어떤가? 반드시 지키려고 노력한다. 신뢰할 수 있는 친구가 되고 싶은 관계의 욕구가 있기 때문이다. 지인들과의 약속도 지키고자 노력하는 것은, 타인에게 신뢰할 수 있는 사람으로서 믿음을 주며 신뢰 관계를 유지하고 싶기 때문이다. 나와의 관계는 어떤가. 무언가 하려고 계획했지만, 친구와 약속한 것만큼 지켜지지 않는다면 왜일까? 자신에 대한 태도는, 나는 어떤 사람이라는 정체성과 관련될 것이다. 정체성 형성에는 부모, 친구, 선생님 같은 외부 요인의 영향도 있겠지만 내가 나를 어떤 사람으로 생각하는지도 중요한 요인이 될 것이다.

왜냐하면, 내가 나를 어떻게 생각하는지에 따라 자신이 의도한 것을 신뢰하고 실행할 확률도 높아지기 때문이다. 타인에게 신뢰받고 싶다면, 내가 먼저 나를 신뢰해야 한다. 나를 신뢰한다면 내가 계획한 일을 마치 약속을 지키는 친구 같은 마음으로 실천하고자 노력하게 될 것이기 때문이다. 하지만 내가 원하는 것을, 자신과의 약속을 지키려는 마음이 있다 해도 실천이 어려울 때가 많다. 이때, 내가 행동하게 하는 힘은 구체적이고 분명한 목표가 있을 때 생겨난다. 우리는 깨어 있을 때 뭔가를 위해 움직인다. 가고자 하는 방향과 취해야 할 행동이 분명할 때 더 쉽게 움직일 수 있다. 아울러 자신의 움직임이 만들어 낸 결과가 만족스럽다면, 다음 날도 그다음 날도 그 행동을 계속 이어가게 될 것이다.

논리적인 글쓰기에 필요하다고 배운 육하원칙은 습관 만들기에도 도움이 된다. 제임스 클리어는 그의 저서 『아주 작은 습관의 힘』에서 데이비드 프리맥 교수의 프리맥 원리를 적용하여 유혹 묶기 전략을 소개했다. 프리맥 원리는 '할 가능성이 높은 행동은 하지 않을 행동도 하게 만든다'는 것이다. 즉 무엇이든 습관을 만들고 싶을 때, 신호가 되는 일상적 행동을 하고 나서 원하는 행동을 계획한다면 실천할 가능성을 높일 수 있다는 의미이다. 아울러 원하는 행동을 실천할 때와 장소를 명확히 한다면 실행력에 도움이 된다고 보았다.[15]

내 경우에 3개월 전부터 아침 기상 후 공복에 올리브 오일이나 아보카도 오일 한 스푼 먹기를 계획했다. 아침 쉐이크를 만들기 전, 가장 먼저 냉장고를 열고 오일 병을 꺼내 식탁에 둔다. 오일이 알맞게 녹는 동안, 아침 쉐이크 두 잔을 만든다. 남편이 쉐이크 한잔을 마시고 출근할 때 현관에 나가 배웅한다. 다시 주방 식탁으로 돌아와 오일 한 스푼을 먹는다. 식전에 몸에 좋은 오일 먹기는 평균 98% 실천하고 있다. 매일 아침 눈을 뜨면 먼저 입안을 물로 가글한다. 이어서 바로 물을 마시고 싶지만 멈춘다. 올리브 오일이나 아보카도 오일 한 스푼을 먼저 먹기로 다짐했기 때문이다. 공복에 물 마시는 습관이 더 오랫동안 몸에 배어 있어 가끔 무의식적으로 물을 마실 때도 있지만 말이다.

내가 원하는 행동을 언제, 어디서, 무엇을, 그리고 얼마나 할지 계획해 보자. '공복에 오일을 먹는다'와 '남편 출근길에 손을 흔들며 배웅하고 나서 식탁 위 오일을 한 스푼 먹는다'는 다르다. 전자는 원하는 행동만 제시한 것이고, 후자는 언제, 어디서, 무엇을 어떻게 한다는 분명한 계획이 있다. 분명한 계획은 우리의 행동에 목표의식을 갖게 한다. 혼란 없이 분명한 메시지가 있을 때 행동으로 쉽게 옮길 수 있다. 주변에 눈에 띄는 다른 일이 있더라도 목표가 분명하다면 결국 원하는 행동을 먼저 하게 된다.

식초 물 마시기는 얼마 전부터 시작했다. 내 아버지가 식초의 효과에 대한 정보와 사례를 인터넷에서 가져와 가족 밴드에 공유해 주신 덕분이었다. 우리나라 국가대표급 간장 회사의 박승복 회장은 식초 전도사라는 별명을 얻었다고 한다. 그는 94세로 별세할 때까지 현미를 발효시킨 흑초로 건강을 관리하여 50대 정도의 건강을 유지했다고 한다.[16]

사실 나도 몇 달 전에 팔꿈치와 어깨 관절 관리를 위해 이런저런 자료를 검색했었다. 식초가 관절과 신진대사 등 건강 관리에 다양한 효능이 있음을 알게 되었다. 도움이 되는 정보라고 판단되면 바로 적용해보는 성격이라 실천에 옮겼다. 하지만 두 달 정도 발사믹 식초와 올리브 오일을 샐러드 채소에 넣어 디저트로 먹다가 흐지부지해졌다.

요즘 팔순을 맞이하신 아버지가 시간 여유가 생긴 덕분에 인터넷 자료를 가족 밴드에 자주 공유하신다. 때론 힘들기도 하다. 하지만 이번엔 달랐다. 건강에 관심이 많은 난 아버지가 식초의 효과에 대한 정보를 올려주셔서 반가웠다. 아울러 자신이 알게 된 건강 정보를 사랑하는 가족과 공유하고 싶은 아버지의 마음이 느껴져 감사했다. 지난번에 관절의 유연함을 위해 마셨던 것은 발사믹 식초였다. 위 사례의 박회장은 평생 흑초를 주로 마셨고 곡물이나 과일처럼 천연발효 식초를 추천했다. 바로 냉장고에 있던 사과식초를 한 컵의 물에 희석해 마셔보았다. 사과식초 물을 한 모금 마시니 발효된 사과의 상큼함이 온몸에 퍼졌다. 난 유난히 몸의 반응이 예민하게 느껴지는 편이라 몸에 좋은 것도 쉽게 느낄 수 있다. 예민함이 이럴 땐 도움이 된다. 아버지의 밴드 글에 바로 댓글과 이모티콘을 달아드렸다.

"와~식초 물을 마시니 바로 효과가 느껴지네요. 아버지~좋은 정보 감사합니다!^^"

간장 회사 회장의 경험과 인터넷 건강 정보를 종합해보았다. 하루 네 번 식초를 희석한 물을 마시면 건강 관리에 매우 도움이 된다는 것. 세 번의 식사 후 30분이 지난 다음에, 그리고 잠자기 전에 식초 물을 마시는 방식이었다. 오늘도 아침 두부 쉐이크를 마시고 물고기 구피들에게 먹이를 준 다음에 사과식초 물 한 컵을 마셨다. 출근 후, 쉬는 시간에 자리에서 일어나며 식초 물을 마셔야겠다고 생각했다. 아버지가 밴드에 공유해 주신 식초의 효능에 관한 자료를 직접 실천해본 후, 집에 사둔 사과식초 반 병을 덜어 사무실 냉장고에도 넣어 둔 것이다.

집에서 마시던 식초 물과 사무실에서 오후에 마시는 식초 물은 느낌이 달랐다. 식초가 내 몸을 건강하게 한다는 느낌과 더불어 계획한 것을 하루에 두 번째 실천하고 있다는 뿌듯함이 느껴졌다. 저녁 식사 후와 잠자기 전에도 실천할 것 같은 긍정적인 기대감에 기분마저 식초처럼 상큼해졌다. 저녁 식사가 조금 늦은 편이지만 역시 식후에 식초 물 한 컵을 마셨다. 식사 후 샤워를 마치고 나서 취침 전에 다시 약간의 식초 물을 마셨다. 식초의 효능을 알리는 건강 사이트에서 제공하는 정보대로 하루에 네 번, 식초 물 마시기를 실천해본 것이다. 식초 물은 하루 몇 번을 마셔도 매번 상큼함을 느끼게 했고, 취침 전에는 수면을 방해할까 봐 조금 마셨는데도 다른 날과 달랐다.

수면 중에 화장실을 가려고 잠이 깨기까지 평소의 두 배 만큼 잠을 잘 수 있었다. 게다가 화장실에 다녀와서도 평소와 달리 쉽게 다시 잠들 수 있었다. 식초 물 마시기의 효과는 계속해보아야 평균적인 효과를 말할 수 있을 것이다. 다만 이전에 아버지의 밴드 글을 보고 바로 실천했을 때와 오늘 하루에 네 번, 식초 물을 마신 효과만 보더라도 계속 실천해보고 싶다는 생각이 든다. 식초 자체의 효과와 매력이 있고, 식후에 식초 물 한잔을 마셔보면 커피는 물론 다른 간식이 별로 생각나지 않는다는 이점도 있다. 내가 식초 물을 단호하게 네 번이나 마신 것은 나름대로 간절한 이유가 있었다.

지난 주말에 조카의 견진성사에 참석차, 성당에 갔다가 동생네 가족과 기념사진을 찍었다. 사진 속 나의 모습은 오랜만에 입은 원피스가 터질 듯했고 답답해보였다. 저녁 식사 자리에선 작아진 원피스의 앞 단추가 계속 신경 쓰여서 스파게티가 무슨 맛인지 느낄 수 없을 정도였다. 더는 안 되겠다 싶어 나는 얼마 전 시도해본 식초 물 마시기와 저녁을 거지처럼 소박하게 먹기를 실천하기로 다짐한 것이다. 분명하고 단순한 목표는 내가 쉽게 움직이도록 돕는 것 같다. 게다가 간절히 원하는 것이 있다면, 분명한 목표를 흔들림 없이 실천하도록 하는 동력이 되어줄 것이다.

분명하고 단순한 목표를 설정해보자. 분명한 목표를 갖는다는 것은 하루를 사는데 주인의식을 갖고 행동 미션을 제시하는 것과 같다. 오늘 하루, 일뿐만 아니라 일상적 행동에도 분명한 미션을 부여해보는 것이다. 원하는 행동을 하루 실천해보고 계속 실천할 가치가 있는지 평가도 해보자. 내가 원하는 삶이 바로 오늘 시작될 것이다.

원하는 것을 자기 자신에게 분명하게 말한다면 몸을 쉽게 움직일 수 있다. '물을 충분히 마셔야지'와 같이 추상적인 미션은 우리의 뇌가 언제 무엇을 어떻게 해야 할지 혼란스럽게 만든다. '1시간에 물 1컵 마시기'처럼 분명한 행동 미션은 내가 원하는 나를 향해 능동적으로 움직이게 할 것이다. 여기에 간절함이 더해진다면 분명 행동하게 될 것이다.

05

구체적인 계획으로 실행력을 높여라

"승자와 패자를 분리하는 단 한 가지, 승자는 실행하는 사람이라는 점이다."
−앤서니 로빈

앞서 살펴본 것처럼, 지금 하는 일의 목표를 분명히 한다면 실행에 옮길 확률도 높아질 것이다. 목표를 분명히 한다는 건 무언가 원하는 행동을 실천할 시간과 장소, 방법 등을 명료화하여 계획하는 것이다. 추가로 분명한 목표 관련 실행력에 도움이 될 한 가지는 '한계설정'이다. 이것은 실행 방법을 계획하는 것이다. 예를 들어 행동에 개인적인 경험을 토대로 소요 시간을 설정해보는 것이다. 보통 목표에 마감 시한을 설정한다. 마감 시한이 압박감을 통해 행동하도록 이끄는 것이다. 한편, 소요 시간을 설정할 경우 할 일이 만만하게 느껴져 실행력을 높이게 되기도 한다.

소요 시간을 예측할 수 있다면 '내가 할 수 있는 일'이라는 생각이 들게 하여 쉽게 시작할 수 있다. 실제 행동으로 옮겼을 때는 개인차 등으로 시간이 좀 더 걸릴 수도 있다. 하지만 일단 시작한 일은 멈추기보다 계속하기가 쉬울 것이다.

- 30분 안에 할 수 있는 건강한 일: 샤워, 명상
- 10분 안에 할 수 있는 개운한 일: 설거지
- 5분 안에 할 수 있는 건강한 일: 양치질, 아침 쉐이크 만들기
- 3분 안에 할 수 있는 시원한 일: 쓰레기통 비우기, 샤워 전 욕실 청소하기
- 1분 안에 할 수 있는 가성비 높은 일: 공복에 물 마시기, 식후에 식초 마시기
- 10초 안에 할 수 있는 위대한 일: 아픈 물고기를 위해 기도하기, 식물에 물 주기
- 3초 안에 할 수 있는 멋진 일: 인사하기, 안아주기
- 1초 안에 할 수 있는 의미 있는 일: 잠시 멈추기

3단 고음 창법으로 유명한 가수 I. 그녀는 무기력한 느낌이 들면 얼른 일어나 설거지라도 한다고 한다. 설거지는 위에서 10분 안에 할 수 있는 일이라 하였지만 해보니 어떤가. 작은 컵 하나만 헹궈도 기분이 개운하다. 남편과 내가 아침 쉐이크 먹은 컵 2개만 씻어야지, 생각했더라도 2개만 씻는 게 더 어렵다. 물 컵, 우유를 데운 냄비나 쉐이크를 만든 믹서

기 등 다른 그릇들도 자연스럽게 계속 씻게 된다. 그릇을 말끔하게 씻어내는 개운함과 함께 반짝이는 원래의 모습을 회복하면 뿌듯한 성취감까지 바로 느낄 수 있기 때문이다. 좀 더 짧은 3분 안에 내 책상의 위아래, 집 안 여기저기 있는 휴지통을 비워보라! 내 마음에 쌓인 부정적인 생각과 감정 쓰레기까지 함께 버린 것 같아 시원하고 한결 여유로운 기분이 든다. 쓰레기를 버리고 빈 휴지통을 들고 집 안으로 들어올 땐 나갈 때의 마음보다 훨씬 가볍지 않은가.

3분 안에 할 수 있는 쉬운 일도 있다. 전기레인지의 화력 5단계로 3분을 설정하면 우유 2인분을 따뜻하게 데울 수 있다. 전기레인지를 반복해 사용하면서 알게 된 나만의 지식이다. 요리를 좋아하는 남편에게 내가 알게 된 전기레인지 화력과 조리 시간에 관한 몇 가지를 말해두었다. 하지만 남편은 나름의 조리 방법으로 무심코 조리하는 편이다. 우유 2잔을 데우면서 화력 5단계에 기본으로 설정된 시간 45분을 그대로 두는 것이다. 남편은 돌아서서 샌드위치에 들어갈 채소를 손질한다. 잠시 후 주방은 어떤 냄새로 가득 찬다. 우유 타는 냄새와 뜨거운 전기레인지 위로 끓어 넘친 우유를 허겁지겁 닦고 긁개 대신 칼등으로 눌어붙은 우유를 긁어내느라 바쁜 남편. 오늘도 난 그냥 넘어갈 수 없어 전기레인지는 화력 단계와 함께 시간 설정이 아주 중요하다는 잔소리를 재생할 수밖에 없었다. 경험주의자인 남편에게 얼마나 많은 경험이 더 필요한지 궁금해하면서.

지난 주말부터는 내 잔소리로 피곤할 남편을 생각하며 문제 상황에 직면했을 때 습관적으로 하던 나의 말을 바꾸기로 했다. 지난 주말, 남편의 마스크 끈이 오염되어 보였다. 세탁해주겠다는 내 말에 남편은 머리를 흔들며 부정했다. 내 남편답다. 1년째다. 평소엔 남편이 지나간 자리에 남은 여러 가지 일들이 내 잔소리를 불러일으키곤 했다. 이젠 남편을 향한 잔소리가 내 입에서 튀어나오려고 할 때, 마음속으로 '잠깐!' 하고 심호흡을 한다. 1초 안에 할 수 있는 의미 있는 일, 잠시 멈추기. '아, 감사하기'로 했지, 나의 다짐을 되새기며 목소리 톤을 부드럽게 하고 표정 관리도 해본다. 신기하게도, 마음에 없는 감사 기도를 하는데 마음이 편안해지고 남편도 덜 힘들어보였다.

"주님, 감사합니다~ 인간적인 남편을 주셔서 감사합니다~!"
"남편이 인간이 아니면 신이게요? 호호, 감사합니다~"

10초 안에 할 수 있는 위대한 일도 있다. 우리 집 물고기 구피들은 한 번에 적게는 6마리부터 많게는 60마리까지 태어난다. 현재 300마리의 구피들이 6개의 수조에 살고 있다. 함께 태어난 형제자매가 많아 노환이나 질병으로 아픈 시기도 비슷한 경우가 많다. 10초 안에 할 수 있는 일, 아픈 구피들을 위해 기도하기. 몸이 아파 천연자갈 위나 수초 위에 배를 대고 엎드리거나 아예 옆으로 누워 눈과 지느러미, 온몸으로 지쳤음을 말하는 구피들. 나의 기도 소리를 듣고 수조 뒤편에 누워 있다가 아픈 몸을 끌고 앞쪽으로 나와 기도하는 나를 본다. 감사와 간절함의 눈빛으로. 그날 밤엔 수조를 크게 한 바퀴 돌며 남은 힘을 다해 헤엄친다. 마지막 최선을 다해 삶에 대한 의지를 표현하려는 듯. 다음 날 아침 편안하고 예쁜 얼굴로 잠든 녀석은 우리 집 화분이 허락하는 한, 화분 속 자연으로 돌아간다.

"주님, 귀여운 하양이, 주황이와 함께 해주셔서 감사합니다! 우리 하양이와 주황이, 주님께 의탁하나이다. 주님이 허락하신 시간까지 하양이와 주황이가 건강하고 행복하게 지낼 수 있도록 도와주셔서 감사합니다. 우리 주 그리스도의 이름으로 비나이다~ 아멘."

목표와 계획을 구체적으로 생각했더라도 실천이 적절히 뒤따르지 않는다면 어떨까. 현재의 목표와 계획에 충분히 주의를 기울이지 않아 예상치 못한 오류를 범한 적이 있는가? 어렵게 생각하는 일보다는 쉽고 만만하며 반복되는 일에서 무의식적 오류를 일으킬 때가 있는 것 같다. 내려야 할 전철역 지나치기, 전철 환승 시 착각하기, 전철 환승 대신 버스로 목적지까지 이동하려다 더 오래 걸려 도착하기 같은 경우이다. 50대 들어서며 관절 관리를 위해 한방병원에서 침 치료를 받고 있다. 병원은 2호선을 타고 가다가 3호선 환승을 위해 이동해야 한다. 하지만 평소에 퇴근하던 길로 이동, 반대편으로 무심코 걸어갔다. 다시 가야 할 방향으로 이동해 전철을 기다린 후 승차하니 10분이 지나 있었다. 한방병원에서 침 치료 후 귀가할 때, 3호선을 타면 고속터미널까지 두 정거장을 가서 다시 7호선 환승을 해야 한다. 하지만 평소 출근길 습관대로 중간에 무의식적으로 내렸다. 바로 목적지를 생각하며 전철에 올라탈 때도 있지만, 습관적으로 이동하던 방향을 따라서 걷다가 되돌아와 다음 전철을 기다려야 할 때도 있다. 지금 가야 할 길의 분명한 목표를 기억하지 않는다면 소중한 시간 10분을 낭비할 수 있다.

내가 요즘 기회가 될 때마다 들르는 가게는 무인양품, 노브랜드. 주로 브랜드 이름보다는 양질의 품질과 합리적인 가격을 제시하는 물건이 좋다. 물론 명품의 가치와 장인정신도 인정한다. 일주일 전부터 궁금했던 NB 버거. 나의 갱년기 불면증에 햇볕 아래 40분 걷기를 처방한 한 의사의 말대로 매주 6일간 실천하며 매장을 발견한 것이다. 그동안 오가며 그런 매장이 있다는 것은 얼핏 본 것 같다. 하지만 거의 매일 매장 앞을 지나가며 구체적으로 "한 번 가 봐야겠어!" 하는 실천적인 생각이 들었다. 내 생각을 남편에게 말하고 며칠이 지난 오늘. 난 그 매장에서 NB 치킨버거 세트를 먹었다. 매장 안팎에 'WHY PAY MORE? IT'S GOOD ENOUGH!'이라고 눈에 띄게 가격 광고를 한다. 실제 출시된 지는 2년쯤 된 것 같다. 내가 직접 매장 앞을 몇 번쯤 지나가며 들어가 봐야지, 생각했고 실제 들어가서 궁금했던 합리적 가격의 버거 맛을 본 것이다. 분명한 목표를 가슴에 품고 원하는 공간 쪽으로 매일 움직인다면 언젠가 그 목표를 실행하게 될 것이다. 왜냐하면 뇌는 주인이 중요하게 생각하는 걸 잊지 않고 기억하며 실행에 적합한 때에 바로 행동하도록 명령할 것이기 때문이다.

분명한 목표에 따른 구체적인 계획은 실행력을 높이는 데 필수 요건이다. 아울러 실행에 필요한 소요 시간의 한계를 설정하고 기억하면 도움이 될 것이다. 목표와 계획이 분명하면 어느 날 결국 실행에 옮기는 자신을 발견하게 될 것이다. 우리의 뇌는 주인인 내가 중요하게 생각하는 것을 기억하고 적합한 환경이 되면 주의를 집중하도록 돕는다. 뭔가를 생각하고 있는 사람에게는 그 대상이 잘 보이게 마련이다. 늘 생각해오던 그 일을 지금 할 것인지 묻는 것과 같다. 게다가 소요 시간을 개인적 경험에 기초하여 설정해두면 시작하기 쉽다. 한계가 설정된 일은 범위를 알 수 없는 일보다 만만하게 느껴질 것이다.

할 일과 목표를 계획했지만, 실천하기 어려운가? 계획을 점검해보자. 구체적으로 무엇을 할지, 시간은 얼마나 걸릴지, 난이도는 조금 어려운 정도인지. 쉽고 만만하게 시작해보자.

06

미루지 않는 습관, 작은 것부터 시작하라

"어디서든 시작하라. 의도만으로는 명성을 쌓을 수가 없다."
– 리즈 스미스

할 일을 미루는 것도, 미루지 않는 것도 습관일 것이다. 할 일을 제때 하고 싶지만 여러 가지 이유로 미루게 될 때가 있다. 우선순위에서 나중 순서에 계획한 일들은 다음 날로 넘어간다고 해서 미루는 것이라 볼 수 없다. 시간이 한정되어 있으니 말이다. 하지만 오늘 마감인 일이나 가장 중요한 일을 미룬다면 어떨까? 자신이 목표한 일이 진행되지 않을 뿐 아니라 자신에 대한 신뢰감과 자기 통제감도 흔들리게 될 것이다.

뭔가 할 일을 미룰 땐 어떤 요인들이 관련될까? 그 일이 중요한 건 알지만 부담스러울 때, 시작은 했으나 진행에 시간이 걸리고 힘들 때, 다른 일을 하느라 시간이 없어서, 피곤해서 등 이유는 무수히 많을 것이다. 일을 성큼성큼 해내고 싶은 마음은 있지만 쉽지 않다. 하지만 그 일을 미루지 말아야 할 이유가 있다면 일단 시작해보자. 내가 그 일을 자주 미루고 있다면 일단 시작 행동도 쉽지 않음을 인정하자. 그리고 그냥 시작하자. 아주 작은 것부터. 시작 행동에는 여러 가지가 있을 것이다. 내가 해야 하는 일의 작은 조각을 처리해보며 시작할 수 있다. 그 일을 시작하는 데 징검다리가 되어줄 재미있는 책이나 집중을 돕는 도구를 사용할 수도 있다. 일을 시작하도록 돕는 도구는 스트레스를 줄여주는 것과 관련이 있을 것이다.

『하버드 스트레스 수업』에서 저자 왕팡은 스트레스 해소 도구로 '부정적 감정에서 벗어나는 방법 10가지'를 소개하였다. 예를 들어, 좋아하는 음악 듣기, 체력 키우기, 맛있는 음식 먹기, 사람 만나기, 중요한 사람에게 전화하기, 실외에서 햇빛 받기, 할 일 해치우기, 타인을 위해 일하기, 청소와 정리하기 같은 것들이 스트레스 해소에 도움이 된다는 것이다. 저자는 음악, 운동, 음식, 전화나 만남, 봉사, 청소 등이 도움이 된다고 보았다. 특히 할 일 해치우기가 포함되어 인상적이다.[17]

그렇다! 해야 할 일을 그냥 하는 것이 스트레스를 줄여주는 가장 좋은 방법일 것이다. 해야 할 일을 바로 하기가 어려워 미루게 될 땐 차선책을 활용해야 할 것이다. 위에서 제시한 10가지 방법 중에 골라 나만의 스트레스 해소 도구로 사용해보자. 할 일에 대한 스트레스를 다루면서 당장

해야 할 일로 걸어 들어가도록 친절히 자신을 안내하는 것이다. 이때 유의할 점은 할 일의 마감 시간이 있을 테니 스트레스 해소를 위해 한없이 시간을 할애할 수는 없다. 스트레스 해소법도 제한시간을 설정하여 안정된 기분을 되찾고 할 일을 시작해야 할 것이다.

출근길에 종종 도시락을 준비한다. 사무실에서 책을 쓰기 시작한 초기부터 대형마트에서 다양한 과일과 채소를 사서 샐러드 재료로 저장했다. 블루베리와 방울토마토, 딸기, 파프리카나 청경채, 봄동 등 과일과 채소에 발사믹 소스와 올리브 오일을 뿌려 도시락을 만든다. 가끔은 잡곡밥에 남편이 만들어준 반찬 몇 가지로 도시락을 만들기도 한다. 상큼한 도시락은 춥고 어두운 겨울 몇 달과 쌀쌀한 3월에도 즐겁게 출근하도록 돕는 도구였다.

토요일 아침에도 출근 준비를 하며 서울대공원 호수 둘레길에 산책하러 간다, 생각하기로 마음먹었다. 실제로 산책하러 갈 수도 있겠지만 출근을 즐겁게 하려는 전략이다. 언젠가 TV에서 본 적이 있다. 어떤 학교의 과학 교사가 매일 아침 출근 전, 자신이 좋아하는 호숫가에 잠시 들러 주변 풍경을 감상하고 출근한다는 것이었다. 나도 서울대공원 호숫가를 산책하고 기분 좋게 출근하고 싶었다. 날씨 예보를 보니 자외선이 많고 뜨거운 햇볕이 강렬한 날씨였다. 서울대공원 산책 대신 지하철 계단과 사무실 건물 계단 오르기, 그리고 사무실에서 스쿼트 100회 하기로 대체했다.

외출복도 몇 년간 시도하지 않던 가벼운 치마와 티셔츠, 그 위에 자외

선과 한기에 대비한 하얀색 긴 팔 셔츠를 걸쳤다. 면양말에 운동화를 신고 선글라스를 쓰니 산책에 적합한 경쾌한 차림이 완성되었다. 엘리베이터를 타고 지하주차장을 통해 밖으로 나가니 바람이 제법 불었다. 고갯길을 넘어가거나 전철 타러 바로 가더라도 바람 때문에 통 넓은 치마가 안전하지 않을 것 같았다. 강풍에 대비하기 위해 오랜만에 입은 통 넓은 치마를 포기하는 대신 어울리는 색상의 속옷을 안전하게 챙겨 입었다. 아무도 신경 쓰지 않을 수 있지만, 내 마음이 편안해야 산책과 출근에 어려움이 없을 것이기 때문이다. 여러 가지 일 처리를 하고도 평일과 거의 다름없는 시간에 출근했다. 내가 좋아하는 공원에 산책하러 간다, 생각해보는 것도 출근과 같은 할 일을 즐겁게 하도록 돕는 도구라 할 수 있다.

지난 월요일에 갱년기 치료를 받으러 한의원을 검색하여 방문했다. 여러 가지 검사 후 결과에 따라 상담하는 시간에 한의사는 물었다. "무슨 운동 하세요?" "언덕길과 계단 오르기, 스쿼트도 하고 있어요." "네~ 그런데 걸어 올라가는 운동은 천천히 걷게 되잖아요, 등산 같은 것보다는 평지에서 햇볕 아래 빠르게 걷기가 불면에 효과가 있다고 해요." 갱년기 불면증에 도움이 된다며 한의사가 처방한 운동은 평지에서 햇볕 아래 빠르게 걷기였다. 햇볕 아래 넓은 보폭으로 빠르게 걷기의 효과는 KBS 1TV 〈생로병사의 비밀〉에서도 보았던 내용이라 쉽게 공감할 수 있었다.[18]

처방받은 날부터 5일째 계속하고 있다. 처방을 받은 날, 병원 건물을 나서면서부터 시작하여 사무실까지 햇볕 아래 빠르게 걷기를 바로 실천했다. 덕분에 다음 날도, 그다음 날도 계속 실천할 수 있었다. 다른 운동으로 습관을 만들어본 경험 덕분에 언덕길을 오를 때도 그러려니 하는 마음으로, 30도의 날씨에도 묵묵히 걸을 수 있었다. 물론 선크림과 목수건 등으로 자외선 차단을 적절히 하고서 만약의 경우를 대비하기 위해 양산과 물도 가방에 넣었다. 걷기를 시작한 첫날 35분, 둘째 날 36분, 셋째 날 36분, 넷째 날 51분, 다섯째 날 60분. 햇볕 아래 빠르게 걷기는 앞으로도 매일 밥 먹듯이 계속될 것이다. 나의 건강과 편안한 숙면을 위해.

유난히 병약한 구피들이 사는 맨 오른편 수조를 청소하기로 했다. 지난주부터 이번 주말에 하기로 다짐했었다. 주말이라 몸이 피곤했지만, 수조 물이 탁한 갈색이었다. 무엇보다 구피 녀석들이 한쪽 구석에 몰려 움직임이 적은 것을 보니 더는 미룰 수 없었다. 간단히 절반의 물을 환수하기로 마음먹었다. 내가 청소를 시작하니 남편이 수초 잎이 미세하게 갈라진 것들을 정리해주었다. 오래된 수초를 정리해준 남편에게 "얘들아, 오빠 땡큐! 인사해줘~ 오빠가 수초를 정리해주었네~" 물고기들과 남편을 번갈아 보며 엄지 척, 감사 인사를 했다. 미리 받아둔 물로 수조 물을 환수해주며 필터에 연결된 가느다란 관을 보았다. 수초 잎들이 미세한 녹조로 분해되어 필터 플라스틱 관에 붙어 있었다. 지난번에 닦아보았지만 가느다란 관을 말끔히 닦는 건 어려웠다. 물고기 수조를 청소하며 남편에게 들릴 정도로 크게 말했다. "이 필터 관은 청소가 어려워. 오빠가 지난번에 해주었었지~ 한 달 안에 오빠가 아마 청소해줄 거야!

오빠~ 이 필터 관, 물티슈를 돌돌 말아 넣어서 청소해?" 물으니 남편은 휴대폰을 들여다보며 고개만 끄덕였다. 물고기들은 수조 물을 절반 환수하며 유리 벽에 붙은 연두색 녹조도 긁어주었더니 개운한 듯 신나게 헤엄쳤다. 어릴 때부터 병약했던 구피들이라 그런지 다른 수조에 비해 수질이 빨리 나빠졌다. 환수를 조금 더 자주 해주고 있다.

환수를 마칠 무렵, 남편은 깨끗한 수조에 여전히 녹조가 낀 채 연두색인 필터 관이 돋보였는지 안을 들여다보며 "어디 빼 봐! 닦으면 되지." "와~ 오빠가 필터 관을 씻어준대. 몇 달 만이니~ 얘들아, 오빠 땡큐! 하자." 남편은 빠르게 욕실에서 필터 관을 씻어 수조에 원래대로 조립해 넣었다. "와~ 깨끗해졌어! 얘들아, 기분 좋아?" 구피들은 요즘 볼 수 없었던 몸짓으로 힘차게 앞뒤, 좌우, 상하, 대각선으로 자유롭게 헤엄쳤다. 움직임으로 말하는 구피들이다. 요즘 수조 안에 LED 등을 켜주면 병약한 구피들이라 그런지 빛이 없는 구석에 몰려 잠을 자듯 자주 쉬는 모습을 보였다. 건강하지 못한 구피들은 환수와 환경 관리에 조금 더 신경을 쓰고 있다. 주말이라 몸도 피곤하고 다른 구피들과 별도로 관리하기도 번거롭지만 필요하면 바로 조치해야 한다. 작은 물고기라 해도 그들의 생명까지 작은 건 아닐 테니까.

미루지 않는 습관, 쉽지 않다. 하지만 미루면 점점 더 힘들어진다. 아주 작은 것부터 시작해보자. 뭔가 시작하면 기분이 좋아진다. 아무것도 하기 싫은 주말이나 월요일 아침에도 일단 조금씩 움직여보자. 기분이 괜찮을 것이다. 신기하게도 움직이면 움직일수록 에너지가 생긴다. 재미

있고 새로운 것을 발견하게 된다. 이 과정에서 기쁨과 재미, 성취감이 생길 것이다.

재미있게 뭔가를 했다는 작은 성취감은 다시 비슷한 기분을 느끼고 싶은 동기를 부추길 것이다. 작은 성취감은 우리가 뭔가를 반복할 수 있는 에너지원이 되는 것이다. 미루지 않는 작은 발걸음이 해야 할 일에 부싯돌 같은 시작 행동이 되어줄 것이다. 매일 반복하는 출근, 건강과 수면 관리, 가족과도 같은 반려 동식물 돌보기도 소박하고 작은 움직임을 가능하게 만든다. 특히 다른 생명에 기여하는 작은 움직임은 미룸을 예방하는 에너지원이요, 셀프 처방이다.

07

작은 성공도 기뻐하라, 미루지 않게 된다

"오늘의 식사는 내일로 미루지 않으면서 오늘 할 일은 내일로 미루는 사람들이 많다."
— 칼 힐티

성공을 원하는 사람은 많지만 실제로 성공을 이루기는 쉽지 않다. 독일의 소설가 넬레 노이하우스(Nele Neuhaus, 44세)는 자신의 추리소설 『백설공주에게 죽음을』을 국에 출간한 지 석 달 만에 10만 부 판매를 이루었다. 독일에서만 33만 권 판매, 세계 20개국에 판권을 판매하는 쾌거도 달성했다. 베스트셀러 작가로 세계적인 인정을 받은 그녀도 처음부터 사람들의 큰 관심을 받은 건 아니었다. 처음 두 권의 책은 자비로 출간해야 했다. "열세 살 때 부모님께 타자기를 선물 받으면서 틈만 나면 글을 썼지요. 하지만 당장 작가가 되기는 힘들었어요." 노이하우스는 소시지 공장을 운영하는 남편 일을 도우며 지냈지만, 작가가 되겠다는 꿈을 계속 간직했다. 추리소설 『백설공주에게 죽음을』이 일에서 25만 권 넘게 팔렸을 때 남편은 "나도 소시지 25만 개 팔 수 있어."라고 퉁명스럽게 말했다. 남편은 책 읽기를 좋아하지 않는 사람이라 그녀가 컴퓨터 앞에 몇 시간씩 앉아 있거나, 자비로 책을 출간한다는 걸 전혀 이해하지 못했다. "하지만 지금은 저를 아주 자랑스러워해요." 하며 웃는다. 그녀가 틈틈이 글을 써온 30년 넘는 세월 동안 습작과 자비 출간이라는 고개를 넘어 세계적인 베스트셀러 작가로 성장한 것이다. 그녀의 글에 남편과 출판사모두 관심이 없었다. 하지만 그녀는 자신의 글을 자비로 출간하면서 스스로 인정하는 작은 성공을 한 번 두 번 거듭해온 것이다. 출판사에서 자신의 글을 출판해줄 때를 기다리며 출간을 미루지 않았다. 자신만의 작은 성공을 계속 이어갔고 결국, 남편의 인정과 더불어 세계인의 사랑을 받는 작가로 더 큰 성공을 이루어낸 것이다.[19]

국내외를 막론하고 하루아침에 성공하였거나 어느 날 우연히 기적 같은 일이 일어났다는 사례를 찾아보기 어렵다. 오히려 성공 신화 뒤에는 수많은 시행착오와 좌절을 딛고 일어난 일화들로 가득하다. 성공은 작은 성공의 시간이 쌓이고 쌓여 만든 정직한 대가라고 할 수 있다. 작은 성공은 어떤 것인가? 매일 집 안과 밖에서 반복적으로 해야 하는 일뿐만 아니라, 일과 일 사이에 끼어드는 예상치 못한 일들을 하나씩 해결해보는 것이다. 이렇게 작은 일들을 해결하다 보면 작은 성공 경험이 저축된다.

작은 성공 경험을 계속 반복한다면 어떤 일이 일어날까? 1차 효과는 해야 할 일을 완료하게 된다. 할 일을 해냈다는 뿌듯함과 성공 경험은 간접적으로 다른 할 일에 대한 의욕과 자신감도 불러일으킬 것이다. 무슨 일이든 하루하루 작은 성공을 거듭하다 보면, 스스로 문제를 해결할 수 있다는 긍정적 기대감인 자기 효능감이 증가하게 된다. 자기 효능감이 늘어나면 자연스럽게 능동적, 적극적, 개방적인 태도로 할 일을 대하게 될 것이다. 작은 성공의 반복은 자기 효능감에 영향을 주고, 자기 효능감의 증가는 다시 또 다른 작은 성공을 거듭할 수 있는 디딤돌이 되어주는 것이다. 이러한 선순환의 고리가 반복된다면, '어느 날 아침 일어나보니 내가 원하는 삶을 살고 있었다.'라고 말할 수 있는 기쁨의 순간을 맞이하게 될 것이다.

작은 성공의 사례는 일상에서 쉽게 찾아볼 수 있다. 나의 경우, 프리랜서라서 오전에 집안일을 하고 오후에 개인 사무실에 출근해도 된다. 하지만 지인 S와의 점심 약속을 지키기 위해 노력하면서 덩달아 일찍 출근했다. 일찍 출근하면 할 일을 시작해둘 수 있다. 지인을 기다리는 자투리 시간에 운동도 할 수 있다. 지난번 약속이 있었을 땐 자투리 시간에 책을 읽었다. 최근, 지인 S와 두 번의 점심을 함께 먹었다. 그때마다 난 1시간 이전에 출근해서 할 일을 하면서 여유 있게 기다렸다. 약속이 있을 때 미리 나와서 기다리는 사람은 자투리 시간에 책을 읽고 운동도 할 수 있다. 약속 시간에 맞춰서 나오려 할 때 오히려 시간에 맞춰 도착하기 어려울 때가 있다. 요즘 내가 약속보다 1시간 이상 일찍 약속장소 부근에 나온 것은 나 역시 시간에 맞추어 도착하기 어려운 사람이라서 그렇다. 10

분 일찍 도착하려고 조금 서둘러 나왔지만 약속 시간에 맞춰 도착하게 될 때가 많다. 도중에 예상치 못하게 시간을 지체하게 되는 이런저런 돌발 상황이 있기 때문이다.

지하철로 이동할 때, 잠깐이지만 서서 스마트폰 메모장을 열고 가계부를 쓴다. 메모장에는 책 사례, 가계부, 스터디 같은 소제목이 보인다. 출근 준비를 마치고 점심을 먹은 후 동네 고갯길을 20분 동안 땀 흘리며 걸어서 넘었다. 어젯밤부터 내린 비 때문인지 비가 그친 후라 그런지 후텁지근하다. 사무실로 이동하는 전철 안에서 시 한 편을 쓰고, 일정도 확인했다. 계획했던 일정을 마무리했다면 '완료^^'라고 쓴다. 할 일을 하나씩 완료하는 기쁨을 오감으로 표현하는 건 나의 작은 성공을 축하하는 의미이다. 전철에 서서 시를 쓰는 건 나의 오감을 사로잡는 일이 있을 때 바로 쓰기 위해서다. 나중에 기억을 더듬어 쓰는 시와 오감으로 생생하게 느낀 감정을 바로 언어화하는 건 질적으로 다른 결과를 만들기 때문이다.

집에 오는 전철에서 스마트폰을 보니 남편이 SNS에 사진을 올렸다. 사진에는 엄마표 열무김치를 옮겨 담은 큰 김치통과 떡 3봉지가 함께 찍혀 있었다. 지하철 환승 후라서 7분 후에 우리 집 부근 전철역에 도착 예정이었다. 평소에 뭔가를 나누는 데 손이 컸던 엄마를 생각해보면 이번 김치도 제법 양이 많을 것 같았다. 김치를 누구에게 나누어주면 도움이 될까 생각해보았다. 우리 아파트 같은 라인에 사시는 여스님이 생각났다. 스님에게 SNS 문자를 드렸고 엘리베이터 앞에서 만났다. "이렇게 귀한 걸 주시고. 난 뭘 드려야 되나?" 하신다. 난 미소를 지으며 머리를 저은 후 "피곤하실 텐데 얼른 올라가세요." 인사드렸다. 스님이 댁에 도착하셨는지 잠시 후 전화를 하셨다. "오늘 점심 도시락 싸간 걸 간단히 먹어서 출출하네요. 우리 밀 라면 먹으려고요." "아, 네~열무김치와 같이 드시면 되겠네요! 하하~"

학부 시절, 자취하며 간단히 식사를 해결했던 때가 떠올랐다. 학교 식당에서 백반 정식으로 식사를 해결하곤 했다. 학교 가지 않는 날엔 간단히 라면에 대파와 계란을 넣어 김치와 함께 먹었다. 라면 물을 끓이기 전에 미리 해둔 따끈한 밥도 국물에 말아 먹었다. 그때의 내가 생각나서 박사 과정 1학기를 열심히 보내고 계신 스님에게 김치가 필요하겠다 생각이 든 것이다. 자취생에게 김치란, 밥이나 라면만큼 중요한 식재료인 것이다. 조금씩 사 먹는 김치는 그야말로 '금치'인 것이다. 배춧값은 오르기도 하고 내리기도 하지만, 밥값이나 김칫값은 내리지 않으니 말이다.

바로 옆 수조를 보니 수조 벽에 녹조가 생겼다. 구피들의 얼굴이 잘 보이지 않았다. 수조 벽에 수초 끝이 따뜻한 물에 녹은 녹조가 붙어 있어 밖이 불투명하게 잘 보이지 않는 상태가 된 것이다. 그래도 하양이와 주황이 녀석들은 아랑곳하지 않았다. 신나게 서로 쫓아다니고 바닥의 천연 자갈 사이에서 먹이를 찾고 수조 벽에 붙은 녹조도 쪼아 맛보며 잘 지내고 있었다. 기특하기도 하고 짠한 마음이 들어 수조의 앞쪽만이라도 녹조를 제거해주고 싶었다. 녹조용 주걱으로 유리 벽의 녹조를 긁어내고 내친 김에 필터도 청소해주니 녀석들이 좋아했다. 뜰채를 이리저리 이동하며 녹조 찌꺼기와 물에 떠다니는 똥과 먹이를 건져주었다. 구피들은 이리저리 비켜 다니다 물속에 날리는 똥과 녹조 찌꺼기를 먹었다 뱉기도 하며 신나게 헤엄쳐 다녔다. 녀석들은 내가 자신들을 잡으려는 건 아 니라는 걸 아는 듯, 즐거워 보였다. 수조 벽 청소로 깨끗해진 수조에서 신나게 잠수와 점프, 잡기 놀이하는 구피들을 보며 한 편의 시가 떠올랐 다. '딱 그만큼, 내가 녀석들을 돌보는 만큼 잘 지내는구나.' 하는 생각이 들었다. 나 자신과 내 주변의 생명은 내 손과 발의 수고 덕분에 잘 지낼 수 있다는 소중한 깨달음을 얻게 된 순간이었다.

작은 성공의 기쁨을 경험해보자. 작은 성공은 자신이 성취한 것보다 더 큰 만족감을 선물할 것이다. 한 번, 또 한 번 해냄으로써 얻는 만족감 은 저축처럼 내 안에 쌓여 복리 이자보다 더 기쁜 에너지가 되어줄 것이 다. 작은 성공이 쌓인 나만의 콘텐츠는 근거 있는 자신감으로 작용하여 다른 일에도 상승 작용을 하게 된다. 다른 일도 능동적인 태도로 접근하 게 될 것이다. 능동적인 태도와 미룸은 어울리지 않는다. 우선순위에 밀 려 다음 날 처리하는 일 외에는.

내가 해야 하는 일들은, 작은 성공을 기쁘게 반복하다 보면 할 수 있는 일로 수월하게 느껴질 것이다. 성취감으로 충만한 사람은 할 일에 대해 자기 효능감을 가지고 접근하기 때문이다. 그것이 무엇이든 작은 성공을 매일 저축해보자. 내 안에 쌓이는 기쁨의 에너지가 '결국 해내는 사람'으 로 만들어줄 것이다. 오늘 할 일을 내일로 미루지 않게 될 것이다.

08

미루지 않는 나, 이제 기적이 시작된다

"우리를 조금 크게 만드는 데 걸리는 시간은 단 하루면 충분하다."

— 파울 클레

매일 해야 할 일들을 미루지 않는다면 어떨까? 과연 나와 관련된 모든 일을 미루지 않는 것이 가능한가. 우리가 미루지 않았으면 하는 일들은 마감이 분명하거나 제때 마쳐야 한다고 스스로 결정한 일들일 것이다. 미루는 것은 일단 '일'이다. 그것이 '놀이'라면 미룰 확률이 낮다. 우리는 아무리 바빠도 틈틈이 SNS를 하거나 여행과 캠핑을 계획하고, 없는 시간도 만들어 다녀온다. 감염병의 유행으로 건강한 사회적 거리가 강조되고 여행을 자제해달라는 관계 기관의 간곡한 요청에도 불구하고 알아서 다녀오는 것이다. 그러니 뭔가 미룬다는 것은 '개인적으로 필요하지만 재

미없고 지루한 것' 또는 '보상을 받는 공적인 일이지만 부담스러운 것'일
수 있다.

따라서 원하는 행동을 미루지 않고 습관으로 만들고 싶다면 '놀이처럼'
즐겁고 단순하게 설계해보자. 지속 가능한 습관화로 가는 길에 들어설
수 있다. 하지만 어떤 매력적인 일이라도 처음에는 놀이처럼 재미있다
가도 매일 반복하는 과정에서 점차 지루하고 귀찮아지며 힘겹게 느껴지
는 순간이 온다. 이때 융통성을 가지고 한 걸음이라도 나아가며 재미있
는 요소를 찾아보는 것과 한 번, 두 번 쉬며 미루다 멈추게 되는 것은 전
혀 다른 결과를 낳게 된다. 흥미가 떨어져 힘겹게 느껴질 때 멈추거나 미
룬다면 결국 포기하는 순간이 올 수 있다.

내 경우 습관 미션을 실천하고 SNS 습관 커뮤니티에 인증샷 사진과 일
지를 매일 공유하고 있다. 오늘까지 166회 새벽 기상 인증샷을 공유하고,
155회 10가지 감사, 80회 3가지 기쁨, 45회 3가지 작은 성공, 15회 3가지
돌봄일지를 제공했다. 쉬고 싶을 때나, 아무 생각도 나지 않는 날에도 그
냥 숙제다, 생각하고 미션을 실천한 후 내용을 커뮤니티에 공유했다. 나
자신이 기쁘고 재미있게, 적당한 책임감으로 미션을 실천하기 위한 장치
를 마련한 것이다. 3가지 작은 성공일지엔, 내가 햇볕 아래 40분 걷기에
성공한 것부터 습관책 한 꼭지 쓰기를 완료한 것, 그리고 우리 집 물고기
구피 하양이가 20마리 치어를 무사히 출산하도록 도운 것도 포함하며 소
소한 성취를 담았다. 만약 쉬고 싶은 날마다 미루고 건너뛰며 습관 미션
실천을 게을리했다면 새벽 기상 인증샷과 감사일지 공유를 150회 이상

지속하기 어려웠을 것이다.

물론 습관 커뮤니티 파트너와 멤버들의 응원과 격려가 큰 힘이 되었다. 아울러 나 자신이 힘든 고비마다 일어나 미션 숙제가 나 자신과의 약속인 동시에 소중한 멤버들과의 약속임을 기억하고 실천하기를 선택한 결과이다. 습관 미션을 유지하기 위해 쉽고 분명하게 장소와 마감 시간을 정해 실천한 것도 도움이 되었다. 예를 들어, 기상 미션의 경우, 알람이 울리고 3분 안에 책상 사진을 인증샷으로 공유하기, 감사와 기쁨, 작은 성공일지는 귀가 전 전철역 대합실에 도착할 때까지 마감하여 커뮤니티에 공유하고 나서 귀가와 같이 실천했다. 전철 탈 때 계단 이용하기는 우리 집 전철역 에스컬레이터 공사가 완료되어 많은 사람이 에스컬레이터를 이용할 때도 변함없이 계단을 선택하도록 습관화되었다.

지난 6월 하순부터 폐경 전후에 온다는 갱년기 치료를 받고 있다. 한의원 주치의의 권고에 따라 갱년기 불면증과 면역력에 도움이 된다는 햇볕 아래 매일 40분 걷기를 하고 있다. 햇볕 아래 넓은 보폭으로 빠르게 걷는 것이 포인트다. 40분 걷기를 하려고 처음엔 사무실 도착 몇 정거장 전에 있는 전철역을 최종 목적지로 설정했다. 내가 선택한 걷기 코스를 인터넷 지도에서 검색해보면, 집에서 출발하여 사무실로 가는 전철을 타는 역까지 3.3km 거리에 도보로 5,216걸음을 걸으면 52분 걸려 도착한다고 나온다. 40분 걷기에 맞춰 집에서 총 네 정거장 정도 떨어진 곳을 최종 목적지로 정한 것이다.

처음엔 30분간 빠르게 걷기 하여 두 정거장 반 정도 거리에 도착했다.

무더운 날씨에 체력적 한계를 느끼기 시작했다. 하지만 매일 걷다 보니 점점 당초 정한 목적지까지 걷기를 늘려갔다. 빠르게 걷기로 맨 처음 최종 목적지에 도착한 날 인증샷 사진을 찍어 처음 인증샷과 비교해보니 50분 걸렸음이 확인되었다. 한여름 장맛비가 오가는 무더위가 계속되어 긴 단발머리 뒤쪽이 땀으로 푹 젖었다. 50분 걷기에 처음으로 성공한 날 인증샷 사진엔 도착지 전철역을 배경으로 날짜와 시간, 그리고 얼굴이 붉게 상기된 채 흐뭇한 미소를 짓고 있는 내가 있었다. 오랜만에 보는 만족스러운 표정이었다. 이렇게 매일 걷다 보니 소요 시간이 조금씩 단축되었다. 단순한 주문을 만들어 마음속으로 말하며 걸었더니 처음보다 10분 이상 단축할 수 있었다.

1초에 한 걸음!

이른 아침부터 푹푹 찌는 더위에 땀이 흘러내리는 여름 날씨에 가깝고 시원한 전철을 뒤로하고 40분 걷기를 실천하는 건 쉬운 일이 아니었다. 그래서 그냥 '눈앞에 보이는 한 번에 한 걸음만 생각하자.'라고 다짐했다. 생각을 구어체 '말'로 표현하는 것이 중요하다. 1초에 한 걸음, 마음속으로 크게 외치며 걸어보자. 마음속으로 외치기가 어렵다면 감염 예방용 마스크를 쓰고 조금만 소리 내어 말하며 걸어보자. 1초에 한 걸음은 조금 빠르게 걷는 속도이므로 쉽게 해볼 수 있다. 얼마든지 더 걸을 수 있을 것 같은 만만한 기분이 든다. 만만하고 쉬워서 점점 더 속도를 낼 수 있다. 같은 말을 주문처럼 반복해서 말하며 걸었더니 머릿속이 단순해져 빠르게 걷기에 집중할 수 있었다. 무엇이든 단순하게 만들면 속도와 집중력이 높아지는 것 같다. 점점 더 잘하게 되니 재미도 있었다. 오늘부터 당장 나만의 주문을 외우며 걸어보자.

개인적인 습관 만들기 과정에 미룸의 유혹과 극복 전략이 필요하듯, 보상이 있는 공적인 일이 부담스러울 때도 일단 미루게 되어 해결책이 요구된다. 그냥 일을 빨리 마감해보는 건 어떨까? 마감 시한을 조금 앞당겨 설정하는 것이다. 부족함이 느껴진다면 보완할 여유가 있다. 보완할 것이 없다면 그대로 마감하고 시간을 저축할 수도 있는 방법이다. 『오늘, 또 일을 미루고 말았다』의 저자 나카지마 사토시는 8:2의 법칙을 적용해볼 것을 추천한다. 20% 시간에 80%의 일을 처리하고, 나머지 80% 시간에 완성도와 관련되는 20%를 여유 있게 보완한다면 자신이 원하는 질 높은 결과를 얻을 수 있다는 주장이다. 저자가 함께 일한 어떤 직원은 마감 시한을 번번이 넘겨 부서의 일에 막대한 지장을 초래하고 끝내 퇴사할 수밖에 없었다[20].

일에 대한 부담이나 책임감만으로 일에 떠밀려가며 간신히 일하고 있다면 제때 필요한 성과를 내기 어려울 것이다. 자신이 일하는 이유를 알고 열정을 가져야 일의 마감과 완성도를 위해 최선을 다할 수 있을 것이다. 할 일을 미루지 않기 위해 내가 일하는 이유 알기, 나의 일 중에 좋아하는 부분 찾기, 내가 쉽게 할 수 있는 것부터 그냥 시작해보기를 실천해보자.

매일 반복되는 일들이 귀찮을 때가 있다. 우리를 귀찮게 하는 일들은 개인위생과 집안일만 생각해보아도 많다. 세안, 양치, 샤워, 설거지, 청소, 세탁과 건조된 빨래 서랍장에 넣기 등 종류와 양도 다양하다. 반복되는 집안일로 힘들어하는 나와 가족을 큰소리로 다그치며 닦달하는 습관을 이제는 내려놓자. 그렇지 않아도 집 밖에서 이런저런 일과 사람들에게 지쳐 에너지 부족 상태로 귀가할 때가 많지 않은가. 나와 가족을 그렇게 거칠게 다루는 것은 학대일 것이다. 우리는 너무 오랫동안 학교와 사회, 가정에서까지 무언가 해야 한다, 되어야 한다고 요구받으며 살아왔다. 내가 먼저 자신과 가족을 토닥토닥, 친절한 말과 부드러운 손길로 위로하며 좋은 습관의 길로 안내하는 조력자가 되어보자.

일이 귀찮아서 미루고 싶을 때 당신은 어떤 말을 듣고 싶은가? 내가 듣고 싶은 말을 오늘부터 나와 가족에게 친절하게 해보자. 명령보다 친절한 권유형 자기 대화는 할 일을 시도할 용기를 줄 것이다. 쉽게 조금 노력해서 할 수 있도록 목표도 낮춰보자. 미루던 일이 이제는 할 만한 일로 보일 것이다. 해볼 만한 수준으로 조정된 행동을 친절한 자기 대화로 격려한다면 미루던 일도 시도해보게 된다. 자기 대화는 습관적으로 미루는 행동과 그에 따른 부정적 감정에 자기 내면의 지혜가 넌지시 말을 거는 것과 같다. 샤워하기 귀찮은 날이면 나에게 말을 건네보자. "선영아~지금 대충 씻으면 맘 편히 잘 수 있어."

오늘도 가장 중요한 일에 한 가지씩만 집중해보자. 집중을 돕는 에너지는 자기 돌봄으로 충전해보자. 자기 돌봄은 감사, 기쁨, 작은 성공, 돌봄일지[21]를 쓰면서 즐겁게 실천할 수 있다. 미루지 않는 습관은 더 좋은 나를 만날 수 있는 기적의 지름길이다. 매일 하는 만 보 걷기라 해도 지루하고 힘들어 미루기 전에 다른 코스로 걸어보며 계속해보자. 나만의 주문을 외우며 걷는다면 즐겁기까지 할 것이다. 어떤 습관이든 즐겁게 유지할 도구와 방법을 찾아보자.

하루하루 걸어가며 얻는 것은 어제보다 한 걸음 더 나아가는 기쁨일 것이다. 만 보 걷기의 여정에 어려움이 있다면 친절한 자기 대화로 한 걸음만 가자고 격려해보라. 매일 작고 사소한 성공을 쌓아가는 길에서 당신 안에 잠자던 멋진 나를 만나게 될 것이다. 오늘 당신이 걷기 시작한다면 당신 안의 기적도 걷기 시작할 것이기 때문이다.

Miracle 8 Habits

부록

기적의 인생습관
만들기 도구

부록에서는 본문의 사례들과 참고문헌을 통해 저자가 일상에서 경험하며 정리한 기적의 인생습관 만들기 도구를 소개한다. 먼저, 기적의 인생습관을 만드는 4가지 요소를 제시한다. 두 번째로, 인생습관 만들기에 영향을 주는 요인 7가지를 소개한다. 세 번째로, 인생습관이 안정되는 습관화의 7단계를 도표로 보여준다. 네 번째로, 기적의 인생습관 만들기와 매일의 인생습관을 점검할 수 있도록 체크리스트 2종을 제공하였다.

마지막으로 미루지 않는 나를 위해 즐거운 습관일지 쓰기를 사례와 함께 제시했다. 즐거운 습관일지는 감사, 기쁨, 작은 성공, 돌봄으로 3가지씩 써보기로 구성했다. 매일 나의 삶에서 감사와 기쁨을 찾고 자기를 격려하고 돌본다면 작은 성공의 선물이 하나씩 저축될 것이다. 삶의 기적은 그렇게 조금씩 쌓인 작은 성공들이 든든한 뿌리가 되어 피워낸 복리이자 같은 꽃이 아닐까.

아래의 사례들은 본문에 제시했던 나와 남편의 습관 만들기 경험을 요약한 것이다. 인생습관 만들기 도구를 설명하며 관련된 부분에도 사례로 제시하였다.

▶ 습관 만들기 사례 1: 나의 새벽 기상 미션 실천
– 실천 기간: 5개월(150일) 이상 실천.
– 방법: 나는 새벽 기상을 6월 하순부터 12월 현재까지 5개월 이상 실천하고 있다. 처음엔 6시 기상을 목표로 시작하였지만, 어느 날부터 매일 5시 45분 기상을 유지하고 있다. 습관을 만드는 과정은 아래의 그래프처럼 장애물과 슬럼프도 종종 만나게 된다. 그럼에도 불구하

고, 다음 날 다시 일어나 계속 시도하는 것이 습관화를 이루는 길이다. 습관화에 성공했다기보다 유지하고 있다는 것이 적당한 표현일 것이다. 습관화는 자동 행동의 지속적인 과정이기 때문이다.

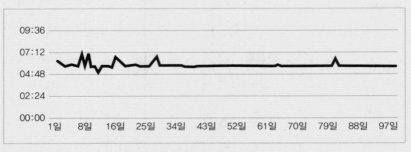

그림 3. 새벽 기상 습관화

▶ 습관 만들기 사례 2: 남편의 금연 미션 실천

– 실천 기간: 1년(365일) 이상 유지.

– 방법: 남편은 총 28년간 흡연한 경력이 있고 그중에 27년간 금연을 시도했다. 남편의 금연을 돕고자 담배 대신 견과류 1봉지 먹기를 실천하도록 격려했다. 남편은 2개월 동안 금연 미션 행동을 실천하며 금연에 집중한 결과 성공했다. 현재 1년 이상 금연을 유지하고 있다.

1. 기적의 인생습관을 만드는 4가지 요소

우리가 노력하지 않아도 저절로 습관이 된 행동들이 있다. 식습관, 배변 습관, 수면 및 기상 습관, 소비 습관, 놀이하는 습관 등이다. 노력하지 않아도 습관이 되는 행동과 노력해야 만들어지는 습관은 어떤 요소들로 이루어져 있을까? 식습관처럼 노력하지 않아도 습관에 개인의 취향뿐만 아니라 소속된 집단의 관습도 영향을 준다. 점심 식사에 대한 개인의 취향만 보더라도 좋아하는 메뉴와 가격을 고려한다. 이렇게 내가 '좋아하는가'라는 요소는 식습관에서 큰 비중을 차지할 수 있다. 저절로 습관이 된 행동들은 개인의 기호와 잠재력(건강, 재력), 가치관이 습관 형성에 영향을 주었을 것이다.

개인의 기호와 잠재력(건강, 재력), 가치관은 의도적으로 좋은 습관을 만들고자 할 때도 기본적으로 관련이 있다. 여기에 추가로 '필요하다, 쉽다, 반복한다, 보상이 있다'와 같이 4가지 요소가 있어야 원하는 행동의 습관화가 가능하다. 필요한 행동을 쉬운 방법으로 실천하고, 일정 기간 이상 반복하는 과정에서 보상도 있다면 습관이 될 확률이 높기 때문이다.

1) 필요하다

행동 변화를 원하는 개인의 필요와 그에 따른 자발적 선택은 원하는 행동을 반복하고 습관화 과정을 견딜 수 있는 원동력이 된다. 이 부분을 나의 새벽 기상 미션과 남편의 금연 미션 사례에서 살펴보자.

- '필요성' 사례
- 나의 새벽 기상 미션: 매일 일찍 일어나는 습관으로 하루를 여유 있게 시작하고 싶었다.

– 남편의 금연 미션: 50대에 접어든 남편의 건강을 위해 절실히 필요했다. 27년간 수많은 시행착오를 거치며 금연을 시도했지만 실패했다.

2) 쉽다

원하는 행동을 쉽게 자동 행동으로 만드는 환경 시스템은 다른 할 일과 연계하여 세팅하면 원하는 행동의 습관화를 도울 수 있다. 아래에 제시한 것처럼 연결하기, 보이게, 단순하게, 가깝게, 수밖에, 같은 5가지 전략을 사용하여 만들 수 있다.

① 연결하기: 쉬운 행동의 앞뒤에

쉽게 자동 행동을 만드는 환경 시스템을 만들어 행동들을 연결해보자. '~하는 김에 이어서, ~전에 미리'와 같이 매일 하는 익숙하고 편안한 일에 바로 이어서 새로운 일이나 힘든 일을 하기로 스스로 세팅하는 것이다.

예를 들어, 샤워하기 전에 욕실 간단히 청소하기, 취침 전에 다음날 출근복 걸어두기, 즐거운 여행이나 자신의 집을 방문하고 나서 남편의 본가 방문하기와 같이 행동 순서를 배치하면 어떨까? 즐거운 에너지가 충전된 다음이라면 같은 일도 덜 힘들게, 어려웠던 일도 조금 더 쉬워짐을 느낄 수 있을 것이다. 이 부분을 나의 새벽 기상 미션과 남편의 금연 미션 사례에서 살펴보자.

- • '쉽다—연결하기' 사례
  - 나의 기상 미션: 처음엔 새벽 6시에 알람이 울리면 내 방 책상 사진을 찍은 후 인증샷 사진을 습관 커뮤니티 SNS에 공유했다. 인증샷을 공유하는 것은 스마트폰 터치 몇 번으로 가능하므로 쉬운 일이다. 하지만 새벽 기상은 쉽지 않다. 내 경우엔 알람이 울릴 때 '인증샷만 찍어야지.'라고 생각하면 바로 일어날 수 있다. 그다음에도 명상처럼 편안한 일과를 연결함으로써 새벽 기상의 부담을 쉽게 할 수 있었다.
  - 남편의 금연 미션: 근무시간 중 심리적 스트레스 상황이나 쉬는 시간이 되면 담배 대신 견과류 1봉을 가지고 나가 먹었다.

② 보이게: 지금 할 일이 무엇인지 보여주기, 오늘 해낸 일의 성과를 보여주기

쉽게 습관으로 만들고 싶은 미션 행동을 실천하도록 돕는 방법 중에 관련된 것을 보이게 하는 시각화 방법이 있다. 먼저, 지금 할 일이 무엇인지 보여주기는 집안이든 사무실이든 오가면서 또는 내 자리에서 잘 보이는 곳에 오늘 할 일 목록 붙여두기, 컴퓨터 바탕화면에 할 일 목록 띄워놓기, 로봇청소기 물통과 걸레 같은 일의 도구 꺼내두기, 냉장고 수납은 투명한 용기에 보관하기와 같이 실천할 수 있다.

다음으로, 오늘 해낸 일의 성과를 보여주는 방법에는 실행 기록을 메모해 사무실 책상이나 냉장고, 식탁에 붙여두어 나에게 보여주기, 습관 커뮤니티에 실행 기록을 공유하며 타인에게 보여주기가 있다. 결국, 이로운 것은 구체적 수치나 도구 보여주기, 해로운 것은 눈에 보이지 않게

배치한다면 원하는 행동의 습관화에 도움이 된다.[22]

66일간 매일 습관 미션 실천 여부를 기록하는 습관달력[23]을 활용해볼 수도 있다. '보이게' 전략을 나의 새벽 기상 미션과 남편의 금연 미션 사례에서 살펴보자.

- '쉽다—보이게' 사례
- 나의 기상 미션: 기상 인증샷 사진을 매일 습관 커뮤니티와 남편의 SNS에 공유하여 멤버들에게 보여주었다. 나의 기상 미션 사진을 가족과 타인에게 보여주며 서로에게 건강한 자극과 힘이 되었다.
- 남편의 금연 미션: 남편은 금연 도구인 견과류 1봉을 스트레스 상황과 휴식 시간에 대비해 매일 책상 위 한구석에 보이게 꺼내두었다. 미션 실천 도구인 견과류를 눈에 잘 보이게 준비하면서 예상치 못한 스트레스 상황에도 담배 대신 견과류를 쉽게 선택할 수 있었다.

③ 단순하게: 선택지를 하나로 줄이기

할 일을 다루기 쉽고 단순하게 만드는 방법에는 할 일을 작은 조각으로 나누기(5조각 또는 10조각), 장애물 제거하기, 우선순위에 따라 하나씩, 그리고 즉시 처리하기가 있다. 일하기에 단순한 환경을 만들면 실천하는 데 힘이 된다. 선택지가 하나만 있는 환경 시스템으로 단순하게 만들면 집중력이 높아지는 것이다.

예를 들어, 매일 사용하는 비누, 세제, 로션, 티슈, 아침 식사, 출근복처럼 선택지 단일화가 가능한 것에 적용해보자. 전날 밤에 다음 날 입을 출근복 정해 걸어두기, 한 종류의 비누 사용하기, 같은 색 셔츠나 바지 몇 개 준비하기와 같이 말이다. 이 부분을 나의 새벽 기상 미션과 남편의 금연 미션 사례에서 살펴보자.

- '쉽다-단순하게' 사례
  - 나의 기상 미션: 기상 인증샷 사진을 습관 커뮤니티에 단순히 공유하기만 했다. 관련 소감을 쓰거나 커뮤니티 멤버들이 반응하기를 의무적으로 하기로 했다면 지속하기 힘들었을 것이다.
  - 남편의 금연 미션: 금연 도구인 견과류 1봉을 담배 피우고 싶은 상황에서 먹기만 했다. 역시 소감을 쓰거나 매일 결과 보고를 하지는 않았다. 흡연을 대체하는 행동이 단순하고 쉬운 편이어서 매일 실천할 수 있었고 금연 성공으로 이어졌다고 생각한다.

④ 가깝게

자동 행동을 쉽게 만드는 시스템으로 관련된 물건은 필요한 장소 가까이에 두어 사용하기 쉽게 할 수 있다. 이 부분은 많은 사람이 실천하고 있을 것이다. 예를 들어, 화장실 롤 휴지는 바로 뒤편 선반에 보관하기, 새 마스크 박스 가까이에 폐기용 빈 박스 놓아두기, 욕실 문 앞에 빨래 바구니 두기와 같이 실천할 수 있다. 이 부분을 나의 새벽 기상 미션과 남편의 금연 미션 사례에서 살펴보자.

- '쉽다-가깝게' 사례

- 나의 기상 미션: 기상 인증샷 사진을 찍기 위해 취침 전, 스마트폰에 알람을 설정한 뒤 침대 바로 옆 탁자 위에 올려두었다. 5시 42분에 알람이 울리면 즉시 일어나 인증샷을 찍어 SNS 커뮤니티에 공유하기 위해서다.
- 남편의 금연 미션: 남편은 금연 미션을 위해 담배 대신 견과류를 책상 위뿐만 아니라 담배 넣던 주머니처럼 가까운 곳에 두었다. 스트레스 상황이나 쉬는 시간에 언제든 쉽게 가지고 나갈 수 있도록 준비한 것이다. 혹시 갑자기 밖으로 나갔더라도 담배를 넣어두던 주머니에 미리 견과류를 넣어두었으므로 금연 미션을 차질 없이 실천할 수 있었다.

⑤ 수밖에

전철역 에스컬레이터를 수리하느라 계단으로 올라갈 수밖에 없는 경우, 사람들의 모습은 어떤가? "계단을 부숴 버릴 거야!" 소리치며 긴 우산을 휘두르는 아이, "맨날 망가져!" 하며 큰소리로 불만을 터뜨리는 어른도 있다. 불만에 소리치는 사람들도 계단을 올라갈 수밖에 없는 순간이다. 하지만 대부분은 말없이 계단을 오른다. 노약자용 엘리베이터를 이용하는 사람들 외에는. 사람들이 계단을 좋아해서 오르는 경우는 많지 않다. 대안이 없어 그럴 수밖에 없는 환경 설정은 원하는 행동을 실천하도록 만드는 시스템인 것이다.

예를 들어, 사무실이나 집에서 간식 바구니나 냉장고를 멀리, 아니면 보이지 않게 배치해보자. 아니면 몸에 좋은 간식을 위의 두 번째 전략처럼 눈에 보이게, 가까이에 배치한다면 어떨까. 이 부분을 나의 새벽 기상 미션과 남편의 금연 미션 사례에서 살펴보자.

- '쉽다—수밖에' 사례
  - 나의 기상 미션: 난 습관 커뮤니티의 리더로서 멤버들에게 좋은 습관의 모델을 제공하고 싶었다. 아울러 리더의 책임감 역시 매일 기상 미션을 성실히 수행할 수 있는 원동력이라 생각한다.
  - 남편의 금연 미션: 남편은 배우자인 내가 흡연에 대해 고액의 벌금을 요구하고 잔소리를 계속하는 것을 힘들어했다. 눈치 보며 잠깐씩 즐기는 흡연의 즐거움보다 벌칙과 잔소리의 고통이 재정적, 심리적으로 힘들게 느껴진 것이다.

3) 반복한다

반복 행동이 모두 자동 행동으로 되어 습관화되는 것은 아니다. 앞에서 제시한 것처럼 첫 번째 습관의 원리인 '필요'에서 행동 변화를 원하는 개인적인 필요와 그에 따른 자발적 선택이 요건이었다. 이 요건이 충족되지 않는 반복 행동은 습관으로 만들어지지 않을 수도 있다. 습관화된 것처럼 보인다 해도 일시적 효과에 그칠 수 있다. 원하는 행동이 습관이 되는 기간은 영국 런던대 필리파 랠리 연구팀에 따르면 66일이다.[24]

원하는 행동을 66일 이상 꾸준히 반복하며 기록한 결과, 습관화에 걸리는 평균 시간을 파악한 것이다. 한 번쯤 실천하지 못하는 날이 있더라도 다음날 다시 반복하면 된다. 이 부분을 나의 새벽 기상 미션과 남편의 금연 미션 사례에서 살펴보자.

- '반복한다' 사례
- 나의 기상 미션: 5개월, 150일 이상 반복하고 있다. 새벽 기상을 원했고, 기상 미션을 실천하기로 자발적으로 정했다. 기상 미션은 나의 책임감과 습관 커뮤니티 멤버들의 관심 덕분에 4개월 이상 유지하고 있다. 습관 커뮤니티에 기상 인증샷 사진을 공유하지 않는 일요일에도 같은 시간에 기상 인증샷을 찍는다. 하지만 멤버들이 쉬는 날이므로 남편의 SNS만 공유한다. 나의 일요일 기상 시간은 멤버들이 알지 못한다. 하지만 난 그다음 날도 기상 미션을 계속 실천할 수 있도록 매일 반복하기로 마음먹었다. 매일 같은 시간에 기상하는 것이, 다른 시간에 기상하는 것에 비해 쉽고 만족스럽다. 오늘 반복한 습관 행동 미션은 내일도 반복할 확률이 높다. 몸이 기억하기 때문이다. 그래서 내 기상 미션에 휴일은 없다.
- 남편의 금연 미션: 1년, 365일 이상 반복해서 실천하고 있다. 남편이 지난 27년간 금연 시도를 했지만 성공하지 못한 것은, 실제 별로 금연의 필요성을 느끼지 못했던 것과 관련이 있다. 막연히 담배를 끊어야지 하는 정도를 생각했으니 금연에 성공하지 못한 건 당연한 결과였다. 하지만 50세를 넘어서며 아내의 잔소리가 많아지고 벌칙도 생겨 흡연으로 인한 갈등이 늘어났다. 아울러 남편 스스로 달라진 체력을 느끼고 금연의 필요성을 생각하게 되었다. 1년 이상의 금연

유지는 본 장에 제시한 습관 만들기의 4요소, 영향 요인 7가지 모두 관련되어 가능한 것이다.

4) 보상이 있다

우리는 설문지나 만족도 조사에서 커피 쿠폰 같은 유용한 보상이 100% 보장될 때 행동하게 된다. 보상이 만족스럽지 않다면 행동을 멈추게 될 것이다. 이번 책을 준비하면서 가족과 지인들에게 짧은 설문지 연구를 진행했다. 보상은 보통의 경우보다 2배를 제공했는데 더 신중하고 적합한 답변을 위해 노력하는 모습이 관찰되었다.

설문지에 회신하는 행동 패턴은 다양했다. 마감 기간이 충분히 있지만 의뢰한 지 1일 이내에 일찍 회신하기, 절반 정도 기간이 지난 후 무리 없이 마치기, 마감 기간에 맞춰서 촉박하게 마치기, 마감 기간이 조금 지난 뒤에 마치기, 처음에는 흔쾌히 회신을 약속하지만, 마감이 지나도록 회신하지 못하고 사유도 말하지 않기와 같이 관찰되었다. 설문지 회신뿐만 아니라 평소 다른 일을 대하는 자신의 행동 패턴도 이와 유사한 건 아닌지 생각해보자.

이렇게 보상은 어떤 행동을 하는 데 도움이 되기도 하고 그렇지 않을 수도 있다. 습관을 만드는 과정에서 보상은 개인 내부와 외부의 2가지 차원에서 가능하다. 다음에 나오는 습관의 영향 요인에서 나의 기상 미션과 남편의 금연 미션 사례를 살펴보자.

2. 인생습관 만들기의 영향 요인 7가지

1) 내부 요인

① 건강한 정체성

자기 자신에 대한 정체성에 혼돈이 있다면 먼저 건강한 자기 정체성을 형성한 후, 원하는 습관 만들기가 가능할 것이다. 예를 들어, '난 할 수 있어'와 '난 할 수 없어' 2가지 가운데 어떤 정체성을 가진 사람이 좋은 습관을 자신의 것으로 만들 수 있을지 생각해보자. 이 부분을 나의 새벽 기상 미션과 남편의 금연 미션 사례에서 살펴보자.

- '건강한 정체성' 사례
- 나의 기상 미션: '난 결국 해내는 사람'이라는 정체성을 갖고 있었다. 하지만 할 일을 실천하는 과정에서 불쑥 올라오는 게으름을 다스려야 한다. 할 일에 대한 동기 유발 방안을 몇 가지쯤 준비하고 다독여야 무사히 할 일을 마칠 수 있음을 인정한다.
- 남편의 금연 미션: '남에게 피해를 주지 않는 사람, 냄새 없고 깨끗한 사람'이라는 정체성을 가지고 있다. 남편의 정체성은 흡연과는 거리가 멀어 보인다. 27년간 흡연했다는 것과 잘 연결이 안 된다고 생각할 수 있겠다. 금연을 다짐하고 계속 시도하면서 이와 같은 정체성이 형성되었을 것 같다. 남편의 정체성이 나와 타인 모두를 위한 금연 성공에 영향을 주었을 것이다.

② 자기 돌봄

원하는 습관을 만들고 싶다면 자기를 사랑하고 건강하게 돌보는 것이 필요하다. 좋은 생각과 말, 자신의 몸과 마음을 능동적으로 돌보는 구체적 행동을 통해 건강한 내가 만들어진다. 건강한 자아는 습관 만들기의 중요한 바탕이 될 것이다. 자기를 사랑으로 돌보는 사람은 자연스럽게 몸과 마음에 도움이 되는 식습관과 운동, 마음 관리에 신경 쓰게 되기 때문이다. 자기 돌봄은 사랑과 긍정 에너지가 충만하게 한다.

이렇게 만들어진 좋은 에너지는 내가 원하고 나에게 도움이 되는 좋은 습관을 이루는 과정을 기꺼이 인내하고 더 좋은 방법을 찾는 원동력이 된다. 자기 돌봄 부족은 에너지 부족 상태를 만들어 생존 모드로 돌아가게 한다. 에너지 부족은 부정적 말과 행동을 유발하여 좋은 습관으로 가는 긴 여정을 포기하고 원치 않는 습관으로 되돌아가게 한다. 이 부분을 나의 새벽 기상 미션과 남편의 금연 미션 사례에서 살펴보자.

• '자기 돌봄' 사례
– 나의 기상 미션: 기상 미션을 실천하면서 심신에 무리가 없도록 스트레칭과 명상을 함께 하고 있다. 기상 후 출근 전, 무리하게 뭔가를 하게 되면 오히려 출근이나 오전 업무에 지장을 줄 수 있기 때문이다. 선천적으로 약한 체력을 물려받은 데다 청소년기에 영양 섭취가 부족했다는 인식 때문일까. 20대부터 건강 관리는 늘 나의 관심사였다. 덕분에 몸은 어느 정도 건강을 유지하고 있다. 나에겐 몸 관리보다 마음 관리가 어려운 숙제였다. 눈에 보이지 않는 마음 건강을 돌

보는 일은 현재까지 30년 정도 노력하고 있는 영역이다. 다행히 교육과 상담, 독서와 책 쓰기, 습관 만들기를 통해 마음이 많이 편안해졌고 건강을 회복한 것 같아 다행이다. 50대에 접어드니 이제는 마음과 달리 몸 건강이 발목을 잡을 때가 있다. 그저 겸손하게 매일 유통기간 24시간 정도의 건강을 운동과 식사로 저축해서 필요한 곳에 쓴다는 마음으로 지내고 있다.

− 남편의 금연 미션: 남편은 기본적으로 먹고 싶은 것 먹고 운동도 하며 즐겁게 지내는 걸 좋아한다. 원래 건강한 편인 데다 청소년기부터 계속하고 있는 운동과 적절한 식사로 건강한 편이다. 금연 미션을 실천하면서 배우자인 나의 권유로 담배 대신 견과류 먹기를 실천하게 되었다. 남편은 마음 건강을 위해 특별히 애쓰지 않는 것 같다. 타인에게 피해 주지 않으려 노력하고 갈등 상황에서 침묵을 선택하는 편이다. 아내인 내가 제시하는 벌칙과 잔소리에서 자유로운 방법이 금연이라고 생각한 것 같다. 남편 자신의 마음이 힘들지 않도록 금연을 선택한 것이 자연스럽게 자기 돌봄 실천이 되었다.

③ 자발성

자신에게 알맞은 방법으로 습관 만들기를 실천해보자. 습관 만들기에 성공한 사람들의 다양한 실천 방법 중 나에게 알맞은 방법을 찾아 실천해보자. 나에게 알맞은 방법은 습관 미션을 더 즐겁게, 그리고 필요할 때 인내심과 의지력을 발휘하며 실천할 수 있는 동력이 될 것이다. 혹시 나에게 알맞은 실천 방법을 알 수 없다면 이 책에서 제공하는 습관 만들기 체크리스트를 활용하여 직접 만들어보자. 내가 쉽게 매일 실천할 방법을 찾을 수 있을 것이다. 이 부분을 나의 새벽 기상 미션과 남편의 금연 미션 사례에서 살펴보자.

- '자발성' 사례
- 나의 기상 미션: 기상 미션을 계속할 수 있었던 힘은 스스로 실천할 수밖에 없는 의무적인 환경을 만든 데서 찾을 수 있다. 의무적인 환경은 내가 자발적으로 습관 커뮤니티 멤버들과 공동체 관계를 설정함으로써 가능한 것이었다. 자발적이고 의무적인 환경 설정은 미션 실천 결과를 공유하고 서로 응원하면서 매일 미션 실천을 지속할 관계의 힘을 얻기 위한 것이었다.
- 남편의 금연 미션: 배우자인 나의 금연 요청에 대한 의무감과 함께, 지난 27년간 금연을 위해 남편 자신이 자발적인 노력을 해왔던 것의 조합으로 금연 미션을 성공하고 1년 이상 유지할 수 있었다.

④ 내적 보상

습관을 만드는 과정에서 즐거움, 건강함, 만족스러움, 자기 통제감, 성취감 같은 긍정적 감정을 느끼게 된다. 이것은 나의 노력 덕분에 보상을 받게 되는 내적 보상이라 할 수 있다. 즐겁고 만족스러운 내적 보상은 외부에서 주어지는 보상과 함께 원하는 습관 미션을 유지하고 발전시킬 수 있는 중요한 원동력이 된다. 지금 외적 보상이 없어도 자신이 즐거워서 계속하고 있는 일이 있는가? 거기에서 다른 좋은 습관도 만들 수 있는 나만의 원동력을 찾아보자. 이 부분을 나의 새벽 기상 미션과 남편의 금연 미션 사례에서 살펴보자.

- '내적 보상' 사례
  - 나의 기상 미션: 기상 미션을 150일 이상 실천하고 있다는 만족감과 자기 통제감, 성취감은 기상 시간에만 국한되지 않는다. 하루의 시작부터 계획된 일과를 하나 끝냈다는 성취감으로 출발하는 것이다. 특별한 만족감으로 시작하는 하루는 뭔가 할 수 있다는 자기 효능감으로 연결된다. 아울러 기상 이후 남은 시간을 자신이 원하는 것으로 배치할 수 있다는 자기 통제감이 덤으로 주어질 것이다.
  - 남편의 금연 미션: 남편 역시 27년간 시도해 온 금연 미션에 성공하고 잘 유지하고 있다는 만족감과 자기 통제감을 느끼는 것 같다. 금연을 위해 노력해 온 시간의 길이만큼 성취감도 내 기상 미션에 비할 바가 아닐 것이다.

2) 외부 요인

① 물리적 환경 시스템

습관 만들기에 도움이 되는 환경은 자동 행동에 도움이 되는 시스템을 말한다. 예를 들어 '옆에 두기'처럼 쉬운 방법으로 롤 휴지 교체 시스템을 만들 수 있다. 욕실 선반 위쪽에 24롤 휴지가 커다란 비닐에 담겨 얹혀 있을 때, 앞쪽 아래를 오픈해두는 것이다. 앞쪽 롤 휴지부터 하나씩 꺼내서 쓰다 보면 테트리스 게임에서처럼 위에 얹혀 있던 롤 휴지도 자연스럽게 중력 방향으로 떨어져 쉽게 꺼낼 수 있다. 롤 휴지 디스펜서 시스템이 되는 것이다. 20개 이상 들어 있는 휴지 봉지를 전체를 매번 꺼내거나 휴지를 하나씩 꺼내 아슬아슬하게 쌓아두는 번거로움이 없는 환경 시스템이 된다. 이 부분을 나의 새벽 기상 미션과 남편의 금연 미션 사례에서 살펴보자.

- '물리적 환경 시스템' 사례
  - 나의 기상 미션: 침대 옆 탁자 위에 스마트폰 알람을 기상 3분 전으로 설정, 기상 미션 인증샷 찍기에 차질이 없도록 환경을 배치했다.
  - 남편의 금연 미션: 사무실 책상 위의 한쪽 구석에, 그리고 담배를 넣어두던 점퍼 주머니에 견과류 1봉씩을 넣어두었다. 이러한 환경 시스템 덕분에 금연 미션을 깜빡 잊고 사무실 밖으로 나갔다 해도 주머니 속에 미리 넣어둔 견과류 덕분에 미션 수행엔 차질이 없었다.

② 외적 보상

습관을 만드는 과정에 외적 보상도 동기 부여에 도움이 된다. 칭찬, 자유 시간, 놀이, 간식, 용돈, 선물, 여행 등을 보상으로 설정할 수 있다. 하지만 외적 보상물이 더 이상 매력적으로 느껴지지 않을 때 습관 유지에 부정적 영향을 줄 수도 있다.

외적 보상과 내적 보상에 적절히 균형감이 필요하다. 내적 보상과 외적 보상, 그리고 다음에 제시하는 '나를 응원하고 지지하는 타인들의 관심과 점검, 지지', 이 3가지 요소가 습관 만들기에 성공하도록 이끄는 핵심이 된다. 이 부분을 나의 새벽 기상 미션과 남편의 금연 미션 사례에서 살펴보자.

- '외적 보상' 사례
  - 나의 기상 미션: SNS 습관 커뮤니티 멤버들과 남편의 응원과 격려의 말, 긍정의 이모티콘이 보상 효과가 있었다.
  - 남편의 금연 미션: 긍정적 보상이 도움이 되었다. 아울러 부정적 벌인 흡연 벌칙을 회피하고 싶은 욕구도 있었다. (긍정적 보상: 담배를 대체하는 간식(견과류), 배우자의 칭찬과 인정, 하이파이브와 뽀뽀, 미소 / 부정적 벌: 아내의 잔소리와 벌금, 단호한 표정)

③ 가족과 습관 커뮤니티 공동체의 관심과 점검, 지지

내가 원하는 습관을 만드는 과정을 가족과 지인들에게 공유하면 계속 실천하도록 힘을 얻을 수 있다. 하지만 "책은 언제 끝나니?", "책이 마무리되고 있는 거야?" 같은 가족과 지인들의 반응은 책 쓰기 과정에 관심과 지지하기보다는 결과에만 관심이 있는 것 같아 부담스럽다. 대신 "항상 응원하고 있어요." 또는 말없이 미션 인증샷 사진 확인해주기, 응원과 격려의 이모티콘 보내기를 통해 관심과 지지를 받는다면 습관 미션을 지속할 에너지가 충전될 것이다. 이 부분을 나의 새벽 기상 미션과 남편의 금연 미션 사례에서 살펴보자.

- '타인의 관심과 점검, 지지' 사례

– 나의 기상 미션: 습관 커뮤니티 멤버들의 관심과 인증샷 사진 확인
하기, 응원과 지지 덕분에 내 기상 미션이 5개월 이상 지속할 수 있
었다. 습관 커뮤니티와 멤버들의 관심과 점검, 지지가 내 새벽 기상
의 동력이었다. 게으름과 핑계를 댈 수 없는 책임감과 상호의존적
관계의 힘이었다.

– 남편의 금연 미션: 남편의 금연 미션 실천 과정에서 금연에 협력적
인 동료들의 도움이 없었다면 어땠을까. 남편의 흡연 충동에 흡연파
동료들이 "안 돼!"라고 단호히 거절해줌으로써 금연 미션에 성공하
고 유지될 수 있었다. 동료들은 남편의 금연 노력이 허사로 돌아가
지 않도록 지지해준 것이다.

3. 습관화로 가는 7단계

습관화로 가는 단계는 대략 아래 도표와 같이 7단계로 정리할 수 있
다. 비교적 습관화된 행동이라 해도 슬럼프나 필요에 따라 다시 아래 단
계로 내려갈 수 있다. 습관화는 개인에게 맞춰 조정될 수 있으며 융통성
있게 실천해야 지속적이고 발전적인 습관을 만들 수 있을 것이다.

그림 4. 습관화로 가는 7단계

⑦ 유지, 발전 – 감정: 재미있다, 만족스럽다, 자기 통제감이 있다, 자신감이 있다.

예) 기상 미션을 시작한 지 7일 만에 나타난 장애물, 기상 미션 시간 놓치기를 계기로 뭔가 내게 원동력이 되고 습관 커뮤니티에 참여하는 멤버들도 지루하지 않을 장치가 필요했다. 그래서 8일째부터 10가지 감사를, 3개월째부터는 3가지 기쁨을, 4개월째부터는 3가지 작은 성공을, 5개월째부터는 3가지 돌봄일지 공유하기를 병행했다. 매일 기상 미션에 4가지 과제가 추가된 것이다. 하지만 힘들다기보다 오히려 소박한 기쁨과 재미, 성취감이 저축되어 미션 실천력에 든든한 에너지원이 되고 있다. 이렇게 장애물과 슬럼프를 극복하며 기상 미션은 유지를 넘어 지속적 발전을 거듭하고 있다.

기상 미션 실천에 또 하나의 원동력은 커뮤니티 리더의 책임감과 건강한 정체성, 멤버들과 남편의 관심과 응원이다. 나에게 소중한 타인들의 미션실천 점검과 응원이 함께하는 시스템, 그것이야말로 습관 미션 지속의 가장 큰 힘이다. 5시 45분 기상 인증샷 공유하기를 매일 반복하다 보니 습관 미션을 실천하는 속도가 빨라졌다. 아울러 이후 일과에도 긍정적 변화가 생겼다. 이른 아침부터 일과로 계획한 일 하나를 일찌감치 끝마친 만족감 덕분이었다.

⇧ ⑥ 슬럼프 – 감정: 힘들다, 지루하다

예) 기상 미션을 시작하고 7일이 지나서부터 미션 수행에 조금씩 차질이 생겼다. 5시 45분 알람이 울리면 *끄고*, 인증샷 사진도 찍지 않은 채 잠들었다가 늦게 일어날 때가 있었다. 시작할 때의 긴장감과 책임감이 약해지는 지점이었다. 기상 미션을 시작한 지 일주일 만에 미션을 깜빡하다니 당황스러웠다.

⇧ ⑤ 반복과 확인 – 감정: 뿌듯하다, 힘들다, 익숙해지다

예) 매일 5시 45분에 기상 인증샷을 찍어 습관 커뮤니티에 공유하기를 반복했다. 멤버들과 남편이 내 기상 인증샷 사진을 확인해주었다.

⇧ ④ 시작 – 감정: 할 수 있다

예) 1일째 5시 45분에 알람을 끄고 인증샷을 공유했다.

⇧ ③ 계획 – 감정: 기대되다

예) 5시 45분에 알람이 울리면 인증샷 사진을 찍어 습관 커뮤니티에 공유한다.

⇧ ② 선택 – 감정: 편안하다

예) 5시 45분 기상을 다짐했다.

⇧ ① 니즈needs – 감정: 불편하다

예) 나도 새벽 기상을 하고 싶다.

습관화로 가는 7단계의 사례로 나의 기상 미션과 남편의 금연 미션 사례를 살펴보자. 총 7단계 중, 6단계 슬럼프를 넘어 7단계 습관 유지로 가는 원동력을 이해하는 데 도움이 될 것이다.

– 나의 기상 미션: 새벽 기상이라는 습관 행동 미션을 미션으로 실천한 지 150일 이상 지났다. 그동안 하루 정도 기상 시간을 지키지 못했다. 이유는 잠을 설쳐서 피곤하다며 알람을 끄고 계속 잠을 잔 것

이다. 기상 시간을 지키지 못한 날도 늦은 시간대의 인증샷 사진을 솔직하게 커뮤니티에 공유했다. 다음 날엔 알람이 울리면 바로 일어나 인증샷을 공유했다. 한 번 거르거나 미션 시간을 못 지키면 다음 날은 반드시 미션을 완수하면서 기상 미션이 유지되도록 노력했다. 기상 미션을 유지하면서 느껴지는 자기 통제감과 만족감은 하루를 기분 좋게 시작하는 동력이 되었다. 기상 미션을 수행하며 다른 미션도 실천하게 되었다. 커뮤니티에 매일 10가지 감사와 3가지 기쁨을 공유하기로 한 것이다. 현재 감사일지 공유는 100일 이상, 기쁨일지 공유는 30일 이상 지속하고 있다. 이 2가지 습관 미션도 기상 미션처럼 하루 정도 거르는 날이 있었다. 하지만 감사 10가지에 기쁨 3가지를 더하면 13가지를 공유하는 것이라 하루 실천하지 않은 대가는 컸다. 감사 10가지와 20가지의 차이는 생각보다 컸다. 무엇보다 오늘이 아닌 어제 일을 10가지나 기억한다는 것이 생각보다 어려웠다. 감사와 기쁨 공유하기를 매일 실천하는 것이, 이틀에 한 번만 하는 것보다 더 쉬운 일임을 깨달았다. 시행착오를 통해 매일 할 일을 제때 하는 것이 미루는 것보다 쉬운 것임을 알게 된 것이다. 매일 습관 커뮤니티에 기상 인증샷 사진과 10가지 감사, 3가지 기쁨, 작은 성공과 돌봄일지까지 공유한 후엔 뿌듯한 만족감에 저절로 미소 짓게 되었다. 나에게 이렇게 매일 감사할 일과 기쁨을 주는 일들이 많구나 하는 충만감에 기분이 좋아지고 마음에 여유가 생겼다. 작은 일에 감사하고 기뻐하는 습관을 통해 겸손하게 사는 법을 배우게 되었다.

– 남편의 금연 미션: 남편은 2개월간 금연 미션을 집중해서 실천했던 기간엔 시작 1주일 만에 담배를 참기 어려운 금단 현상이 있었다. 하지만 물과 견과류를 먹으며 극복했다. 이때 아내인 나의 잔소리 듣기나 벌칙을 계속하는 것도 싫어했다. 아울러 주변 동료 중에 흡연하는 사람들이 많이 줄어든 이유도 한몫했다. 한편 남편은 금연 미션에 성공하고 유지하면서 술 마실 때 흡연 욕구가 생길까 걱정이 되기도 했다. 하지만 아내인 나의 잔소리를 더는 듣고 싶지 않다는 생각이 들었다. 그래서 '술 마실 때 담배를 피우지 않는다.'라고 다짐을 하고 실천했다. 금연 후 달라진 점은 남편의 호흡이 전보다 편안해졌고 피부에 생기가 돌았다. 남편의 흡연으로 인한 입 냄새와 건강 걱정을 덜 하게 되어 남편과의 관계가 편안해졌다. 남편도 숨길 것이 없어서인지 표정이 한결 밝아졌다.

4. 기적의 인생습관 체크리스트 2종

체크리스트 2가지를 제시하였다. 기적의 인생습관 만들기 체크리스트와 오늘 나의 인생습관 체크리스트이다. 습관 만들기의 과정에서, 그리고 오늘의 습관 점검용으로 사용할 수 있다.

1) 기적의 인생습관 만들기 체크리스트

앞서 제시한 인생습관 만들기의 4가지 요소와 7가지 영향 요인으로 총 10문항을 구성하여 체크리스트를 만들었다. 내가 원하는 인생습관 행동 미션을 만들어 실천하기에 도움이 될 것이다. 내가 선택한 습관 행동 미션과, 습관화 과정에 필요한 요소를 점검해보자. 습관의 요소와 영향 요인을 점검하며 성실하고 즐겁게 습관 행동 미션을 반복한다면, 원하는 행동을 습관화하는 날이 반드시 올 것이다.

○ 기적의 인생습관 만들기 체크리스트: 10문항, 문항별 5점
예) 매우 그렇다: 5점, 전혀 아니다: 0점

① [구성 요소 1: 필요하다] 내가 습관으로 만들고 싶은 행동은 나에게 꼭 '필요한' 것이다. (　점)
• 나의 습관 행동 미션 :　　　, 선택한 이유:

② [구성 요소 2: 쉽다] 내가 선택한 습관 행동 미션의 실천 방법은 쉽다. (　점)
예〉 익숙한 행동의 앞뒤에 연결하기, 보이게, 단순하게, 가깝게, 수밖에

③ [구성 요소 3: 반복한다] 나는 습관 행동 미션을 66일 이상 실천할 계획이다. (　점)

④ [구성 요소 4: 보상이 있다] 내가 습관 행동 미션을 실천했을 때 가족과 타인에게서 보상을 받는다. (　점)
예〉 관심과 응원, 칭찬, 자유시간 등

⑤ [영향 요인 1: 긍정적 정체성] 나에 대한 긍정적 생각이 습관 행동 미션 실천에 도움을 줄 것이다. (　점)

⑥ [영향 요인 2: 건강한 자기 돌봄] 내 몸과 마음을 건강하게 돌보는 것이 습관 행동 미션 실천에 도움이 될 것이다. (　점)

⑦ [영향 요인 3: 자발성] 나는 습관으로 만들고 싶은 행동을 스스로 선택했다. (　점)

⑧ [영향 요인 4: 내적 보상] 나는 습관 행동 미션을 실천할 때 심리적 만족감을 느낀다. (　점)

⑨ [영향 요인 5: 환경 시스템] 나는 습관 행동 미션 실천을 돕는 환경 시스템을 만들었다. (　점)

• 나의 습관 미션 실천을 지원하는 환경 시스템: 예〉 습관 도구 가까이에 두기, 휴지통 가까이에 두기, 비어 있는 공간 만들기

⑩ [영향 요인 6: 타인의 관심 및 점검] 나는 습관 행동 미션 실천의 과정을 가족이나 습관 커뮤니티에 공유하기로 했다. (점)

2) 오늘 나의 인생습관 체크리스트

주기적으로 자신의 습관을 점검해볼 수 있는 체크리스트를 사용하면 원하는 습관을 지속하는 데 도움이 될 것이다. 본문 내용을 중심으로 오늘 나의 습관 체크리스트를 아래에 제시하였다. 체크리스트 문항으로 건강, 관계, 돈과 물건, 시간, 실행력 습관을 주기적으로 점검할 수 있다. 아래에 제시하는 습관 행동 미션의 목표는 자신이 조금 노력하면 할 수 있는 정도로 정해보자.

내가 원하는 행동을 잘 실천하고 있는지 궁금하다면, 원하는 항목만 골라 매일 또는 주 1회 자기 습관 점검용으로 사용하면 된다. 점수화를 원한다면 문항별 5점 만점으로 채점할 수 있다. 나의 습관 행동 미션의 목표를 성취했는지 매일 점검해보며 마이너스 행동 습관을 플러스 행동 습관으로 바꾸어보자.

○ 오늘 나의 인생습관 체크리스트: 10문항, 문항별 5점
예) 매우 그렇다: 5점, 전혀 아니다: 0점

① [건강 관리] 오늘 나의 수분 섭취와 식사 습관은 적절했다. (점)
• 나의 행동 목표: 예〉 행동 목표: 물 8잔 마시기: 3점(5점 만점)

② [건강 관리] 오늘 내가 정한 운동 습관 미션을 모두 실천했다. (점)
• 나의 행동 목표: 예〉 행동 목표: 300개 계단 오르기: 4점

③ [건강 관리] 오늘 나의 휴식 습관은 적절했다. (　점)
• 나의 행동 목표:　　　　예〉 행동 목표: 50분에 10분 쉬기: 4점

④ [건강 관리] 오늘 나의 스트레스 해소 습관은 적절했다. (　점)
• 나의 행동 목표:
예〉 행동 목표: 머리가 복잡할 때 스마트폰 메모장에 이유를 적어보고,
사무실 밖에 나가 잠시 걷는다: 5점

⑤ [건강 관리] 오늘 나의 수면과 기상 습관은 적절했다. (　점)
• 나의 행동 목표:
예〉 7시간 숙면하기: 3점,　6시에 기상하기: 4점

⑥ [관계 관리] 오늘 나와 타인(배우자, 부모, 친구)의 건강한 거리를 유지했다.
(　점)
• 나의 행동 목표:　　　　예〉 남편의 휴식 시간을 존중했다.

⑦ [돈과 물건 관리] 오늘(이번 주, 이번 달) 나의 돈과 물건 관리는 적절했다.
(　점)
　– 돈과 물건 관리 방법
　1. 나의 건강에 투자하기(예, 안전한 식재료)
　2. 나의 경험에 투자하기(예, 좋은 물건, 여행)
　3. 나의 성장에 투자하기(예, 책 쓰기와 독서)
　4. 수입(재원)의 1% 기부하기(예, 돈, 시간, 재능)
　5. 안 쓰는 물건 버리기(예, 1개, 3개, 10개)

⑧ [시간 관리] 오늘 나의 시간 관리 방법은 적절했다. (점)
 – 시간 관리 방법
  1. 기상과 휴식 시간 알람 설정하기
  2. 일정표에 할 일 기록하기, 여유시간 고려하기
  3. 1순위와 2순위 일 먼저 마치기
  4. 즉시 처리하기
  5. 자투리 시간 활용하기 예) 일정표 확인, 운동, 독서, 공부, 집안일

⑨ [실행력 관리] 오늘 내가 습관 행동 미션을 실천한 실행력 도구는 적절했다.
(점)
 – 실행력 도구
  1. 분명한 행동 목표 예〉 1시간에 물 1컵
  2. 습관 행동 미션을 실천할 구체적 시간과 장소 정해 일정표에 메모
   하기
    예〉 운동 계획: ~하기 전(하고 나서) ~에서 20분 걷기
  3. 잘 보이는 곳에 할 일의 도구 놓아두기
  4. 메모지에 지금 해야 할 일과 마감일 쓰기, 여유시간 포함하기
  5. 해야 할 일로 들어가는 나만의 시작 행동 만들기

⑩ [평가] 오늘 나의 습관 행동 미션 실천결과가 만족스럽다. (점)
 – 습관미션 평가자료
  1. 일정표에 계획한 행동을 평가하여 기록했다. 예〉 완료 또는 00%
   진행
  2. 습관 행동 미션을 계획한 시간 안에 제때 마쳤다.

3. 장애물이 있었지만, 습관 행동 미션을 실천했다.

　예〉 장애물: 늦은 취침과 기상, 꼬리를 물고 이어지는 생각들, 빈틈

　　　없는 계획

4. 오늘도 습관 행동 미션을 실천하고 나니 뿌듯했다.

5. 오늘 나는 (　　　　)다.　예〉 6시 기상 미션 실천에 성공했다.

5. 미루지 않는 나를 위한 '즐거운 습관일지' 4종 :
돌봄, 감사, 작은 성공, 기쁨일지

오늘도 내가 계획한 일, 그리고 나의 손길이 필요한 일 가운데 가장 중요한 2가지에 집중해보자. 단, 한 번에 한 가지만 해보자. 어떤 일을 하려면 몸과 마음의 에너지가 필요하다. 나에게 필요한 긍정 에너지를 충전할 수 있도록 아래와 같이 즐거운 습관일지 4종을 써 보자. 돌봄, 감사, 작은 성공, 기쁨일지 쓰기를 매일 실천하다 보면 어느새 계획한 일들도 꾸준히 하는 나를 만나게 될 것이다.

돌봄과 감사일지를 쓰면서 나 자신과 가족, 반려동식물의 소중함을 느끼게 된다. 내 안에 생명에 대한 사랑과 경이로움이 가득함을 알 수 있다. 돌봄은 함께 존재함으로써 살아갈 에너지를 얻는 호혜적인 사랑이다. 감사는 겸손하게 사는 길로 우리를 안내하며 무한한 에너지를 가지고 있다. 오늘을 감사의 선물로 받아들여 정성을 다하는 이에게 작은 성공이 차곡차곡 쌓이는 것은 자연스럽다. 감사의 마음으로 작은 성공과 기쁨도 기록해보자. 작은 성공의 기쁨 에너지는 다시 나와 가족, 함께 사는 동식물을 돌보며 살아갈 원동력이 되어준다. 오늘도 돌봄에서 시작해 기쁨으로 가는 건강한 습관의 기적 같은 여정에 당신을 초대한다.

○ 오늘의 3가지 돌봄: 나와 가족을 사랑으로 돌보고 메모해보자. 사랑과 건강 에너지가 충전될 것이다. 예) 괄호 안에 실천 여부를 ○, × 로 표기하기
– 내 몸과 마음 돌보기: 명상(○), 스트레칭(○), 양치(○), 샤워(○)
– 가족 돌보기: 가족(남편) 안아주기(○)
– 반려동식물 돌보기: 반려동물(물고기 구피)에게 인사하기(○), 반려 식물 물주기(○)

○ 오늘의 3가지 감사: 사소한 일에 감사하며 메모해보자. 겸손이 주는 행복 에 너지가 충전될 것이다.

‒ 오늘도 300마리 물고기 구피들과 남편 덕분에 사랑스러운 아침을 맞 아 감사합니다.

‒ 오늘도 동네에서 산책하는 강아지들을 만날 수 있어 감사합니다.

‒ 오늘도 사무실 멤버들을 만날 수 있어 감사합니다.

○ 오늘의 3가지 작은 성공: 나의 작고 사소한 노력을 메모하고 자기 격려도 해 보자. 자신감의 에너지가 충전될 것이다.

‒ 오늘 아침에도 물고기 구피들이 놀라지 않도록 부드럽게 커튼을 열었 다. "와~ 역시, 구피 맘!"

‒ 오늘도 출근할 때 전철 두 정거장 걷기를 완료했다. "와~ 오늘도 해냈 네! 멋져~"

‒ 오늘 식당에서 무례한 사람이 있었는데 아무 말 하지 않고 자리를 이 동했다. "어머~ 그랬구나! 잘했어."

○ 오늘의 3가지 기쁨: 사소한 즐거움을 메모해보자. 기쁨 에너지가 충전될 것 이다.

‒ 오늘 사무실 근처 맛집을 새로 알게 되어 좋았어요.

‒ 오늘 엄마가 필요하시다는 옷을 보내드릴 수 있어서 뿌듯했어요.

‒ 오늘도 꼬리 다친 물고기 하양이가 열심히 헤엄치는 걸 보니 기뻤어 요.

1) 론다 번(2007). 김우열 역. 시크릿. 살림Biz.
2) https://www.youtube.com KBS 다큐 〈생로병사의 비밀〉 –행복의 비밀, 감사 (2017. 4. 5)
3) https://amnesty.or.kr 국제앰네스티 한국지부
4) 곤도 마리에(2016). 홍성민 역. 설레지 않으면 버려라. 더난출판사.
5) 로버트 치알디니(2021). 김경일 역. 초전설득. 21세기북스.
6) 로버트 치알디니(2021). 김경일 역. 초전설득. 21세기북스.
7) https://www.hani.co.kr 폭풍의 귀국으로...동교동에 갇혔죠 (한겨레 신문, 고명섭, 2016. 4. 3)
8) https://sisainbook.com 조정래(2009). 황홀한 글 감옥. 시사IN북.
9) www.korea.kr 대한민국 정책브리핑: 김영훈(2019). 미루는 습관만은 기르지 마라.
10) 제임스 클리어(2019). 이한이 역. 아주 작은 습관의 힘. 비즈니스북스.
11) 김태광(2015). 서른여덟 작가, 코치, 강연가로 50억 자산가가 되다. 추월차선.
12) 브렌든 버처드(2018). 위선주 역. 백만장자 메신저. 리더스북.
13) https://shindonga.donga.com 신동아 2020년 1월호, 허문명이 만난 사람–관정 이종환.
14) 이종환(2008). 정도. 관정교육재단.
15) 제임스 클리어(2019). 이한이 역. 아주 작은 습관의 힘. 비즈니스북스.
16) https://www.joongang.co.kr 샘표식품 박승복 회장, 92세에 팔팔한 비결 (중앙일보 2013. 6. 17)
17) 왕팡(2021). 송은진 역. 하버드 스트레스 수업. 와이즈맵.
18) https://www.youtube.com KBS 다큐 〈생로병사의 비밀〉 10cm 더, 젊은 걷기 (2020. 7. 22)
19) https://www.donga.com 넬레 노이하우스 e메일 인터뷰 (동아일보, 황인찬, 2011. 5. 10)
20) 나카지마 사토시(2017). 양수현 역. 오늘, 또 일을 미루고 말았다. 북클라우드.
21) 몸과 마음의 에너지 충전을 돕는 '자기 돌봄일지'는 감사, 기쁨, 작은 성공, 돌봄일지로 구성하고, 4종 일지의 샘플은 부록에 제공하였다.
22) 제임스 클리어(2019). 이한이 역. 아주 작은 습관의 힘. 비즈니스북스.
23) 강성태(2021). 강성태 66일 공부법. 다산에듀.
24) 신병철(2019). 더 좋은 해답은 반드시 있다. 21세기북스.